大学生心理健康教育

主　编　高　峰　石瑞宝
副主编　李　洁　孙清平

清华大学出版社
北　京

内 容 简 介

本书旨在贯彻落实中共教育部党组印发的《高等学校学生心理健康教育指导纲要》精神，“完善心理健康教育教材体系，组织编写大学生心理健康教育示范教材，科学规范教学内容”，紧密结合大学生心理健康的实际情况，内容涵盖了大学生的心理健康与咨询、新生适应、自我认识、人格发展、情绪管理、人际关系、恋爱心理、压力与挫折、职业生涯、生命教育等多个方面，既有知识解析，也有生动案例；既提出问题，也提供解决策略；既有理论知识，也有课堂活动。

本书内容翔实，案例丰富，是一本适用性很强的心理健康教育读本，既可作为高校心理健康教育课程的教材，也可供辅导员、班主任等从事学生工作的人员阅读参考，还可以作为高等院校大学生健康成长的自我指导手册。

图书在版编目(CIP)数据

大学生心理健康教育 / 高峰，石瑞宝 主编. —北京：清华大学出版社，2020.8（2022.8 重印）
ISBN 978-7-302-56087-6

Ⅰ.①大…　Ⅱ.①高… ②石…　Ⅲ.①大学生—心理健康—健康教育　Ⅳ.①G444

中国版本图书馆 CIP 数据核字(2020)第 136994 号

责任编辑： 王　定
封面设计： 周晓亮
版式设计： 思创景点
责任校对： 马遥遥
责任印制： 刘海龙

出版发行： 清华大学出版社
网　　址： http://www.tup.com.cn，http://www.wqbook.com
地　　址： 北京清华大学学研大厦 A 座　　**邮　　编：** 100084
社 总 机： 010-83470000　　**邮　　购：** 010-62786544
投稿与读者服务： 010-62776969，c-service@tup.tsinghua.edu.cn
质 量 反 馈： 010-62772015，zhiliang@tup.tsinghua.edu.cn
印 装 者： 天津鑫丰华印务有限公司
经　　销： 全国新华书店
开　　本： 185mm×260mm　　**印　　张：** 14.75　　**字　　数：** 300 千字
版　　次： 2020 年 8 月第 1 版　　**印　　次：** 2022 年 8 月第 5 次印刷
定　　价： 48.00 元

产品编号：088341-01

前　言

2017 年，党的十九大报告指出要“加强社会心理服务体系建设”，这就需要每一个社会成员树立正确的人生观、世界观、价值观，提高心理健康水平；同时，加强社会心理服务体系建设，塑造社会成员的健康人格，培育自尊自信、理性平和、积极向上的社会心态，提高社会文明水平，促进和谐社会建设。2018 年，中共教育部党组关于印发《高等学校学生心理健康教育指导纲要》的通知中明确指出，心理健康教育是提高大学生心理素质、促进其身心健康和谐发展的教育，是高校人才培养体系的重要组成部分，也是高校思想政治工作的重要内容。大学生心理健康教育的指导思想是坚持育心与育德相统一，加强人文关怀和心理疏导，规范发展心理健康教育与咨询服务，更好地适应和满足学生心理健康教育服务需求，引导学生正确认识义和利、群和己、成和败、得和失，培育学生自尊自信、理性平和、积极向上的健康心态，促进学生心理健康素质与思想道德素质、科学文化素质协调发展。

为深入学习贯彻习近平新时代中国特色社会主义思想和党的十九大精神，进一步提升心理健康教育的质量，特编写《大学生心理健康教育》。本书是编者根据大学生心理健康教育工作经验，在参考和借鉴相关先进理论成果的基础之上，结合大学生在校期间的实际心理需求，基于理论与实践相结合的编写原则撰写而成。本书共包含 10 章，分别为：①走进心理健康；②拥抱我的大学；③认识自我 积极成长；④绽放人格魅力；⑤我的情绪我做主；⑥做个受欢迎的人；⑦培养爱的艺术；⑧无畏挫折 积极抗压；⑨放飞职业生涯；⑩爱生命 爱自己。每一章均包含本章导读、案例、知识拓展、课堂活动等模块，为教师教学提供了重要参考，也为大学生提升自我心理调适能力创造了有效途径。

本书由山东青年政治学院高峰、石瑞宝任主编，李洁、孙清平任副主编，高峰、石瑞宝负责全书的结构设计和大纲制定，李洁、孙清平负责统稿和内容完善。各章编写分工如下：李洁与赵新燕编写第一章和第七章，吕春苗编写第二章和第五章，王雯雯编写第三章和第十章，陈晨编写第四章和第九章，夏晓丽编写第六章和第八章。

本书在编写过程中参考了许多相关书籍和研究成果，在此对相关作者表示衷心的感谢，同时感谢清华大学出版社的大力支持！

由于编者水平有限，书中难免存在不足，不当之处恳请广大读者批评指正！

编　者

2020 年 4 月

目　　录

第一章

走进心理健康

【本章导读】

随着生活节奏的加快，社会竞争压力越来越大，人们对心理健康的关注度越来越高，高校大学生的心理健康教育也受到社会的高度重视。近年来，教育部门陆续出台了多个关于高校大学生心理健康教育工作要求和意见的文件。党的十九大报告强调，要“加强社会心理服务体系建设，培育自尊自信、理性平和、积极向上的社会心态。”那么，大学生应如何关注自己的心理状况呢？

第一节　心理与心理健康

随着健康观念的转变，心理健康状况越来越被重视。大学生作为祖国的未来、民族的希望，肩负着祖国未来发展的重任，而良好的心理素质则是实现这一切的基础。因此，加强大学生心理健康教育尤为重要。

一、什么是心理

心理学源于西方哲学，直至 19 世纪末，受生物科学的影响，心理学才开始脱离哲学，逐渐成为一门独立的学科。1879 年，德国心理学家冯特在莱比锡大学建立了世界上第一个心理学实验室，正式标志着心理学的独立。

德国著名心理学家赫尔曼·艾宾浩斯曾说：“心理学有一个漫长的过去，但只有一个短暂的历史。”人的生活主要是由人的心理与行为支撑的。心理是指人脑对客观现实主观的、能动的反应，是各类心理现象的总称。各类心理现象如图 1-1 所示。心理学是一门研究人心理现象发生、发展规律的科学，是一门自然科学和社会科学相结合的边缘科学。

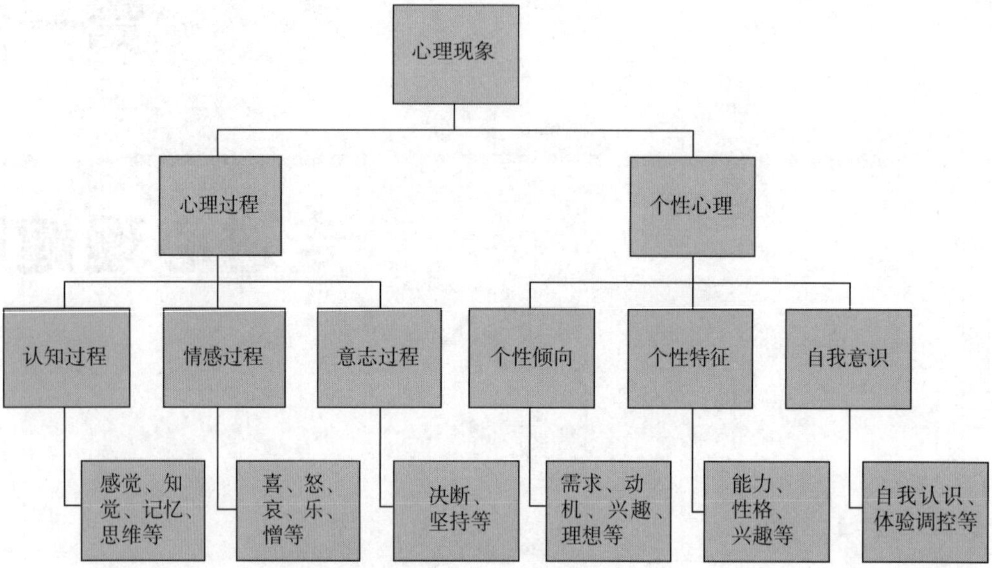

- 心理现象
  - 心理过程
    - 认知过程：感觉、知觉、记忆、思维等
    - 情感过程：喜、怒、哀、乐、憎等
    - 意志过程：决断、坚持等
  - 个性心理
    - 个性倾向：需求、动机、兴趣、理想等
    - 个性特征：能力、性格、兴趣等
    - 自我意识：自我认识、体验调控等

图 1-1　心理现象

二、什么是健康

随着科技的发展，人们普遍面临激烈的社会竞争。快速的生活节奏和前所未有的心理压力对人的身体健康产生了极大影响，临床医学上发现很多生理疾病与病人的心理有关。早在 20 世纪 30 年代，美国健康教育家鲍尔和霍尔就提出过一个较为完整的健康的定义：健康是人们在身体、心情和精神各方面都自觉良好、精力充沛的一种状态。健康的基础在于机体的一切器官组织能正常工作，并能掌握和适应物质、精神环境与健康生活的科学规律。人们还形成了这样一种看法：不把健康看作生活的最终目的，而是看作争取使生命更高尚、更丰富所具备的必要的物质条件，而这种生活是以有益于人群的建设性服务为特征的。

1948 年，世界卫生组织在《世界卫生组织宪章》中开宗明义：健康不仅是没有疾病和病态(虚弱现象)，而且是一种个体在身体上、心理上、社会上完全安好的状态。即一个健康的人，不仅其机体功能正常，其心理状态也应是正常的，能适应社会生活。这一定义明确地告诉人们，健康必须与传统的“无病即健康”的生理学健康区分开来。

1978 年，世界卫生组织确定了个体健康的 10 项标准，具体如下。

(1) 有足够充沛的精力，能从容不迫地应付日常生活和工作的压力，并且不感到过分紧张。

(2) 处世乐观、态度积极，乐于承担责任，事无巨细，不挑剔。

(3) 善于休息，睡眠良好。

(4) 应变能力强，能适应环境的各种变化。

(5) 能够抵抗一般性感冒和传染病。

(6) 体重适当，身材均匀，站立时头、臂、臀位置协调。

(7) 眼睛明亮，反应敏锐，眼睑不发炎。

(8) 牙齿清洁，无空洞，无痛感，牙龈颜色正常，无出血现象。

(9) 头发有光泽，无头屑。

(10) 肌肉、皮肤富有弹性，走路感觉轻松。

从这 10 项健康标准可以看出，健康包括生理健康、心理健康和社会适应良好三个方面，表现为个体生理和心理的一种良好的机能状态，也就是生理和心理上没有缺陷与疾病，能充分发挥心理对机体和环境因素的调节能力，保持与环境相适应的、良好的效能状态和动态的相对平衡状态。

三、什么是心理健康

国内外学者曾从不同角度阐述了心理健康的定义与内涵。第三届国际心理卫生大会(1946 年)对心理健康的定义："所谓心理健康，是指在身体、智能以及情感上与他人的心理健康不相矛盾的范围内，将个人心境发展成最佳的状态。"

世界心理卫生联合会则将心理健康定义为：身体、智力、情绪十分调和；适应环境；人际关系中彼此能谦让；有幸福感；在工作和职业中，能充分发挥自己的能力，过着有效率的生活。

精神病学家梅尼格尔认为，心理健康是指人们对于环境及相互间具有最高效率及快乐的适应情况，不仅要有效率，也不只是要有满足感，或是愉快地接受生活的规范，而是需要三者兼备。心理健康的人应能保持稳定的情绪、敏锐的观察力、适于社会的行为和愉快的氛围。

心理学家英格里士于 1958 年指出，心理健康是指一种持续的心理状态，当事者在这种状态下能良好地适应，具有生命活力，而且能充分发挥身心潜能，这是一种积极的状态，有利于免于心理疾病。

我国学者王效道则认为，心理健康应具有以下特征：智力水平处于正常值范围内，并能正确反映事物；心理和行为特点与生理年龄基本相符；情绪稳定、积极，与情境相适应；心理与行为协调一致；社会适应，主要是人际关系的心理适应协调；行为反应适度，不过敏，不迟钝，与刺激情境相应；不背离社会规范，能在一定程度上实现个人动机并使合理要求获得满足；自我意识与自我实际基本相符，理想和现实之间的差距不大。

综上所述，所谓心理健康，是指人的心理，即知、情、意活动的内在关系协调，心理的内容与客观现实保持统一，能促使人体内、外环境平衡以及个体与社会环境相适应，并由此不断地发展健全的人格，提高生活质量，保持旺盛的精力和愉快的情绪。

第二节　大学生的心理健康

大学生正处于青年初期，具有青年期的心理特点，但大学生又不同于一般的青年， 他们作为一个特殊的群体，有独特的心理特点和发展需求。了解大学生心理发展的特点，才能够有针对性地提高大学生的心理健康水平，增强大学生的心理素质，帮助大学生树立积极的生活态度，从而为其人生的适应性发展奠定良好的基础。

一、大学生心理发展的特点

大学生的心理发展处于迅速走向成熟而又未完全真正成熟的阶段，因此大学生的心理发展表现出以下明显特征。

(1) 智力发展达到高峰。人的智力构成是多方面的，其中，辨识能力、思维能力和创造能力是智力的支柱。抽象思维的形成、思维独立性的增强是智力发展成熟的重要标志。大学生各项智力因素已达到成熟状态，他们不再满足于现象的罗列和现存的状况，而是主动、深入地探究事物的本质规律，充分发挥抽象思维能力和创造力，但是有时也容易出现主观片面、固执己见、脱离现实、怀疑一切等倾向。

(2) 情绪情感日益丰富。大学生的情绪情感的发展已经达到了较高的水平而且接近成熟。大学生朝气蓬勃、勇往直前、珍视友谊、向往美好的爱情，道德感、理智感和美感等高级的社会性情感趋于成熟，并在情绪生活中占主导地位。然而大学生的情感发展并没有真正成熟，仍然存在一些明显的弱点或缺陷，如遇事易激动，情绪不稳定，带有明显的两极性，有时表现出为真理而奋斗的热情，有时又可能表现出为现实状态而心灰意冷。

(3) 自我意识增强。大学生的自我意识和自我教育能力显著增强，理想明确而富有社会意义，性格的发展已进入定型的关键期。同时，由于他们脱离了父母的保护，生活空间扩大，独立感与成人感增强，注意力开始从外部世界转向内心世界，自我控制进入了一个新阶段，表现出一系列新的特点，如更注重自己的穿着打扮，建立了独特的审美观，并成为自我观感的一部分。自尊心、好胜心明显加强，要求得到他人的尊重与理解，往往容易过高估计自己，一旦遇到挫折容易产生自卑感，不能正确认识自己。

(4) 性意识进一步发展。大学生性机能成熟，性意识增强，他们关心异性，渴望与异性交往，希望获得情感满足。由于大学环境自由开放，与异性交往机会很多，许多大学生结交异性朋友并开始恋爱。还有一些大学生不能正确选择恋爱的时机，过早陷入爱情的漩涡不能自拔，产生了一些负面影响。

二、大学生心理健康的标准

现代社会要求人们具有良好的心理素质，心理健康是大学生成功发展的需要。那么，大学生的心理健康的标准是什么？

【案例 1-1】

小梦是一名大二的女生，最近她因为和舍友发生矛盾而闷闷不乐，上课时也无法集中精力听讲，睡眠也开始出现问题，很难入睡而且入睡后多梦。她认为大家都不喜欢自己，对自己的状况感到很困惑。

(资料来源：作者临床案例)

(一) 大学生心理健康标准介绍

根据大学生的心理特征、大学生特定社会角色的要求以及心理健康学的基本理论，大学生心理健康的标准可以概括为如下 8 条。

(1) 能保持较浓厚的学习兴趣和求知欲望。智力正常是人一切活动的最基本的心理条件，而大学生的智力水平一般较高。学习是大学生活的主要组成部分，心理健康的学生珍惜学习机会，求知欲望强烈，能克服学习中的困难，学习成绩稳定，能保持一定的学习效率，能够从学习中体验满足与快乐。

(2) 能保持正常的自我意识和自我接纳。自我意识是人格的核心，指人对自己以及自己与周围世界关系的认识和体验。俗话说，人贵有自知之明。心理健康的学生了解自己，接受自己，自我评价客观，既不妄自尊大而做力所不能及的工作，也不妄自菲薄而放弃一些机会。他们自信、乐观，生活目标与理想切合实际，不苛求自己，能扬长避短。

(3) 能协调与控制情绪，保持良好的心境。情绪影响人的健康，影响人的工作效率，影响人际关系。心理健康的学生能保持愉快、开朗、乐观、满足的心境，对生活和未来充满希望。虽然他们也有悲、忧、哀、愁等消极体验，但能主动调节；同时能适度表达和控制情绪，做到喜不狂、忧不绝、胜不骄、败不馁。

(4) 能保持和谐的人际关系，乐于交往。人际关系状况能体现和反映人的心理健康状况。心理健康的学生乐于与他人交往，能用尊重、信任、友爱、宽容、理解的态度与人相处，能分享、接受和给予爱和友谊，与集体保持协调的关系，能与他人同心协力、合作共事，乐于助人。

(5) 能保持完整、统一的人格。人格指人的整体精神面貌。人格完整、统一指人格的构成要素，如气质、能力、性格、理想、信念、人生观等，平衡发展。心理健康的学生的所思、所做、所言协调一致，具有积极进取的人生观，并以此为中心把自己的需要、愿望、目标和行为统一起来。

(6) 能保持良好的环境适应能力。环境适应能力包括正确认识环境以及处理个人和环境的关系。心理健康的学生在环境改变时能面对现实，对环境做出客观的认识和评价，使个人行为符合新环境的要求；能和社会保持良好的接触，对社会现状有清晰的认识；能及时修正自己的需要和愿望，使自己的思想、行为与社会协调一致。

(7) 心理行为符合年龄特征。人在生命发展的不同年龄阶段，都有相应的心理行为表现。心理健康的人的认识、情感、言行、举止都符合其所处的年龄段。心理健康的学生精力充沛、勤学好问、反应敏捷、喜欢探索。而过于老成、过于幼稚、过于依赖都是心理不健康的表现。

(8) 意志健全。意志是人在完成一种有目的的活动时所进行的选择、决定与执行的心理过程。意志健全者在行动的自觉性、果断性、顽强性和自制力等方面都表现出较高的水平。意志健全的大学生在各种活动中都有自觉的目的性，能适时地做出决定并运用切实有准备的方式解决所遇到的问题，能在遇到困难和挫折时做出合理的反应，能在行动中控制情绪和言行，而不是行动盲目、畏惧困难、顽固执拗。

(二) 正确理解和准确运用心理健康的标准

正确理解和准确运用大学生心理健康的标准应注意以下几个问题。

(1) 心理不健康不等于有不健康的心理和行为。心理不健康与有不健康的心理和行为表现不能画等号。心理不健康是指一种持续的不良状态。偶尔出现一些不健康的心理和行为，并不等于心理不健康，更不等于易患心理疾病。因此，不能仅从一时一事而简单地给自己或他人下心理不健康的结论。

(2) 心理健康与不健康是一种连续状态。心理健康与不健康不是泾渭分明的对立面，而是一种连续状态。从良好的心理健康状态到严重的心理疾病之间有一处广阔的过渡带。在许多情况下，异常心理与正常心理、变态心理与常态心理之间没有绝对的界限。

(3) 心理健康的状态是动态变化的。心理健康的状态不是固定不变的，而是动态变化的。随着人的成长、经验的积累与环境的改变，心理健康状况也会有所改变。

(4) 心理健康的标准是一种理想尺度。心理健康的标准不仅提供了衡量心理是否健康的标准，而且指明了提高心理健康水平的方向。每一个人在自己现有的基础上做不同程度的努力，都可以追求心理发展的更高层次，不断发挥自身的潜能。

三、影响大学生心理健康的因素

心理健康状态是人与外在环境相互作用的结果，是一个动态发展的过程。心理健康状态受到多方面因素的影响，是多种因素综合作用的结果。影响大学生心理健康的因素主要有以下几个方面。

(一) 个体因素

(1) 生理因素。生理因素是人的心理健康的物质前提和基础，其中包括遗传素质有无明显缺陷、生理发育成熟过程是否正常、健康状况是否良好、有无残疾、大脑有无器质性病变及人生不同阶段的生理变化状况。大学生处于青春期后期，生理的发育还在进行，身高与体形的变化、第二性征的继续加强等都是大学生特有心理问题的生理基础。同时，大学生还不能深刻理解社会道德习俗、法律和纪律的约束。因此，这种心理方面和思想方面的不成熟常常使大学生产生压抑、紧张、恐惧和羞涩的情绪，久而久之会影响其心理发展。

(2) 情绪因素。现代心理学、生理学和医学的研究成果表明，情绪对人的心理健康具有直接的作用，可以说情绪主宰着健康。大学生的情绪处在最动荡和最复杂的时期，情绪特征具有明显的两极性。大学生情感丰富、强烈并且复杂，年轻气盛，情绪多变，控制和调节情绪的能力比较弱，心境易受环境变化的影响，在激情的状态下往往缺乏冷静的思考，容易走向极端；有强烈的交往需求，渴望获得知己和友情，但缺乏交往的主动性，总希望他人主动与自己接近。如果以上矛盾和冲突持续过长，强度过大，必然会破坏心理平衡从而引发各种心理障碍，阻碍个体的发展和成功。

(3) 人格因素。由于每个大学生成长的环境和受教育方式不同，又因家庭遗传因素的差异性，他们的个性千差万别。同样的环境，有的大学生能适应，有的大学生则格格不入；有的大学生能与人合作，有的大学生却喜欢独来独往，这些都与个性有关。个性决定了一个人的心理承受能力，决定了一个人待人接物的方式，决定了一个人的思维方式和行为方式，所以个性对一个人的心理健康的影响特别大。

从大学生的个人素质来看，人格中的不良因素与心理障碍呈正相关关系，一些特殊的人格特征是导致心理问题和心理障碍的内在因素之一。大学生性格方面的缺陷表现为自信心不强、有较强烈的自卑感、人际敏感等。

(4) 心理因素。大学生的心理还不够成熟，处于发展期。若生理与心理的成熟度不一致，很容易导致心理失衡。多数大学生成长环境较为优越，遇到的挫折较少，心理承受能力较低，在新的环境中遇到挫折，很容易产生各种心理问题。

(二) 客观环境因素

(1) 家庭因素。家庭是孩子成长的环境，家长是孩子的第一任老师，是每个孩子成长不可忽视的因素。家庭对于塑造学生个性、养成生活习惯和行为方式都有重要的影响。不和谐的家庭会对孩子的心理健康产生严重的不良影响：不和谐的家庭对于孩子的心理健康是十分不利的，往往使其产生孤僻、冷漠、粗暴的人格特点；如果父母关系紧张或易产生冲突，经常吵架甚至相互敌视，则孩子在人际交往中往往表现出自私、敌视等心理和道德方面的欠缺；家庭教育方式的态度不一致及过度溺爱，会使孩子养成懦弱、虚荣和随心所欲的毛病；冷漠的环境、家长的经常打骂、缺乏人情温暖的家庭，会使孩子迟钝、犹豫不决，会有暴力的倾向。俗话说："三岁看大，七岁看老"，这有一定道理，也符合弗洛伊德精神分析理论。凡心理问题突出的学生，究其形成原因，总可以从其家庭找到原因。

(2) 学校因素。学校是大学生生活和学习的主要场所，学校的环境对大学生的心理状态有着更直接、更深刻的影响。在大学里，来自四面八方的学生汇成一个群体，他们的生活习惯、性格、兴趣有所不同，有些学生很难适应新的人际关系。

此外，中小学教育较注重智育方面，对学生基本社会实践和基本生活能力缺乏必要的培养与磨炼，致使许多大学生缺乏独立生活和自理的能力。虽然大学生对大学这一新的环境既充满新奇与兴奋，又有很多美好的愿望，但随着时间的推移，新鲜感会逐渐消失，一切都会归于平淡，再加上外部约束的减少或对学习内容和学习方法的不习惯，对大学集体生活的不适应，大学生很容易产生对家人的眷恋和依赖感，出现孤独、压抑、空虚等心理障碍。

大学生虽身处较为单纯的校园里，但毕竟生活在复杂的社会中，社会上的难点、热点、疑点都会受到学生的关注，引发其思考。大学生的思想观念和价值目标常受到正在流行的、大众传媒推崇的事物的影响，以及网络文化的影响。随着我国社会主义市场经济的建立，以及改革开放的深入推进，社会处于激烈变革之中，各种社会矛盾对大学生的思想观念、心理和行为都产生了强烈的影响和冲击，使一些大学生产生拜金主义、享乐主义和个人主义的思想，崇尚及时行乐，追求感官刺激，缺乏精神支柱，产生消极厌世的心理，导致身心出现疾病。此外，由于求职就业的问题，许多大学生可能会在短期内面临求职失败，这也会给大学生带来很大的心理压力。

(3) 同伴因素。同伴关系的概念源自儿童心理学，是指年龄相同或相近的儿童之间的一种共同活动并相互协作的关系。良好的同伴关系在儿童发展中具有独特的价值意义，能促进儿童的认知发展并促进其掌握较强的社会技能，对儿童的性格、个性品质、行为都会产生很大的影响。大学生大多数在校园中集体生活，他们的生活方式、学习习惯、人际交往方式等都会互相影响。

(4) 环境变迁。大学生从中学进入大学，面临的是一个新奇而又陌生的环境。这种环境的变迁使许多大学生面临适应与调整的问题。新入学的大学生对环境的不适应非常明显。全新的学习生活要求大学生学习上自主、生活上自立、思想上自律，而这些与中学完全不同。他们缺乏生活经验，缺少必要的心理准备，环境的变化会给他们适应新生活带来很多困扰。

第三节　大学生常见心理问题及心理咨询

大学生正处于生理发育基本成熟但心理发展相对滞后的特殊时期，其人生观、价值观和世界观均未完全形成。因此，大学生很容易受到各种因素的影响而产生不同的心理健康问题。

一、大学生常见的心理问题

众多心理健康教育工作者经过调查分析发现，我国大学生存在不同程度的心理问题和心理障碍，其心理健康状况不容乐观。从大学生咨询问题的总体情况来看，环境适应问题、情绪问题、人际关系问题、学习问题、恋爱与性问题、求职择业问题等是大学生主要的心理问题。

(1) 环境适应问题。大学生从高中生活过渡到大学生活，其生活环境、学习方式、个人角色等都发生了重大变化，这就要求个体能够在较短的时间内在各方面做出相应的调整和改变，以适应环境变化。如果个体不能适应环境，就容易出现环境适应问题。远离家乡，来到陌生的环境，遇到了问题都需要自己独立解决，有些大学生出现适应困难，无法适应学校、城市、集体等生活方式和学习方式的改变，由此而引发了自卑、焦虑、抑郁等心理问题；有些大学生还可能出现厌食、失眠等身体上的不适。

(2) 情绪问题。大学生的情绪问题特别突出，主要原因是当代大学生处于社会转型时期，面临来自社会、家庭等诸多方面的压力，其年龄和心理特点决定了他们的心理正处于多变的高峰期，情绪、情感体验非常强烈、丰富，往往对那些符合自己信念、理想、观点的事件和行为迅速产生热烈的、肯定的情绪反应；反之，则会迅速产生否定的情绪反应。大学生情绪、情感的两极性特别明显。

(3) 人际关系问题。大学生人际关系问题也很普遍，表现为沟通不良、交往恐惧、人际关系失调、孤独、缺乏社交技巧等。造成这一问题的主要原因是，大学生个性差异及缺乏社会锻炼和经验，在人际交往中往往表现为以自我为中心、自负、目中无人、只强调自己的感受。又因为许多人在大学校园住宿是第一次寄宿，他们不懂得如何处理与同学之间的矛盾，因此各种各样的人际关系问题成为困扰大学生的主要问题之一。

【案例 1-2】

小凯是一名大一的男生，最近被人际交往的问题所困扰。小凯从小性格比较内向，不善于与人交往。在中学时代，大家都只关注学习，认为只要学习好就行，没有想过人际交往的问题。但进入大学后，他发现大学和中学时代完全不一样，大学阶段需要建立自己的人际关系，他希望自己能多认识一些朋友，却又不知道如何与人交往，有时候在别人面前他紧张的都说不出话来。

(资料来源：作者临床案例)

(4) 学习问题。学习是大学生的主要任务，但大学的学习内容和方法与中学有很大差别，很多大学生一时无法适应。此外，许多学生在大学学习中没有明确的学习目标和动力，他们会感到无所适从。新生步入大学，面临从中学到大学的急剧转折，有些大学生会明显表现出适应障碍。

(5) 恋爱与性问题。大学生正处在青春期后期，情感丰富，向往恋爱，希望得到异性的关注。但若恋爱问题处理不当，极易导致当事人心理痛楚、人格扭曲，甚至引发精神失常、犯罪等问题。而身体发育的自然本能强有力地影响着人的心理发展，促使性心理萌芽。社会上的各种媒体充斥了有关两性知识及爱情的内容，会对大学生产生影响。

(6) 求职择业问题。求职择业是大学生人生的必经之路，而大学生在寻找人生目标、规划职业生涯的过程中，必然会受到社会、政治、经济、文化等多方面的影响。部分大学生由于涉世不深、经验不足、自我期望值过高、社会适应力较弱等，不可避免地会出现种种困惑和不适应，导致产生心理问题。

(7) 特殊群体学生的心理健康问题。大学中的特殊群体，包括家庭经济困难的学生、单亲家庭的学生、有严重疾病的学生、网络成瘾的学生、学习困难的学生等，这些大学生的心理健康状况应引起高校学生工作者足够的关注。比如，家庭经济困难的学生大多会有自卑的心理状态，还会因此引发更多的问题，如人际关系、学业落后等，在多种压力之下更容易引发焦虑、抑郁等心理问题，这值得高校学生工作者高度关注。

因此，加强大学生心理健康教育工作已迫在眉睫，这不仅关系大学生个体正常学习、生活与成才，还影响我国 21 世纪人才群的总体质量、“科教兴国”战略的实现、我国综合国力的有效提高，甚至影响中华民族的伟大复兴。

二、大学生心理咨询

(一) 什么是心理咨询

心理咨询是运用心理学的原理和方法，帮助求助者发现自身的问题和根源，从而挖掘求助者本身潜在的能力，来改变原有的认知结构和行为模式，以提高对生活的适应性和适应周围环境的能力。

(二) 心理咨询与心理治疗的关系

心理咨询并不等同于心理治疗，两者是不同的两个概念，其差别主要体现在以下两方面。

(1) 工作任务不同。心理咨询的任务主要在于促进成长，强调发展模式，帮助来访者发挥最大的潜力，为正常发展消除障碍。心理治疗的任务主要是弥补来访者过去已形成的损害。

(2) 对象和情境不同。心理咨询来访者多为心理正常的人群，所咨询的问题主要涉及日常生活，心理咨询工作者主要在学校、社区等团体中开展工作。心理治疗的对象是心理异常的病人，心理治疗工作者主要在临床和医疗情境中开展工作。

(三) 心理咨询的错误认识

(1) 心理咨询=思想工作。心理咨询有着严谨的理论基础和诊疗程序，与思想工作有本质的区别。思想工作的目的是说服对方服从，而心理咨询则是运用专门的理论和技巧寻找心理障碍的症结，予以诊断治疗。心理咨询师应持客观、中立的态度。

(2) 心理问题=精神病。精神病是一个医学概念，如精神分裂症、躁郁症等，是最严重的心理疾病。它与一般的心理问题和轻度心理障碍有着很大区别。

(3) 心理咨询=窥视内心。许多来访者不愿或羞于吐露自己的心理活动，认为只要简单说几句，心理咨询师就应该猜出他心中的想法，否则就表明心理咨询师水平不高。心理咨询师并无特异功能，来访者需详尽地提供有关情况，才有助于与心理咨询师找到问题的症结，有利于心理咨询师做出正确的诊断并进行恰当的治疗。

(4) 心理咨询要立竿见影。一些来访者仅咨询一两次，如果没有达到所希望的“豁然开朗”的心境，就大失所望。心理咨询是一个连续的、艰难的改变过程。心理问题与来访者的个性和生活经历有关，若来访者没有强烈的求助、改变的动机，没有恒久的决心，那么心理问题是难以解决的。

(5) 心理咨询能帮助所有心理有问题的人。实际上，心理咨询只能帮助那些想要得到帮助的人。若个体本身没有求助的愿望，则不是服务的对象。此外，心理咨询也不能解决所有的心理问题，精神分裂等异常心理是需要进行药物治疗的。

(6) 来访者与心理咨询师的关系就是被动的医患关系。受多年传统的生物医学模式影响，患者习惯于被动的医患关系，来访者自然而然地把这种模式带进心理咨询，期待心理咨询师解决自己的一切问题。然而，心理咨询师只能起到分析、引导、启发、支持、促进来访者改变心理状态和人格成长的作用。最终起决定作用的还是来访者本人的主观能动意志和为人格成长做出的努力。

(7) 心理咨询就是为当事人解决特定问题。心理咨询提倡来访者认识到自己的问题所在，自己提出问题解决方法，提高自己解决问题的能力。

【知识拓展 1-1】

如何区分心理问题与精神病

在判断已存在严重心理问题的基础上，还需要区分严重心理问题和精神病，若是属于精神病范畴，则需要由具有处方权的心理医生或精神科医生提供专门的治疗，特别是药物治疗。在心理学界与精神病学界中，普遍公认的判断是否患精神病的三个原则如下：

第一，是否出现了幻觉，如幻听、幻视等。

第二，自我认知是否出现问题，能否或是否愿意接受心理或精神治疗。

第三，情感与认知是否倒错混乱，知、情、意是否是统一的，社会功能是否受到严重损害。

判断重点在于对幻觉与情感是否倒错混乱两个方面，应在这两个重要判断的基础上做出是否有自我认知的判断。

(资料来源：郭念锋. 心理咨询师(基础知识)[M]. 北京：民族出版社，2011)

(四) 大学生心理咨询的类型

大学生心理咨询是指心理咨询师运用心理学的原理和方法，对在校大学生的学习、适应、发展、择业、情感等问题给予直接或间接的指导、帮助，并对有关心理障碍或轻微精神疾患进行诊断、矫治的过程。

1. 按照性质划分

按照性质划分，可以将心理咨询划分为发展性咨询、健康性咨询和障碍性咨询。

(1) 发展性咨询。这类咨询的对象是无明显心理冲突、基本适应环境的健康人群。咨询内容主要是对成长中不同阶段出现的心理困惑和心理问题进行辅导。咨询的目的是引导求助者更好地认识自己，扬长避短，充分发挥潜能，提高学习和生活质量。

(2) 健康性咨询。这类咨询的对象往往在现实生活中有各种烦恼和压力，有明显的心理矛盾和冲突，如新生入学后对环境适应不良而焦虑、过度自卑等。咨询的目的是排除心理困扰，减轻心理压力，提高适应能力。

(3) 障碍性咨询。这类咨询的对象往往患有某些心理疾病，如焦虑症、抑郁症、强迫症等影响正常的学习和生活。咨询的目的是帮助有心理障碍的来访者挖掘病源，找到对策，克服心理障碍，恢复心理健康。需要注意的是，心理障碍必须接受系统的心理治疗，配合药物治疗，心理咨询只是辅助手段。

2. 按照咨询对象的人数划分

按照咨询对象的人数划分，可以将心理咨询划分为个体咨询和团体咨询。

(1) 个体咨询。个体咨询是一对一的心理咨询模式，是心理咨询中常用的类型。

(2) 团体咨询。团体咨询是一种在团体情境下提供心理帮助与指导的咨询形式。

3. 按照咨询时间的长短划分

按照咨询时间的长短划分，可以将心理咨询划分为短期心理咨询、中期心理咨询和长期心理咨询。

(1) 短期心理咨询。一般在1～3周内完成，主要是就事论事，心理咨询师将精力和时间集中在解决关键问题上，追求短期疗效，适合处理一般问题。

(2) 中期心理咨询。一般在1～3个月内完成，咨询计划和方案比较完整，追求中期疗效，适合处理较严重的心理问题。

(3) 长期心理咨询。一般3个月以上才能完成，咨询计划和方案完整、详细、标准，希望彻底解决问题，追求长期疗效，适合处理严重心理问题或神经症性的心理问题。

4. 按照心理咨询的形式划分

按照心理咨询的形式划分，可以将心理咨询划分为门诊心理咨询、电话心理咨询、网络心理咨询、现场心理咨询。

(1) 门诊心理咨询。门诊心理咨询是心理咨询中最常见、最主要，也是最有效的形式。来访者直接到心理咨询中心登门求助。门诊心理咨询的针对性强，心理咨询师能针对来访者的具体问题提供有针对性的服务；了解信息全面，心理咨询师不仅可以听到来访者叙述的内容，还可以看到其表情动作、情绪反应等，从而做出准确的判断，及时处理。

(2) 电话心理咨询。电话心理咨询是指心理咨询师和来访者通过电话进行沟通，是一种较方便、迅速的心理咨询方式。电话心理咨询的优势在于咨询双方彼此不认识，来访者心理上更为放松，更能尽心畅诉，适合解决一些来访者不愿意或不好意思当面求助的问题。但是，电话心理咨询也有不利之处，如信息不够全面、咨询师不能通过来访者的肢体语言了解他的内心世界、传递的信息有限。

(3) 网络心理咨询。网络心理咨询的优势在于来访者不必出门，在家中就可以进行心理咨询。网络心理咨询虽然非常便捷，但是很难保证求助者的信息的真实性，毕竟网络世界相对现实世界更加虚拟、隐蔽，网络交流也难以保证信息充分交流，有些心理咨询的方法很难在网络沟通中应用。

(4) 现场心理咨询。现场心理咨询是指心理咨询师在学校、企业、社区等现场，对来访者提出的各种心理问题、心理困惑给予即时帮助。它的优势在于比较快速、方便，来访者无须到心理咨询室进行预约，可以直接和心理咨询师面对面交流，但是现场心理咨询由于地点和时间的限制，很难保证谈话的私密性，也无法深入交流。

【知识拓展 1-2】

心理咨询的原则

(1) 助人自助的原则：提供心理咨询的过程不是心理咨询师替来访者出主意、想办法的过程，而是在咨询的过程中，使来访者的心理能够得到成长。因此，咨询是“授人以渔”而不是“授人以鱼”。

(2) 保密性的原则：心理咨询师应保守来访者的内心秘密，妥善保管个人信息、测试资料等材料。如果因工作等特殊需要不得不引用咨询事例时，也须对材料进行适当处理，不得公开来访者的真实姓名。

(3) 尊重的原则：尊重并关注来访者的需求和选择权利，允许来访者自主选择继续或中止咨询。对于因咨询而需要了解的情况，应尽量坦诚、客观地说明原因，寻求理解与合作，不得将心理咨询师的主观想法强加给来访者。

(4) 时间限定的原则：心理咨询必须遵守一定的时间限制。咨询时间一般为每次 50 分钟左右，原则上不能随意延长咨询时间或间隔。

(5) 感情限定的原则：心理咨询师应对来访者谈话中涉及的道德问题保持中立，不做评判；对来访者的生活言行也不宜批评和指责，不与来访者建立多重关系。

(6) 重大决定延期的原则：心理咨询期间不要做出退学、转学、离婚等重大决定。此项原则应在咨询开始时予以告知。

(7) 守时性原则：由于心理咨询工作是心理咨询师和来访者双方商定的具有契约性质的双边活动，守时对于心理咨询师来说是必须遵守的原则。咨询活动一定要按计划进行，不能随意更改，该开始就开始，当结束就结束。

(8) 遵守伦理道德规范和法律、法规的原则。

(资料来源：https://wenku.baidu.com/view/b6b919937c1cfad6195fa7b2.html)

第四节 大学生心理健康教育

当今大学生面临学业发展、人际关系、职业生涯、恋爱交友等众多现实问题，有的不能适应大学的学习方式，有的不能妥善处理遇到的人际关系问题，有的对未来的发展感到迷茫，有的不知如何解决恋爱情感困惑。因此，大学生的心理健康教育尤为重要。

一、大学生心理健康教育的界定

高等院校的心理健康教育，是指按照规定的心理健康要求，通过对大学生进行心理卫生知识和技能的教育，培养学生良好的心理品质与健全的个性，从而增强其面对未来可能受到的心理冲击的适应力，促进其心理健康的发展。大学生心理健康教育是以完善和提高新一代合格公民健康心理素质为目的，开发大学生心理潜能的教育过程。

大学生心理健康教育要使大学生树立心理健康意识，增强其维护心理健康的自觉性；要使大学生丰富心理卫生知识，提高其自我心理保健能力；要使大学生养成良好的心理卫生习惯，形成优良的心理品质。大学生心理健康教育的内容还包括创造有利于大学生心理健康发展的良好环境，充分重视大学生的主体地位，使其发挥自身调节作用，全面提高其心理健康水平。

二、大学生心理健康教育的目标和意义

(一) 大学生心理健康教育的目标

大学生心理健康教育的目标是普及心理健康知识，增强大学生的自我调适能力，帮助大学生解决身心健康发展过程中的心理问题，提高大学生的心理健康水平和综合素质，促进大学生健康成长、全面发展。心理健康教育必须以优化大学生心理素质为起点，以促进大学生的全面主动发展和顺利社会化为归宿。大学生心理健康教育的目标可以归纳为以下三个。

(1) 初级目标：防治心理疾病。大学生心理健康教育的初级目标是防治心理疾病，维护心理健康。这是大学生心理健康教育的特色，也是实现大学生心理健康教育其他目标的基础。当代大学生正处在变革的社会背景之下，又处于人生发展的过渡时期，当他们面临的心理冲突过大、持续时间过长又得不到外界帮助时，就可能引发一系列生理和心理的反应，严重的会导致各种心理疾病，甚至会导致自杀或伤害他人的行为。心理健康教育能及时发现心理问题，并采取相应干预措施，对不良心理现象和行为予以矫正与治疗。

(2) 中级目标：完善心理调节。大学生心理健康教育的中级目标是指导学生深化对自己、他人和社会的了解，掌握自我调节的方法，优化心理素质，提高挫折承受力，增进社会适应能力，进而促进学生整体素质的全面发展。通过性格品质的优化，提高德育的有效性；通过心理调适能力的强化，促进智育的高效化；通过健康心态的培养，促进健康的全面化；通过内在动力的激发，促进自我发展的主动化；通过行为习惯的优化，促进个体的顺利社会化。当代大学生在学习、交友、恋爱、择业等一系列生活事件中常会遇到挫折，由此而产生心理困扰。大学生心理尚未发展成熟，自我调节能力尚不完善，所以挫折引发的情绪波动常常十分强烈，从而影响大学生的正常生活和健康成长。因此，大学生心理健康教育的中级目标显得尤为重要。

(3) 最终目标：促进心理发展。大学生心理健康教育的最终目标是健全个体，适应社会，开发学生的各种潜能，促进心理发展。同时，保持对客观社会积极、主动地适应，实现个性化和社会化的和谐与统一。由于当代大学生自身存在某些弱点和局限，常常会影响他们的适应与发展，阻碍其潜力的发挥。大学生心理健康教育的最终目标就是帮助大学生认清自己的潜力，保持良好的心态和健康的生活方式，全面而充分地健全自己、完善人格。

(二) 大学生心理健康教育的意义

大学生正处在人生发展的重要阶段，面临学习、交友、恋爱、就业、成长等种种问题。他们渴望成才，追求卓越，而良好的心理素质是成才的基础，拥有健康的身心是成人、成才、成功的重要保证。心理健康教育是培养大学生良好心理健康素质的有效方式。

据黄希庭、郑勇等的调查，大学生对心理健康教育的主观评价如下：从心理健康教育中受益最大的是丰富心理健康知识(95%)、了解心理素质的重要性(94%)、提高挫折承受能力(90%)、正确认识自己和他人(90%)、学会情绪调节(88%)和增进人际交往(85%)等。

通过科学的心理健康教育，大学生可以改善和优化自身的认知结构，使他们正确认识自己的情绪和情感，学会情绪调节的方法，保持积极乐观的心态，提高自我认识、自我管理、自我教育的能力。

课堂活动

活动一　心有千千结

活动目标：

(1) 在小组成员互动解结的过程中，感受团队中集体的力量。

(2) 在解开结的刹那，体会通过协作共同完成一件任务的喜悦。

(3) 在活动过程中体会齐心协力及领导与协作的重要性，牢记团队的作用。

(4) 体验个人对团队的信任与责任。

(5) 认识到同伴、朋友、家人之间发生矛盾，产生分歧是在所难免的。

活动步骤：

(1) 将全班学生分成若干个小组，每组 10 人，让每组成员手拉手围站成一个圆圈，记住与自己左右手相握的人。

(2) 在节奏感较强的背景音乐中，大家放开手，随意走动，音乐一停，脚步即停，找到原来与自己左右手相握的人分别握住。

(3) 小组中所有参与者的手都彼此相握，形成了一个错综复杂的“手链”。在节奏舒缓的背景音乐中，大家在手不松开的情况下，用各种方法，如跨、钻、套、转等，将交错的“手链”解开形成一个大圆圈。

体验分享：

1. 面对“死结”，每个同学的态度有何不同？

2. 你所在的小组是胜利了还是失败了？如果胜利了，你们是如何解开死结的？如果失败了，你有何感想？

3. 在学习和生活中，你有哪些“死结”？应如何面对？

活动二　大学生心理健康自测问卷

对以下 40 道题，如果你的回答是“经常是”，在题后的括号内标注“√”；“偶尔是”，在题后的括号内标注“△”；“完全没有”，在题后的括号内标注“×”。

1. 平时不知为什么总觉得心慌意乱，坐立不安。（　　）

2. 上床后，怎么也睡不着，即使睡着也容易被惊醒。（　　）

3. 经常做噩梦，惊恐不安，早晨醒来就感到倦怠无力、焦虑烦躁。（　　）

4. 经常睡 1～2 小时后被惊醒，醒后很难再入睡。（　　）

5. 学习常使自己感到非常烦躁，讨厌学习。（　　）

6. 读书看报甚至在课堂上也不能专心致志，往往自己也搞不清在想什么。（　　）

7. 遇到不称心的事情便较长时间地沉默寡言。（　　）

8. 感到很多事情不称心，经常无端发火。（　　）

9. 哪怕是一件小事情，也总是很放不开，整日忧心忡忡。（　　）

10. 感到现实生活中没有什么事情能引起自己的乐趣，郁郁寡欢。（　　）

11. 老师讲课，常常听不懂，有时懂得快忘得也快。（　　）

12. 遇到问题常常举棋不定，迟疑再三。 ( )

13. 经常与人争吵发火，过后又后悔不已。 ( )

14. 经常追悔自己做过的事，有负疚感。 ( )

15. 一遇到考试，即使有准备也紧张焦虑。 ( )

16. 一遇挫折，便心灰意冷，丧失信心。 ( )

17. 非常害怕失败，行动前总是提心吊胆，畏首畏尾。 ( )

18. 感情脆弱，稍不顺心就暗自流泪。 ( )

19. 自己瞧不起自己，总觉得别人在嘲笑自己。 ( )

20. 喜欢跟比自己年幼或能力不如自己的人一起玩或比赛。 ( )

21. 感到没有人理解自己，烦闷时别人很难使自己高兴。 ( )

22. 发现别人在窃窃私语，便怀疑是在背后议论自己。 ( )

23. 常常对别人取得的成绩和荣誉表示怀疑，甚至嫉妒。 ( )

24. 缺乏安全感，总觉得别人要加害自己。 ( )

25. 参加春游等集体活动时，总有孤独感。 ( )

26. 害怕见陌生人，人多时一说话就脸红。 ( )

27. 在黑夜行走或独自在家会有恐惧感。 ( )

28. 一旦离开父母，心里就不踏实。 ( )

29. 经常怀疑自己接触的东西不干净，反复洗手或换衣服，对清洁极端注意。 ( )

30. 担心是否锁门和忘记拿东西，反复检查，经常躺在床上又起来确认，或刚一出门又返回检查。 ( )

31. 站在沟边、楼顶、阳台上，有摇摇晃晃要掉下去的感觉。 ( )

32. 对他人的疾病非常敏感，经常打听，生怕自己也身患相同的病。 ( )

33. 对特定的事物、交通工具(如公共汽车)、尖状物及白色墙壁等稍微奇怪的东西有恐惧感。 ( )

34. 经常怀疑自己发育不良。 ( )

35. 一旦与异性接触就脸红心跳或想入非非。 ( )

36. 对某个异性伙伴的每一个细微行为都很注意。 ( )

37. 怀疑自己患了不治之症，反复看医书或去医院检查。 ( )

38. 有依赖止痛药或镇静药的习惯。 ( )

39. 经常有离家出走或脱离集体的想法。 ( )

40. 感到内心痛苦无法解脱，只能自伤或自杀。 ( )

测评方法: “√”得 2 分,“△”得 1 分,“×”得 0 分。

评价参考:

(1) 0～8 分:心理非常健康。

(2) 9～16 分:心理比较健康,可以经常找老师或同学聊聊,注意保持愉快的心情和乐观的心态。

(3) 17～30 分:在心理方面有了一些障碍,应采取适当的方法进行调适,或寻求心理辅导老师的帮助。

(4) 31～40 分:有可能患了某些心理疾病,应找专门的心理医生进行检查和治疗。

(5) 41 分及以上:有较严重的心理障碍,应及时找专门的心理医生治疗。

思考练习

1. 请结合实际谈谈心理健康对个人健康发展有何意义?
2. 大学生心理健康的标准是什么?
3. 请结合实际评估一下自己的心理健康状况。

第二章

拥抱我的大学

【本章导读】

谢某是一名大一新生，19岁，是家里的独生子，个头不高，看起来有些羞涩。在入学之初，父母就一再向班主任打听本专业考研、就业之事，对谢某学习极为关注，他们对谢某的学习、生活、未来都充满了期待。但是，谢某比较内向，不善言辞，进入大学后，由于一时失去了父母的管束，也找不到比较谈得来的同学和朋友，就爱上了打游戏，上课积极性不高。班主任与谢某沟通后了解到，谢某也不喜欢这样的自己，觉得自己总是打游戏太浪费时间，而且也时时感到孤独和自卑，非常痛苦，觉得这和自己理想中的大学生活相差太远，感到生活很迷茫。

(资料来源：作者临床案例)

大学生的环境适应，归根到底是环境改变后的角色适应；大学生的心理适应，从某种意义上说，就是角色的适应。在许多情况下，角色改变是极其自然的，以至于人们没有特别感觉到自己在进行这种调适。

第一节　心理适应的基本概念及理论

适应是大学新生进入大学后面临的首要课题，并直接影响其大学生活的体验甚至质量。通常来说，新生适应良好，则会对大学有积极的态度，有助于大学生度过一个美好的大学生活；反之，新生适应不良，则可能会对大学产生消极情绪，进而影响学生的学习、交友等多个方面。因此，心理适应是影响大学生心理健康的关键，引导新生良好地适应大学生活，是大学新生工作的重要内容。

一、心理适应的基本概念

(一) 适应与心理适应

概括地说，适应就是有机体对环境变化所做出的应激反应。它既是一个过程，也是一种状态。适应可以概括为两种相辅相成的作用：同化和顺应。两种作用交替进行又互为始终，适应就是这两种作用之间取得平衡的结果，这种由平衡到不平衡再到平衡的动态过程就是适应。

适应从主观因素考虑有两种形式：一是消极的适应。这种适应是主体与环境之间消极的互动过程。在这一过程中，主体被动地对环境变化做出应激反应，结果是环境改变了主体，而主体未发挥自己在改造环境过程中的主观能动性。二是积极的适应。这种适应是主体在客观环境中积极、主动地调适自己与环境的不协调和不适应，在改变环境的同时又适应环境，使自身在不断适应的过程中得到发展。可见，积极地对环境做出调适是一种正当、健康的适应。积极的适应有两种方式：一是主体调整自我以顺应环境中的某些变化；二是不断地改变环境，从平衡发展到不平衡再发展到平衡，这是发展的适应。通过上述分析可以看出，主体的发展变化过程就是一个不断适应新环境又能动地改造环境的过程。在此过程中，顺应与改造是同步进行的。

心理适应是主体对环境变化所做出的一种内心反应，人们生活的环境总是处于不断的变化中，因此每个人都或多或少存在适应问题，都会产生不断适应新环境的需求，心理适应就是个体生存与发展的一种必备的能力。心理适应的目的就是使主客体之间的不协调状态重新恢复协调，因此其根本目标是使主体自身的发展能够与环境协调统一。

(二) 心理适应与心理素质

心理素质是以生理条件为基础的，将外在的东西内化成稳定的、基本的、衍生性的，并与人的社会适应行为和创造行为密切相关的心理品质，是人的整体素质的组成部分。一个人的心理素质是在先天素质的基础上，经过后天的环境与教育的影响而逐步形成的。心理素质包括人的认识能力、情绪和情感品质、意志品质、气质、性格等个性品质诸方面。心理适应是一个重建平衡的动态变化过程。个体能够通过不断地同化与顺应，自由地选择其所从事的活动，追求自己的目标以顺从环境、调控环境或改变环境。心理素质与心理适应有着密切的关系：具有健全心理素质的人，凭借自己的能力和人格的优势，能够在社会生活中达到积极的心理适应状态；而心理素质欠佳的人，则可能处于不适应状态。可见，在某种程度上心理适应也是心理素质的社会功能。另外，心理适应能力也是心理素质的一个层面，即功能性层面。总之，心理适应既是心理素质的功能，也是心理素质的组成部分。

(三) 心理适应与心理健康

心理健康具有个体性和社会性双重属性，其个体性有发展性和自主性的特点，其社会性有适应性和规范性的特点。从生理上看，一个心理健康的人，其身体状况特别是中枢神经系统应当是没有疾病的，其功能应在正常范围之内，没有不健康的特质遗传。只有具备健康的身体，个人的情感、意识、认知和行为才能正常运作。从心理上看，心理健康的人不仅各种心理功能系统正常，还对自我持有肯定的态度，有自知之明，清楚自己的潜能、长处和缺点，并发展自我。现实中的自我既能顾及生理需求，又能顾及社会道德的要求，能面对现实问题，积极调适，有良好的情绪感受和心理适应能力。从社会行为上看，心理健康的人能有效地适应社会环境，妥善处理人际关系，其行为符合生活环境中文化的常规模式，角色扮演符合社会要求，与社会保持良好的接触，且能对社会有所贡献。

根据前文的描述，可将大学生心理健康的标准概括为智力正常、情绪健康、意志健全、人格完整、自我评价正确、人际关系和谐、适应能力强、心理行为符合大学生的年龄特征。心理适应能力是心理健康的衡量标准之一，提高心理适应能力也是促进大学生心理健康的重要途径。

(四) 心理适应能力的内涵

心理适应是指在个人与环境产生互动作用的过程中，个体能够自由地选择其所从事的活动，以顺应环境和改造环境。个体在与环境互动的过程中，根据不同的环境，可能会对同一事物做出不同的反应与调适。因而在环境不断发展变化的过程中，心理适应者必定是内心愉悦、满足感较强的。若达到了这种状态，即可认为个体具备了良好的心理适应能力。

心理适应能力是以个体与环境是否能够协调一致、和谐发展为衡量标准的。个体与环境和谐发展的关系体现在三个方面：一是个体对于环境的感知、观点、意识是否与现实环境相一致；二是个体是否能够根据现实环境的变化调整自己的反应；三是个体与环境是否能够良性互动，即个体与环境之间的互动过程是否是一个积极地从平衡到不平衡再到平衡的过程。

心理适应能力是心理素质的重要内容之一，同时，良好的心理适应能力也是社会衡量人才素质的基本标准之一。心理适应能力通常是指当外部环境发生变化时，人们通过自我调节系统做出能动反应，使自己的心理活动和行为方式更加符合环境变化和自身发展的要求，使主体与环境达到新的平衡的能力。就大学生而言，心理适应能力是在学习适应、人际关系、社会适应、压力调节、生活问题 5 个方面通过自我调节和转变，与周围环境达到和谐统一、平衡协调的能力。

二、与大学生心理适应能力相关的理论

(一) 马克思的意识能动性理论

辩证唯物主义认为，人的意识是具有能动性的。自从人从动物界分离出来而真正成为人，意识就表现出固有的能动性。人与动物的不同之处就在于人通过自己的行动来改变环境，使之适合自己的需要，而人的每个行动又都是受意识支配并在意识的指导下进行的。

意识对物质的反作用是通过人的主观能动性表现出来的。意识的能动作用指的是人们能动地反映客观世界，有能动地改造客观世界的活动和能力。主观能动性的作用概括起来表现为两方面。

(1) 人们能够能动地反映客观世界。人们通过社会实践不仅能够反映客观事物的表面现象和外部联系，而且能在大量感性材料的基础上经过抽象概括，揭示事物的本质和规律，提出相应的理论、观点、目的、主张等。

(2) 人们能够能动地改造世界。人的意识不仅能深刻地揭示客观世界的本质和规律，还能根据对这些规律的正确认识来指导实践，通过实践来改造世界。

研究大学生心理适应能力要以马克思主义哲学的意识能动性原理为理论基础，在考察、调研的基础上，分析大学生心理特点和心理适应的客观规律，尊重学生心理发展的主观能动性，通过实践提高大学生的心理适应能力。

(二) 皮亚杰的认知发展理论

皮亚杰的认知发展理论认为，智慧就是适应，而适应依赖于有机体的同化与顺应两种机能的协调，使有机体与环境取得平衡。当一个主体认识一个客体，并同它发生关系时，同化与顺化这两种机能就在同时运行。心理适应是有两极性的，在对立中，主体把客体同化于它的图示之内，同时又要使自己的图示顺应客体的特性。在这个两极性和交互过程中就达到了同化和顺应之间的平衡。

皮亚杰反对只讲外因或只讲内因的发展说。他认为质变是一种适应，而适应的形成在生物学上是同化与顺应的平衡，在心理学上就是主体与客体相互作用的一种平衡状态。他认为，主体与客体的关系不是静止不动的，而是有机互动的。

皮亚杰的认知发展理论可以作为研究大学生心理适应能力的理论借鉴。人们的认识发展是一个适应过程，从平衡到不平衡再到平衡的不断发展的过程，就是适应的过程。

研究大学生心理适应能力，要注意适应过程中的同化与顺应，在解决大学生心理适应问题的时候，也要考虑内外因的相互作用，从内因与外因同时入手，提高大学生的心理适应能力。

【知识拓展 2-1】

心理学家皮亚杰的故事

1896 年 8 月 9 日，让・皮亚杰(Jean Piaget)出生于瑞士的纳沙特尔。皮亚杰的父亲亚瑟・皮亚杰是纳沙特尔大学的教授，主要研究中世纪的历史与文学。由于皮亚杰的父亲是一位人文领域的学者，他十分重视培养皮亚杰的科学观念，更重视培养皮亚杰对于事实的探究精神；皮亚杰的母亲丽贝卡・杰克逊是一位虔诚的宗教徒，她坚持让皮亚杰接受严格的宗教训练，并且为皮亚杰选择了一位对哲学颇有研究的教父科努特。皮亚杰是家中的长子，这样的家庭背景使皮亚杰有机会去接触与思考哲学和科学方面的知识，进而发展出一套独到的思想与见解。由于父亲的教导，皮亚杰重视以科学的系统性来求知。

1907 年，10 岁的皮亚杰在公园发现一只患有白化症的小麻雀，随即写了一篇关于白化症麻雀的文章，并寄给纳沙特尔自然科学史杂志《冷杉树》刊登出来。皮亚杰表现出的观察能力和分析能力，让他得到了与纳沙特尔自然博物馆的馆长一同搜集标本以及研究软体动物的机会。随后，皮亚杰发表了一系列和软体动物有关的论文，并对正统门德尔的进化论提出质疑。这些富有挑战性的文字，在欧洲动物学界引起了很大的反响。

1925—1929 年，皮亚杰在纳沙特尔大学任心理学、社会学和哲学专业的教授。1925 年和 1927 年，他的两个女儿杰奎琳和露西安娜先后出生。1931 年，皮亚杰的儿子罗伦出生。皮亚杰在妻子协助下，花费大量时间观察儿童动作并进行各种实验。他对自己三个孩子的研究，成为他创立儿童心理发展理论的重要基础。

皮亚杰于 1980 年在瑞士去世，享年 84 岁。皮亚杰是近代最有名的儿童心理学家之一。他的认知发展理论成为儿童心理学的典范。皮亚杰一生探索不止，留给后人 60 多本专著、500 多篇论文。他曾到过许多国家讲学，获得几十个名誉博士、荣誉教授和荣誉科学院士的称号。

(资料来源：作者根据百度百科内容整理，https://baike.baidu.com/item/让・皮亚杰/8159030?fromtitle=皮亚杰&fromid=343170&fr=aladdin)

第二节 大学新生适应的内容

对于许多大学新生来说，上大学意味着离开父母的呵护，开始独立生活，同时也标志着大学生社会化进程的开端。而许多大学新生的独立生活能力、自控能力相对较弱，使他们在入学后的很长一段时间内不能顺利完成从一名中学生到大学生的角色转换，很难适应大学的生活和学习环境。尽快做好角色转换，适应新的环境是大学生成长首先要面对的挑战。对于大学新生来说，角色转换的主要内容包括个性心理的转变、学习方式的转变、人际交往的转变以及自我认知和评价的转变4个方面。

一、个性心理的转变

大学生作为一个特殊的社会群体，要面对许多特定的问题，如对新的学习环境与任务的适应问题、对专业的选择与学习的适应问题、理想与现实的冲突问题、人际关系的处理问题、对未来职业的选择问题等，这些问题使大学新生普遍面临心理与环境的统一性、心理与行为的统一性以及人格的稳定性等方面的巨大挑战，许多大学新生不能很好地适应大学生活造成了角色转换的障碍。角色转换是大学新生理性思考与情感评价相互作用的过程，是大学新生根据自己的经验对大学组织文化所具有的新特点、新观念进行总结，对原有的思想观念、意识、态度进行改造，将新的大学组织文化的观念纳入自己的观念体系，并进行整合的过程。对大学新生来说，大学组织文化作为一种新的刺激源，会引发他们心理需要的一些反应，这些反应会促使其原有的思想观念、意识、态度等发生不同程度的变化，并引起外部行为模式的变化。因此，角色的转换有深层的心理动力，角色转换的主要功能是满足个体特殊的心理需求。

【案例2-1】

小曹是一名刚入学的大一新生，第一学期还没结束，她就觉得自己太不适应新的生活了。小曹说："原来我在高中学校里成绩不错，每个老师都很照顾我，同学们也都喜欢跟我玩儿，有不会的题目也愿意向我请教。但是上大学后感觉大家都很厉害，不光学习好，还有各种各样的特长，有的同学唱歌很好，有的同学特别会穿衣服，跟大家比起来，我感觉自己成了一名灰姑娘。而且，这学期活动特别多，大家又是参加社团，又是参加学生会，感觉大家都忙得不亦乐乎，只有我总是找不到自己的位置。宿舍的人有时候会三三两两地分组活动，自己好像是被抛弃的那个。这跟我想象的大学一点都不一样，我在考虑要不要回去复读。"

(资料来源：作者临床案例)

根据社会心理学的角色理论，角色是身份的具体体现，是社会地位的外显形式。在生活中，每个人都在交替扮演着各种不同的角色，而每种角色所享受的权利和承担的义务、责任都各有不同。对于个体来讲，由于所处的外部环境发生了改变，个体的角色也要随之改变，角色转换也就成了个体的迫切需要。所谓角色转换，是指人们所处的特定社会环境和身份发生了改变，从而形成与外部客观环境相适应的一整套规范和行为模式的过程，主要是指个体对某种新的特定对象，包括人、观念、情境或事件等所持有的稳定的心理倾向。每个人在担当不同的角色时，其所表现出的言行都应合乎自己的身份，才能实现角色正确转换。对于角色承担者来说，应明确意识到个人承担的责任，并尽力用行动去实践。

大学新生的个性心理转变是一个逐渐累积的渐进式过程，主要包括被动服从阶段、同化阶段和内化阶段三个方面。

(一) 被动服从阶段

在此阶段，大学新生为了满足自己的某种需要，同时避免受惩罚，在行为上表现为被动服从。这种服从是在外界环境的压力和威胁性惩罚的共同作用下表现出来的，是大学新生外在行为与内心观念不一致的服从。从认知角度分析，被动服从表现为实际行为模式与对行为模式的认知之间的冲突和协调，这种服从带有某种强迫性、暂时性。服从的产生主要由于对不服从施加了一种要加以惩罚的威胁，威胁所针对的个体不可能脱离该情境。在这种情况下，个体面临两种选择，要么服从，要么遭到威胁性的惩罚。如果威胁性的惩罚程度超过了他们对服从的抵抗程度，那么，他会外在地改变他的行为或陈述，然而在这种情境下，其内心的观点不会受到影响。

(二) 同化阶段

根据皮亚杰的发生认识论的观点，人类所有的心理反应归根到底都是适应，适应的本质在于取得机体与环境的平衡。为了达到心理上的平衡，大学新生必须对原有的认知结构、态度等进行改组，而这种改组主要通过同化和顺应两种途径实现。同化是指大学新生把新的大学组织文化所表达的信息纳入原有的认知结构；顺应是指大学新生改变已有的认知结构以适应大学组织文化的要求。大学新生在完成同化和顺应的基础上开始认识并自愿接受大学组织文化对自己的角色期望，调整自身的态度，使自身发展与外界环境的要求保持一致。这种同化和顺应的过程体现了一种动态的平衡。动态平衡的过程是通过增强自身适应性来促进系统的稳定。

在此阶段，大学新生适应环境的能力逐步增强，他们基本适应了大学的生活和学习要求，主要表现为他们对大学组织文化的要求不再持有恐惧、畏缩的心理反应，而是以一种科学、理性的态度看待外界事物，能够充分运用自身的经验，在逻辑思维的基础上，根据现有的信息生成对环境抽象关系的认知，然后将这种抽象的关系与各种信息相比较，从中获取能够满足自身需要的信息，更好地适应大学环境。大学新生在实践中不断运用这些规则解决遇到的问题，把规则加以内化，从而更好地调整自身的行为。

(三) 内化阶段

在此阶段，大学新生把获得的有关大学组织文化的新观念、新思想纳入自身的观念体系之中，并使之成为自身观念的组成部分。至此，大学新生原有的观念体系发生了质的变化，新的符合大学组织文化要求的角色体系得以建立起来，该体系促使大学新生能保持与新的外界环境的平衡，为其行为方式提供必要的动力支持，把主要精力集中到自己所设定的目标上，从而摆脱环境改变带来的内心紧张状态。

对于大学新生角色转换来说，这种被个体所内化的角色模式具有稳定性和持久性的特点。在这种模式支配下，大学新生个体需要真正得到满足，对自身的角色行为模式有系统的、正确的认识。一方面，个体经验得到一定程度的积累和整合，从以前的分散、零碎状态发展成为系统化的知识体系；另一方面，个体的态度开始呈现个性化的趋势，逐渐形成符合个体个性特征的态度体系。

从一定意义上说，大学新生在被动服从阶段和同化阶段对外界环境的适应主要是一种消极防御的适应，这种适应是由于外界环境的变化打破了大学新生自身原有的平衡状态，为了恢复平衡和在更高层次上达到平衡，大学新生自身进行的某种调整。而大学新生在内化阶段的适应在本质上是一种积极主导式的适应，或者说在某种程度上是一种创造性的适应。这种适应是大学新生综合运用多种思维方式，在对自身状态、外界环境进行科学评估的基础上，敏锐地预测到未来环境可能提供给自己的某种有利机会，从而主动调整自身状况，积极创造利用这种机会，谋求自身更大的发展空间。因此，这种适应与大学新生思维方式综合化的发展密切相关。

众多大学生的成长过程已经证明，综合运用各种思维方式，在不同的场合，对不同的问题采取不同的思维方式极为重要。中学生尚无这种要求，但这对于大学生就不是一种要求了，而是自身的一种愿望。因此，从中学到大学，由中学生到合格的大学生，必然要完成思维方式的综合化。这种思维方式的综合化促进了大学生自我决策能力的提高。对于大学新生来说，自我决策能力是一种涉及自身经验选择的能力，自我决策不仅是个体的能力，还是个体的需要。

人拥有一种基本的、内在的、自我决定的倾向性，这种倾向性影响人们从事感兴趣的、有益于能力发展的行为，以便灵活适应社会环境。在这种倾向性的驱使下，大学新生常常采取以下行为策略：①确立目标，确立某种活动希望达到的状态和水平；②识别外界环境的机会，分析可利用的环境资源与信息，使活动的目的与环境之间建立一种联系，表征问题；③探索可能的策略，制订计划，使策略具体化、直观化。

二、学习方式的转变

大学新生在大学所学的知识属于高深知识的范畴，这种知识与进入大学以前所接触的知识在性质、内容上差异较大。这种高深知识要求大学新生要适应一种全新的学习方式，即研究性学习。所谓研究性学习，是学生在教师指导下，进行以探究为基础，而不是以传递信息为基础的学习。这种学习方式具有更大的包容性和普遍性。大学教学过程具有鲜明的研究性特征，研究性学习不是针对某些专业、课程或环节的学习要求，而是一种贯穿大学教育全过程的普遍学习方式。因此，研究性学习是指学生在教师指导下，通过课堂、网络、社会实践等各种途径主动获取知识、解决问题的过程。

研究性学习既是学习方式又是教学方式。作为学习方式，研究性学习以问题为基础强调学习过程的独立自主性、学习形式的灵活多样性、学习内容的综合开放性，将掌握知识与解决问题结合起来，在释疑解惑中对现实知识进行主动探索、主动发现并对所学知识意义进行主动建构；作为教学方式，研究性学习以学生为中心，强调学生是信息加工的主体和知识意义的主动建构者，教师是学生主动建构意义的帮助者。总之，研究性学习具有自主性、探究性、合作性、开放性、多维性、综合性、实践性等特征。

实施研究性学习，构筑研究性学习体系，实现教学重心从教师的“教”到学生的“学”的转变，有利于培养学生的批判性思维、创造性思维和实践能力。对于大学新生来说，他们在学习过程中开始尝试抛弃过去对知识简单化的客观主义学习观，逐步探索适合新的学习内容的学习方式。他们的学习观随着认知结构的优化和自身经验的积累不断获得发展，大学新生建构主义的学习观基本形成。在行为方式上，大学新生基本适应了大学组织文化的内在要求，把学习知识的活动视为与自身经验相联系的意义建构过程，对大学中的高深知识获得了独特和多样的理解。对于大学新生来说，高深知识仅是一种解释，但具有动态性。

对于大学新生来说，知识的动态性表现为知识以及转载知识的复合系统都不是绝对真实的表征，而仅仅是一种解释、假说或假设。获得知识并不意味着获得了问题的最终答案，与此相反，知识会随着自身实践的不断发展被不断地改正和修正，出现新的解释和假设。

【案例 2-2】

小路是一名文科专业的大一新生。开学几周后，小路找班主任反映，感觉老师上课讲的内容很散，不像高中老师那样逐个讲解所有知识点，经常上完一节课后不知道自己学了什么，希望老师能够像中学的老师那样详细讲解各个知识点。小路还提到，以前就听说大学学习时间很自由，但是没想到大学上课时间这么少，剩下的空余时间这么多，自己也不知道该怎么安排，感觉不知道自己这样算不算虚度时间。有时候想从图书馆借书回来看，但是又不知道该借什么类型的书，并且很困惑看杂书算不算浪费时间。总之，小路觉得自己很不适应大学的学习生活，学习目标很不明确，感到很困惑。

(资料来源：作者临床案例)

随着大学新生建构主义学习观的确立和逐步发展，大学新生学习的自觉性、主动性也逐渐增强，大学新生产生了对于专业知识的浓厚兴趣，并且这种兴趣处于不断分化、深化的状态之中，这使得大学新生对知识的渴求处于一种不平衡的认知张力之下，成为促使学习效率提高的驱动力。大学新生在学习方式上最突出的变化是批判性思维的形成。

所谓批判性思维，是指对所看到的事物在性质、价值、精确性和真实性等方面做出个人的判断。对于大学新生来说，这种批判性思维具体表现为大学新生的思维指向认知的对象和认知活动本身，通过调节、控制自身的认知过程，并不断地质疑、反思、批判，以达到认证的目的。随着大学生批判性思维的形成和发展，他们的建构能力、创造力等得到了充分的发展。他们对于高深知识的理解已经不仅仅建立在理性推理和实验的基础上，而是通过类似于知识性原创的探究活动，体验知识的存在，认识它的价值和意义。因此，大学新生对于知识本质的理解发生了变化，开始主动以批判的眼光对知识进行一种持续的、不间断的解释活动。

由此可见，大学阶段的学习与中小学阶段的学习有较大的区别，除了上文提到的学习方式的区别，还存在学习时间更自由、教师授课自主性更大、学生主体角色更突出、知识的不确定性更强等特点，这些都要求大学生要了解自己的所学专业，确立明确的学习目标，探索适合自己的学习方式，充分利用各种学习资源，形成善于思考、善于探究、善于质疑的学习习惯。

三、人际交往的转变

刚刚走入大学生活，大学新生在人际交往方面的社会支持系统发生了很大的变化，原有的社会支持系统遇到了新环境的挑战，新的社会支持系统尚未建立起来，而且大学新生中独生子女所占比例较大，造成了大学新生彼此之间缺乏相互沟通的主动性。此时，大学新生的人际交往出现了暂时性的闭合，彼此虽有交往的需求，但缺乏交往技巧使他们的这种需求很难得到满足。

【案例 2-3】

小航是一名大一女生，最近她的大学生活不太顺利，她甚至觉得有些痛苦。她们宿舍一共 8 个人，有 4 个人经常一起活动，其他 3 个人一起活动，而且两组人之前因为一些小矛盾互相不说话，剩下小航不知道该怎么办。平时上课或者吃饭的时候她们都是 3 人、4 人一起走，小航只能一个人走，这都还好，关键是要开展小组作业的时候，小航不知道该找谁，其他同学都是宿舍的人一起完成，小航找不到人和她一起完成小组作业。刚开始，小航还觉得没太大的问题，但是最近发生了一件事，让她有很大的压力。因为一门课程的作业需要宿舍的人一起表演，必须要一起策划、商议、模拟，但是大家都是一副事不关己的样子，谁也不愿先提出这个事儿，眼看要交作业了，小航内心非常焦虑。

(资料来源：作者临床案例)

大学新生的人际交往带有明显的工具性色彩，交往的对象具有不确定性，交往的范围有限，仅限于一个相对狭小的圈子。交往的基础建立在彼此价值观一致或相近，兴趣、爱好相近或一致，性格相似，或者同一学科、专业以及亲缘、地缘、学缘等方面，基本上是一种自然性的人际交往。这种交往活动基本遵循互学互鉴的规律，即大学新生通过各种途径的接触，双方均产生了交往的需求，这种需求在得到一方的积极响应后，由互动的心理活动发展为外在的交往活动。这种交往有利于大学新生情感的相互沟通，交往的双方都能从中体验到自己的贡献和得到的收益。双方体验到的贡献成本和得到的收益基本相同时，人际关系是愉快的。因此，这种情感上的交流为下一步交流的深化奠定了基础。

经过一段时间的适应，大学新生在人际交往方面突破了情感互酬的范围，实现了个体之间思想上的交往。因此，支配大学新生人际交往行为的原则发生了改变，从前一阶段寻求感情交往所体现出的公平交换原则，发展到思想交往上的共有关系。这种共有关系具有以下特征：①个体不希望自己的付出一定会得到及时的回报；②如果一方的付出没有得到回报，该个体不会产生被欺骗的感觉；③双方彼此抱有无私奉献精神，不计较个人得失，采取利他主义；④彼此相互帮助，对方体验到交往的快乐。这种思想上的交往使大学新生产生了一种“移情”的心理，他们在交往过程中相互以对方的方式体验某种事件和情结，从而产生了一种对别人有好处，没有明显自私自利的自觉自愿的行为，大学新生之间的这种思想交往形成了一种“群体情境”，使个体的态度、情感融入其中。

四、自我认知和评价的转变

在自我认知和评价方面，大学新生总体上多处于一种无意识、低水平的阶段，具有评价标准的“一元化”倾向，以自我为中心的思维占据主导地位。以自己的主观标准去评价周围的人和事，造成理想中的自我与现实中的自我的冲突，导致他们常常不能正确认识自己，并为自己的过失寻求某种正当的解释。这种现象使得大学新生对于外界的评价常常出现以偏概全的情况，容易造成他们盲目自信和过度自卑等心理问题。

【案例 2-4】

小亮是一名大一新生，自从进入大学后，他发现了一些自己之前不关注的问题。以前他集中精力学习，从来没关注过自己的穿衣打扮、异性情感等，但是进入大学后，他发现不管男同学还是女同学，都很关注自己的穿衣打扮，也有一些同学已经谈恋爱。小亮突然觉得自己好像落后了很多，有时候看大家参加活动光芒四射的样子，感到很自卑。

(资料来源：作者临床案例)

随着对大学生活的逐步适应，大学新生在自我评价方面开始表现出“去自我中心”的倾向。他们逐渐学会从周围同学或老师的视角认识自我，自觉遵守或趋向学校和周围的人的目标取向与舆论导向，他们能够意识到别人拥有与自己不同的观点和标准，并能接受别人的意见，修正自己的观点，学会从多角度、多层次认识自我。在自我评价的过程中，一方面不断调节自身适应对方，另一方面也试图使对方接受自己的观念。从这个意义上说，大学新生的自我认识和评价表现出较以前更为鲜明的深刻性。这种深刻性在很大程度上归因于大学新生对自我评价的客观性。对于个体来说，自我认识的深刻性也会促使个体在观察他人时更加准确。

当一个人能够认识到自身的一些特征时，那么这个人对别人进行观察时也就较少发生差错。正如马克思所说，人起初是以别人来反映自己的，名叫彼得的人把自己当作人，只是由于他把名叫保罗的人看作和自己相同的人。对于大学新生来说，通过多角度的观察，形成了一种具有意识性的自我觉察能力。这种意识性表现在：一方面，他们对自身的行为、态度拥有清晰的理解；另一方面，他们对外界环境，其中主要是大学组织文化，有相对稳定的、客观的理解。

大学新生迫切需要的是理智的力量，这种力量具有稳定性、综合性及多方面性，是对自己能力的驾驭，是对出现在眼前的事情的恰如其分的本能判断能力，在自我认知能力逐步提高的基础上，大学新生的自我评价能力也获得了高度一致性的发展。大学新生对于自己的评价与别人对自己的评价存在较高的一致性。这种一致性评价的形成，使大学新生一方面学会主动进行自我思想意识评价，使自身的思维方式符合环境对自己的角色行为的期望；另一方面学会主动进行心理评价，这种评价使大学新生在解决现实环境中的矛盾、挫折时能主动进行自我心理调控和调节。

第三节　大学生适应问题的表现与对策

进入大学之后，环境有了变化，原有的生活平衡被打破，继而会引发一系列的不适应。每个人都会遇到不适应，但是引起不适的原因、不适应的内容、持续的时间等，每个人不尽不同。大学期间常见的不适应有习惯型不适应、情感型不适应、压力型不适应和不满型不适应，针对不同类型的不适应需采取不同的策略进行调整。

一、习惯型不适应与调适

习惯型不适应主要表现为生活习惯、学习习惯的不适应。生活习惯的不适应表现在气候、饮食、环境等方面。例如，大学生没有固定的教室，上课和自习需要找教室等。学习习惯的不适应表现在中学生的学习方法不适合高自觉、高自主、高强度、高效率的大学学习，一些大学生对此产生焦虑和迷茫。

【案例 2-5】

小林，是一名大一新生，进入大学后面临自己选课、自己根据课表上课、自己选择感兴趣的社团、自己报名参加学生组织的面试、自己竞选班委等问题，一时不知道该如何是好。小林以前是学校里的好学生，家长口中的好孩子，小林只需要关心自己的学习，其他的事情家里人都会替他安排好。小林妈妈甚至为了小林高考办理了停薪留职，一心陪读，给了小林最大程度的支持。但是进入大学后，小林发现需要自己处理的事情有好多，尤其是宿舍检查卫生，每次都把小林忙得手忙脚乱，结果也没打扫好，反而给宿舍扯后腿，舍友们也表现出不悦。

(资料来源：作者临床案例)

高考是我们人生中的一件大事，很多家庭也把高考当作家庭的大事，除了帮不上忙的学习和考试，其他方面家里人能代劳就代劳，致使很多学生在中学阶段失去了接触生活、了解生活的机会。岂不知，生活本身就是教育的一部分，20 世纪美国著名实用主义教育家杜威就提出“教育即生活”，我国教育家陶行知先生又进而提出“生活即教育”，这都说明了教育和生活是分不开的。

进入大学后，大学生不得不面对琐碎的生活，不得不面对自己的新身份、新角色、新生活，可能会一下子慌了手脚，甚至产生了一些挫败感，这都是正常的情绪反应，是在所难免的，可以从以下几个方面入手调整自己的心态。

(一) 调整自我认识

每个人的生活经历不同，都会有自己擅长的部分和较为薄弱的部分，任何一个人都不能因为自己在生活方面经验不足就否定自己。所以，大学生要调整对自我的认识，看到自己的优势和不足，例如有的人虽然生活经验不足，但是专注力很好，善于钻研，这也是很好的个人能力，这样的人应该调整自我认识，接纳自己生活经验不足的事实。

(二) 主动向别人学习

子曰：“三人行，则必有我师焉。”每个人都有自己的优势和不足，生活经验不足的人可以在生活经验方面多向同学取经，主动向同学学习。

其实，很多同学面对新的环境、新的挑战不是真的不能克服，而是不能接纳自己不够好，觉得这样的自己会辜负了家人的付出和期待。事实上，谁会是完美的呢？人生路那么长，一个时间点上的好与不好只能说明当下的状态，并不能决定未来。所以，不要轻易否定自己，要接纳自己当下不完美的状态，看到未来无限的希望和可能。

二、情感型不适应与调适

情感型不适应主要表现在迷恋过去，希望回到过去，充满恋旧感，对新环境感到陌生，很难接纳新同学的性格、言行习惯等，不愿意与他人交往，于是产生孤独感和寂寞感。

【案例 2-6】

小江，男，大一新生，来自贵州，自从来到山东上学后，感觉所有的饭菜都不合口味，加上北方气候比较干，小江非常不适应。刚入学时，小江还经常与一起从贵州来的本校老乡联系，大家一起参加聚会，后来大家好像都逐渐适应了，都陆续找到了新的朋友，老乡聚会越来越少了。但是，小江还没有找到自己的新朋友，班级、宿舍组织的活动小江也不感兴趣，觉得自己格格不入。上课时，个别老师的北方口音小江听不懂，又不好意思向同学或老师请教，于是失落感更加强烈了，最近小江萌生了退学的想法。

(资料来源：作者临床案例)

情感型不适应可以从以下几个方面来调节。

(一) 多与家人联系，沟通情感

很多大学生没有过住校经历，更别说远离家乡跨省生活的经历，因此刚开始在气候、饮食、生活习惯、语言习惯等方面会有些不适应也在所难免。在初期不适应阶段，可以多与家人沟通，通过 QQ、微信、电话等及时与家人联系，取得家人的理解和支持。如果条件允许的话，也可以让家人邮寄一些家乡特产，一方面可以解自己思乡之苦和饮食不习惯之难，另一方面也可以与同学、舍友等交流家乡美食，拉近同学关系。

一般来说，大学第一学期，尤其是第一个月，大学生与家人、高中好友等联系最为频繁，之后频率会逐渐降低，这是一个适应的过程。我们要允许自己有不适应，也要允许别人需要一段时间适应，越能被环境接纳，适应得也会越快。

(二) 主动与同学交流，逐步融入

刚入大学时，几乎所有同学都是陌生的，大家都对环境不适应，但是都有较强烈的与别

人交流的愿望，所以这段时间是建立同学关系的最佳时期。这对一些同学来说是优势，能够快速建立自己的新朋友圈。对于一些不太喜欢主动与别人交流的同学来说，可能会有一定的压力，但是也要相信，这样的人也有不少，可以多给自己一些时间观察，如果看到和自己有类似困扰的同学或者自己感觉比较能聊得来的同学，可以稍微主动一点，逐步融入。但是，不要因为自己比别人适应得慢就怀疑自己，甚至想要退学。每个人面临新环境、新挑战，都会有一段时间的不适应，只是时间长短会有不同，要允许自己和别人不一样，接纳自己需要更长的时间去逐步适应。

(三) 培养自己的兴趣，丰富生活

大学是个丰富的大圈子，每个人都可以从中找到自己感兴趣的圈子。大学新生刚入大学，对大学生活还不够了解，还没有探索出大学的丰富内容，因此可以利用第一学期的时间多发现、多探索，培养个人的兴趣，丰富自己的生活。中小学的生活内容相对单一，主要是学习，而大学与中小学有很大的不同，除了学习外还有很多自由时间，这给了大学生很大的空间。大学新生可以去图书馆看自己喜欢的书，可以通过网络搜索与专业相关的前沿信息，可以拾起自己以前想学而没空学的爱好，可以看看自己想看的风景等，不要给自己设限，充分利用大学提供的广阔空间，培养自己的兴趣，丰富大学的生活。

(四) 积极参加学生活动，扩大圈子

大学除了学习外，还有丰富的学生活动，如学生会、学生社团、志愿服务、学习小组等。如果觉得不能融入同学、舍友的圈子，可以多与师兄、师姐联系，参加其他的学生活动，不一定非要参加学生组织。

总之，适应是一个过程，需要一段时间，每个人的适应情况会有差别，要允许自己和别人不一样，尤其要允许和接纳自己需要的适应时间更长，并且要相信自己一定会适应的。大学生还要不断丰富自己的大学生活，多发现自己的兴趣，多参与活动，这些都是探索和发现大学生活的一部分，也都会成为大学生成长过程中的一个重要部分。

三、压力型不适应与调适

有人打过这样一个比方：上大学之前，大学是一盏很亮又很远的灯，好像在黑夜里除了这盏灯，周围的一切都看不清楚，大家只顾朝着灯跑。上了大学好像天一下亮了，灯光变得暗淡，周围的东西却清晰了，这时发现还有很多东西可学，大家还存在交际能力、文体才能等方面的差距。这种既自负又自卑的心态使不少大学新生在最初大学生活的新鲜感过去之后产生莫名的迷茫和失落，主要表现：由于学业竞争、经济负担的现实压力或者虚荣心过强造成的压力，而使自己时刻处于紧张的备战状态，甚至怀疑自己的能力，不但无法享受知识的乐趣，反而会越努力成绩越不理想，情绪上有明显的焦虑，生理上出现失眠、头晕等症状，行为上表现为一种无目标状态。

【案例 2-7】

小夏是一名从农村来的大一新生，升入大学的兴奋劲儿过去后，小夏就发现同学们的家庭环境差别很大，一些同学的家庭条件非常好，一些同学的家庭条件比较差。另外，小夏发现大家都很有才能，一些同学组织能力特别好，一些同学人际交往很厉害，一些同学很会打扮自己。舍友们都很友善，这让小夏稍稍得到了些安慰，但是舍友经常建议买公共物品、聚餐等也给小夏带来了不小的心理压力和经济压力。这些都让小夏觉得压力很大。

(资料来源：作者临床案例)

大学里，同学之间互相评价的标准并非单一的学习成绩，能力和特长是一个重要的评价标准，并且有越来越重要的倾向。比如，一个大学生知识面很宽，或者社会交往能力很强，或者能歌善舞，或者有体育专长，这些都能令人刮目相看。这会使那些只看重学习成绩但缺少能力和特长的人在心理上产生不平衡感。进入大学后，大学生需要重新对自己进行评价，自我评价是自我认知与自我态度的统一，是自我意识的重要组成部分，自我评价方式不同会激发或压抑人的积极性，将直接影响大学生活中的学习效能、职业选择和事业奋斗中的自信心。大学生应该掌握多元化的自我评价方式，才能够客观分析别人、准确认知自己。

案例 2-7 中小夏的经历或许很多人都有过，进入一个新的环境，发现周围的人都很厉害，好像以前聚光灯只照亮自己，结果现在每个人都有自己的舞台，让自己看起来没那么起眼了。这样的环境很容易让大学生产生跟别人比较的心理，尤其是在自己不如别人时，很容易产生很大的压力。这时，大学生应该认识一个事实：每个人本就是不同的，这些不同只是不一样而已，并不一定非要一较高下。另外，大学是一个很好的舞台，每个人都可以在这里展现自己，大家可以从中发现别人的光彩，也开拓自己的认知空间。面对压力型不适应，大学生可以从以下两个方面入手调整。

(一) 把大学当作拓展认知的空间

大学是一个万花筒，而不是角斗场，虽然同学之间会有评比，但是评比只是手段，最终目标是督促大家充分利用大学的资源好好发展自己。所以，如果你发现周围同学有很多的优势，这说明你比较善于观察，能够看到周围环境中的资源，这本身就是一种学习能力，因为它拓展了我们的认知：原来生活可以这么丰富，可以提升的才能可以有这么多。

(二) 认准自己的目标，不断积累学习

大学生需要认准自己的成长目标，选择其中一个或几个目标，不断学习，实现目的。人生看起来几十年，但是有时间、有精力、身体条件适当、资源丰富的阶段非常有限，而大学恰恰就是这样的阶段。大学生的时间充裕，精力旺盛，又有丰富的资源，何乐而不为呢？有的同学可能会说，大学啥都有，就是没有钱。其实，现在网络这么发达，想要免费或者低收费的资源也很容易，只要愿意学习，总能找到资源和方法。

四、不满型不适应与调适

不满型不适应主要表现在有些人由于高考发挥失常或填报志愿失误，最终来到自己不满意的学校和不满意的专业，理想与现实发生冲突，大有自尊心受挫的失落感，于是郁郁寡欢，不愿见老同学，也不愿与新同学交往，把自己封闭起来。有的人沉浸在网络中，无法自拔；有的人寻找刺激，对周围环境牢骚满腹、抱怨不断。

【案例 2-8】

小臣是一名大一新生，国庆节假期结束后主动找到班主任，向班主任表达了自己在高考中发挥失常，没有发挥出自己的真实水平，比平时的模拟考试少了 40 分左右，认为自己要是再有一次机会的话，肯定比现在考得好。小臣还表示，大学开学后，自己也没有放弃英语的学习，因为对高考的结果不够满意，所以想退学复读。班主任向同学们了解情况发现，小臣在宿舍里虽然学习很努力，但是不愿与同学交流，经常一个人默默待着。

(资料来源：作者临床案例)

有人说，大学的迷人之处不在于“梦寐以求”，而在于“阴差阳错”。有些同学会感到自己没有发挥出自己的真实水平，但是仔细想下，那么多考试，哪一次不是自己的真实水平呢？可能高考没有平时考得好，但是高考成绩表现了在高考的压力程度和考试方式下每个人的真实水平。有的同学平时成绩挺好的，但是一遇到大型的考试就发挥不出来。高考不仅仅是一次普通考试，更是对个人的知识、认知、抗压能力等多方面的综合考察，考察的是考生在特定状态下的真实水平。

高考成绩是对中学学习情况和个人能力的检验，大学是新阶段的发展和学习的平台。平台确实有高低之分，但是如何利用平台发展自己更为重要。有些同学进入一个较好的大学平台后，由于对自己放松要求只能发展平平；有些同学虽然没能进入一流大学，但是不放弃自己的目标和追求，不断学习，也得到了很好的发展。

接纳自己的高考成绩也是接纳自己的过程，能够接纳自己并敢于面对不完美的自己，这

本身就是一个很好的成长经历。人生路很长，我们要向前看，看到未来的各种可能，看到自己的无限机会，如果只盯着当下的失去或不如意，那么也会浪费掉现在的大好时光和未来的无限机会。

课堂活动

活动一　名字的故事

活动步骤:

(1) 将班级同学分为若干个小组，5～10 人一组为宜，每组人数尽量相同或相当。

(2) 每个小组选择一名同学分享自己名字的来历，比如谁起的名字，名字有什么演化的过程，起名字的过程中有什么小故事，名字有何寓意等。

(3) 按照顺序或者自愿原则依次进行，保证不漏掉任何同学。

(4) 各小组分享结束后，同学们可以将自己觉得比较有意义的名字的故事分享给全班同学。

活动目标: 通过分享各自名字的来历、小故事，促进大家的互相了解。

活动二　大学生适应能力测试

下面的问题能帮助你判断自己的适应能力，请认真阅读，并根据实际情况从每个题目的三个备选答案中选出最符合自己的一个。

1. 我最怕转学或转班级，每到一个新的环境，我总要经过很长一段时间才能适应。

   A. 是　　B. 无法肯定　　C. 不是

2. 每到一个新的地方，我很容易与别人接近。

   A. 是　　B. 无法肯定　　C. 不是

3. 在陌生人面前，我常无话可说，以至于感到尴尬。

   A. 是　　B. 无法肯定　　C. 不是

4. 我最喜欢学习新知识或新学科，它给我一种新鲜感，能调动我的积极性。

   A. 是　　B. 无法肯定　　C. 不是

5. 每到一个新地方，我第一天总是睡不好。即使在家里，只要换一张床，有时也会失眠。

   A. 是　　B. 无法肯定　　C. 不是

6. 不管生活条件有多大变化，我都能很快习惯。

   A. 是　　B. 无法肯定　　C. 不是

7. 越是人多的地方，我越感到紧张。

   A. 是　　B. 无法肯定　　C. 不是

8. 我的成绩多半不会比平时练习差。

A. 是　　B. 无法肯定　　C. 不是

9. 全班同学都看着我时，我的心都快跳出来了。

A. 是　　B. 无法肯定　　C. 不是

10. 即使对他(她)有看法，我仍能同他(她)交往。

A. 是　　B. 无法肯定　　C. 不是

11. 我做事情时总是有些不自在。

A. 是　　B. 无法肯定　　C. 不是

12. 我很少固执己见，总是乐于采纳别人的意见。

A. 是　　B. 无法肯定　　C. 不是

13. 同别人争论时，我常常感到语塞，事后才想起该怎么做才能妥善处理。

A. 是　　B. 无法肯定　　C. 不是

14. 我对生活条件要求不高，即使条件很艰苦，也能过得很愉快。

A. 是　　B. 无法肯定　　C. 不是

15. 课后明明把课文背得很熟，可在课堂上背诵的时候还是会出错。

A. 是　　B. 无法肯定　　C. 不是

16. 在决定胜负成败的关键时刻，我虽然很紧张，但总能很快地使自己镇定下来。

A. 是　　B. 无法肯定　　C. 不是

17. 不喜欢的东西，我怎么学也学不会。

A. 是　　B. 无法肯定　　C. 不是

18. 在嘈杂混乱的环境里，我仍能集中精力学习，并且效率较高。

A. 是　　B. 无法肯定　　C. 不是

19. 我不喜欢陌生人来家里做客，每逢这种情况我就有意回避。

A. 是　　B. 无法肯定　　C. 不是

20. 我很喜欢参加社交活动，我感到这是交朋友的好机会。

A. 是　　B. 无法肯定　　C. 不是

评分规则：凡是单号题，选 A 得−2 分，选 B 得 0 分，选 C 得 2 分；凡是双号题，选 A 得 2 分，选 B 得 0 分，选 C 得−2 分。将各题的得分相加即总分。

结果解释：

5 分以下：适应能力很差。进入新环境中，即使经过相当长时间的努力，也不一定能适应，常常因感到与周围事物格格不入而十分苦恼，在与他人交往时总是显得拘谨、羞怯。

6～16 分：适应能力较差。依赖较好的学习、生活环境，一旦遇到困难就怨天尤人，甚至消沉。

17～28分：适应能力一般。进入一个新的环境后，经过一段时间的努力基本上能适应。

29～34分：适应能力良好。

35～40分：适应能力很强。能很快地适应新的学习、生活环境，与人交往轻松、大方，给人的印象很好，无论进入什么样的环境，都能应付自如。

(资料来源：张福建. 大学生心理健康教育[M]. 北京：中国海洋大学出版社，2018)

思考练习

1. 心理适应对于大学新生为什么很重要？
2. 大学生心理适应可能遇到的问题有哪些？分别有哪些调适策略？
3. 面对心理不适应的情况，你是如何调适的？

第三章

认识自我 积极成长

【本章导读】

苏轼是一个大才子，佛印是一个高僧，两人经常一起参禅、打坐。佛印老实，总是被苏轼欺负。苏轼有时候占了便宜很高兴，回家就喜欢跟他的才女妹妹苏小妹说。一天，两人又在一起打坐。苏轼问："你看看我像什么啊？"佛印说："我看你像尊佛。"苏轼听后大笑，对佛印说："你知道我看你坐在那儿像什么？就活像一摊牛粪。"这一次，佛印又吃了哑巴亏。苏轼回家就在苏小妹面前炫耀这件事。苏小妹冷笑一声对哥哥说："就你这个悟性还参禅呢，你知道参禅的人最讲究的是什么？是见心见性，你心中有，眼中就有。佛印说看你像尊佛，那说明他心中有尊佛；你说佛印像牛粪，想想你心里有什么吧！"

(资料来源：张杰. 谨慎"由己及人"[J]. 初中生必读(5)：12-13)

这个故事提醒我们思考：人应该如何认识自己、认识他人呢？从古至今，无数智慧先哲都在研究这个问题，人们从不同角度对它进行了阐释，形成了人类自我意识和认知发展的知识体系。

第一节 自我意识概述

老子言：知人者智，自知者明。我们时刻都在与自己相处，如果一个人能够认识自己并接纳自己，对自己有合理的期望，而且知道自己为什么活着，善于利用每个成长机会，改进自己、完善自己，他的一生就会快乐、充实和有意义。一个人如果不能建立良好的自我形象，就会产生一种角色混淆的感觉，不清楚自己是谁，也不知道自己去向何方，与人相处也会觉得困难。大学阶段正是一个人从青春期向成年期转变的重要时期，也是人的自我意识发展、完善的重要时期。

一、什么是自我意识

自我意识是人对自我以及自己与周围世界关系的认识、体验和评价，即个体对自己的身心状态与周围环境关系的觉察和认识，包括生理自我、心理自我和社会自我三方面的内容。自我意识是人格结构的核心，是人的心理区别于动物心理的重要标志。

生理自我是个体对自己身高、体重、容貌、身材、性别等的认识，以及对生理病痛、温饱饥饿、劳累疲乏的感受，比如自己是高还是矮？是胖还是瘦？生理自我是与生俱来的，不会被随意改变。随着自我意识的成长，人们逐渐对生理自我有明晰的看法和正确的认识。大学生正处于青年期，是对生理自我高度关注的时期，如果不能接纳自己的生理自我，如认为自己个子矮、不漂亮、身材差等，就会讨厌自己，表现出自卑、缺乏自信等。

心理自我是指对自己知识、能力、情绪、兴趣、性格、气质、需要、行为模式等方面的认识和体验。如果一个人对心理自我评价低，认为自己能力差、智商不高、情绪起伏太大、自制力差等，就会否定自己。

社会自我是指对自己在群体中的地位、作用，以及自己和他人相互关系的认识、评价和体验。如果一个人认为周围的人不喜欢自己、不接纳自己，没有知心朋友，就会感到孤独、寂寞。

个体自我意识除了与人的自我态度、成长经历、生活环境有关，还与他人对自己的评价，特别是生命中重要的人，如父母、家人、老师、朋友、同学等对待自己的态度有关。你对自己了解吗？你认为自己是个什么样的人？你对自己的外貌、性格、成绩和付出的努力满意吗？你喜欢自己的家庭及自己周围的一切吗？你认为如何才能塑造一个完善而健全的自我呢？这些问题都属于自我意识的范畴。

二、自我意识的表现

自我意识既是心理活动的主体，又是心理活动的客体，它是一个多维度、多层次的复杂心理系统，可以从不同的角度进行分析。自我意识主要表现为自我认知、自我体验和自我调控。

自我认知属于自我意识的认知成分，是自己对自己身心特征的认识，主要包括自我感觉、自我观念、自我观察、自我分析、自我批评等。自我认知解决的是“我是一个什么样的人”的问题。自我认知对于个体的心理生活、行为表现及协调个体在社会群体中的人际关系，都具有重大的影响。

自我体验属于自我意识的情感成分，以自尊、自爱、自信、自卑、自怜、自弃、自持、自傲、责任感、义务感、优越感等形式表现出来，是伴随自我认知而产生的内在感受。自我认知决定自我体验，而自我体验又强化自我认知。自我体验主要反映了一种自我感受，表现出自己对自己的态度，如“我能否悦纳自己”“我对自己是否满意”等。

自我调控属于自我意识的意志成分，它监督、调控人的行为活动，调节着自己对自己的态度以及对他人的态度，具体表现在自主、自立、自强、自制、自律、自卫等。自我调控是自我意识的最高阶段，其核心是“我应该做什么”“我如何成为理想的那种人”“我如何改变自己”等。

自我认知、自我体验、自我调控是自我意识中三个不可分割的部分，它们互相联系、有机组合、完整统一，成为一个人个性中的核心内容。健全的自我意识是三者相互影响、相互作用的结果。自我认知与自我体验决定自我控制，自我调控反过来又强化自我认知和自我体验。正是以上三者之间的积极互动，才使得自我意识趋向不断成熟、发展和完善。

三、自我意识的发生、发展

个体的自我意识不是与生俱来的，而是在社会交往过程中，随着语言和思维的发展在后天成长过程中逐渐形成的。个体的自我意识起始于婴幼儿时期，萌芽于童年期，形成于青春期，发展于青年期，完善于成年期。一些心理学家在研究中提出了关于自我意识形成与发展的理论。

心理学家埃里克森提出“自我发展渐成说”，认为人的自我意识发展持续一生，但要经历不同的发展阶段，每个阶段都有一个核心课题。每个阶段都不可逾越，但时间早晚因人而异。自我在人生经历中不断获得或失去力量，保证个人适应环境，健康成长。我国心理学家认为，自我意识由产生到成熟需要 20 年左右的时间，但发展会伴随终生，大致包括婴儿期、幼儿期、童年期、少年期、青年期、成年期六个时期。

(一) 婴儿期自我意识的发展(出生～3 岁)

婴儿期是生长发育最旺盛的阶段，出现了自我意识发展的第一个飞跃。在这一阶段，研究者以自我指向实验来确定婴儿最早出现的自我认知。婴儿期的自我能否健康发展取决于亲子交往的质量，父母营造良好的家庭氛围，母亲保持稳定、愉悦的情绪，让婴儿感觉到周围环境的规律性和环境变化的可预测性，会给婴儿以安全感、满足感、成就感，这将有利于婴儿积极、健康地自我发展。

(二) 幼儿期自我意识的发展(4～6 岁)

幼儿期是人生发展的第一逆反期，认知发展、言语和行为能力等都有了明显的进步，想要实现自我意志和自我价值感的愿望逐步强烈，希望父母及亲近他的人接纳他、重视他，喜欢听“你真棒”“很能干”等肯定、赞美的评价，开始反抗父母或他人的控制。在这一时期，父母应给予儿童更多的肯定、认同、欣赏和赞美等，提升儿童的自我价值感和自我形象认同感，为以后的自我发展奠定良好的基础。

(三) 童年期自我意识的发展(7～11 岁)

童年期属于小学阶段，是为一生的学习活动奠定基础知识和学习能力的时期。在这一时期，儿童会对身体外表、行为表现、学业成绩、运动能力、社会接纳程度等方面进行自我评价，并且这种自我评价与学业体验、同伴交往、父母支持、自信心等密切相关，常常影响情绪状态。这一时期还出现了“延迟满足”现象，自我控制能力得到了发展并存在显著个体差异，这种差异与认知策略、榜样的模仿和学习、家庭等密切相关。因此，父母应特别注意对儿童自我控制能力的培养。

(四) 少年期自我意识的发展(12～16 岁)

少年期一般会经历青春发育期，人的生理、心理和社会性发展都出现了显著的变化，特别是身心发展迅速而又不平衡，是自我意识发展的第二个飞跃期。人在少年期有以下三个特征。

(1) 开始高度关注自己的外貌和风度，深切重视自己的能力和学习成绩，强烈关心自己的个性成长，有很强的自尊心。

(2) 把自己作为人际和社会关注的中心，容易将自我的情绪、情感体验扩大化、绝对化，不理解不同于自己的感受和观点。

(3) 出现第二逆反期的反抗心理。反抗的对象主要是父母、长辈或老师；反抗的形式有外显行为，如态度强硬、举止粗暴等，也有内隐行为，如冷漠相对、不顶撞、对言行置若罔闻，但同时内心压力很大，充满痛苦，并会将其内化为不良的心境，难以转移；反抗的内容主要包括独立自主意识受阻、对社会地位平等的欲求不满、坚持和建立自己的观点与主张等。

因此，在这一时期，应遵循双向互动、教学相长的原则，理解他们，尽心尽责地完成教育和引导责任，帮助其更好地实现自我发展。

(五) 青年期自我意识的发展(18～35 岁)

青年期一般经历大学时代、单身生活、社会工作、恋爱等阶段，既要实现自我的发展，又要承担社会责任。在这一时期，通过自我探索、别人评价、同龄人比较等不断加深对自己的认知，并形成自我概念，即对自身的连续性和同一性的认知、通过自我评价产生的自尊体验等。人在青年期具有以下几个特征。

(1) 逐渐将整体的自我分化为“主体我”和“客体我”，并通过积极的自我接纳和消极的自我排斥，达到自我认知的整合统一。

(2) 如果“主体我”和“客体我”之间的矛盾难以协调，人便难以确立自我形象，无法形成自我概念，并易造成自我同一感危机。具体表现为：陷入时刻偏执于思考“我是什么人”“我该怎么做”的忧虑中；有自我全能感或幻想无限自我的症状，失去了自我概念、自我选择或自我决断，处于回避选择和决断的麻痹状态；无法保持适宜的人际距离，或拒绝与人来往，或被他人孤立；不相信机遇、不期待对将来的展望，陷入一种无能为力的状态；勤奋感崩溃，或无法集中精力工作和学习，或极专注地只埋头于单一的工作；参加非社会所认可的集团，接受被社会所否定、排斥的生活方式和价值观等。

(六) 成年期自我意识的发展(35 岁以后)

成年期的自我意识发展主要经历遵奉者水平、公平水平、自主水平和整合水平 4 个阶段。影响成年期自我意识发展水平的因素包括年龄、受教育水平、认知发展水平等。

【知识拓展 3-1】

点红鼻子实验

点红鼻子实验说明了客体自我开始出现的标志。点红鼻子实验是研究儿童自我发展的一项经典实验，实验者在 88 名 3～24 个月的婴儿鼻子上点一个红点，然后观察他们照镜子时的反应，并对其中 2 名 12 个月的婴儿做追踪研究。结果发现，15 ~ 24 个月的婴儿会对着镜子观看自己的身体，并对着镜子触摸自己的鼻子。研究者认为，这是婴儿出现自我意识的自我认识的表现。

(资料来源：http://blog.sina.com.cn/s/blog_44c2983f0102wmd0.html)

四、自我意识与心理健康

成熟的自我意识和健康的自我形象是良好心理素质的重要标志，而成熟的自我意识和健康的自我形象的最重要标志就是对自我的接受与认可。良好的自我意识是建立自信的基础，是保持良好情绪状态的重要因素，是建立良好人际关系的出发点，也是适应社会生活的重要保证。拿破仑说：“成功产生于那些有了成功意识的人身上，失败根源于那些不自觉地让自己产生失败意识的人身上。”人的自我认识、自我评价、自我调控能力直接影响其社会适应、身心健康及发展成才。

(一) 自我意识影响心理健康

研究表明，大学生的自我意识与心理健康密切相关。拥有积极的自我意识，对自己有客观认识，能够接纳自己，有很强的自尊、自信的人的心理是健康的。消极的自我意识容易诱发抑郁、强迫、人际关系敏感、精神疾病等问题。因此，东西方心理学家在界定心理健康标准时，往往把自我意识作为主要指标。

(二) 自我意识影响个体的期望水平

个体对自己未来的期望是建立在自我意识的基础上的，其随后的行为也是由个体如何看待自己而决定的。研究发现，学习不良的学生之所以成绩落后，是因为他们自己“期待”的结果，他们会在学业方面对自己的认识和评价偏低，即认为自己能力差、不聪明，即使努力也没用，从而导致他们的成绩真的“较差”。

【知识拓展 3-2】

快速进发者测试

Rosenthal 就职加州大学河滨分校，20 世纪 60 年代来到某小学进行期望效应实验。Rosenthal 随便走进几间教室，来到学生中间，让他们接受一次测验。然后告诉他们的老师，学生刚接受了一个测试，叫作快速迸发者测试，能找出新学年将在学业上取得巨大进步的学生或最有潜力的学生。同时，他会告诉老师不要向学生透漏实验结果，不希望学校有歧视行为。老师不知道的是，对学生进行的测试，只是普通的智商测试。老师也不知道这些所谓的快速迸发者或者潜力巨大的学生，都是从一个帽子里抓阄抓出来的。他们都是普通学生，和别的学生没有区别，但老师以为他们有巨大潜力。Rosenthal 离开学校，学年结束时再回来，他发现，所谓的快速迸发者的英语成绩有明显进步，比大部分其他学生的进步都快。因为英语成绩不够客观，他又查看他们的数学成绩，发现这些所谓的快速迸发者也有明显进步，比其他学生的进步都大。Rosenthal 又对所有学生进行了一次智商测试，他发现被随机地标签为快速迸发者的学生，智商在一年间有很大增加，而且在长期研究中保持增加。

(资料来源：车文博. 心理咨询大百科全书[M]. 杭州：浙江科学技术出版社，2001)

(三) 自我意识的控制、调节作用

自我控制是自我意识发挥能动作用的一个重要方面。缺乏自我控制意识的人是一个情绪化的、缺乏毅力的、一事无成的人。一个能够控制自我的人往往能良好地适应环境，并能规范自己的情绪和行为，容易实现自己的目标并获取成功。

【知识拓展 3-3】

软糖实验

美国斯坦福大学的心理学家瓦特·米伽尔所做的“软糖实验”的对象是斯坦福大学附属幼儿园的孩子，该实验一直追踪到这些孩子中学毕业。实验者将一群4岁的孩子留在一个房间里，发给他们每人一颗糖，然后告诉他们：“我有事情要出去一会儿，你们可以马上吃掉糖，但如果谁能坚持到我回来的时候再吃，就能够再得到一块糖。”有的孩子迫不及待地吃掉糖；有的孩子一再犹豫，但还是忍不住塞进了嘴里；还有一部分孩子用尽各种办法让自己坚持不吃掉糖果，有的闭上眼睛，避免看见十分诱人的糖果，有的将脑袋埋入手臂之中，自言自语或玩弄自己的手脚等。20分钟后，实验者回到房间，坚持到最后的孩子又得到了一块糖。实验结束后，研究者又对研究客体进行了长达14年的追踪。研究者发现，到中学时这些孩子表现出了明显的差异：那些等到最后吃到两块糖的克制型孩子显得社会适应能力较强，较为自信，人际关系较好，在压力面前不易退却、紧张或乱了方寸，能够积极迎接挑战，不轻言放弃。在追求目标时，也能像小时候一样善于压抑眼前的乐趣，面对诱惑不冲动。而早早吃掉糖果的冲动型孩子约有三分之一缺乏上述各种特质，反倒表现出一些负面的特征，例如，固执而优柔寡断，容易因挫折而丧失斗志，遇到压力容易退缩或惊慌失措，容易冲动，难以抵御诱惑等。米伽尔为此发明了一个冗长的学术术语——目标导向的自发式延迟满足，强调自我调节情绪的意义，认为只有克制冲动才能有效达成某种目标，也说明自我控制能力是个体未来发展成功的重要影响因素。

(资料来源：https://baike.baidu.com/item/软糖实验/8564420?fr=aladdin#2)

(四) 良好的自我意识促使个体不断自我反省与自我完善

大学生要正确地认识自我，还需要经常反省自己，与自我进行内心的对话，对自己的内心世界加以分析，使自己既成为自我观察的主体，又成为自我观察的对象，以便有的放矢地进行自我调节，不断完善自我。深刻的内省可以帮助自己拥有和谐的人格，更好地发挥心理潜能。

第二节 大学生自我意识发展的特点和常见问题

自我意识的确立是青年心理发展的重要标志之一，对于青年人格的形成、心理的发展起着重要作用。大学生正处于从青春期向青年期转变的重要时期，由于身心不断发育成熟，生活环境、社会角色也在发生变化，大学生开始把眼光从外部世界转移到自己的内心世界，由被动接受转向主动尝试解决自己的内心矛盾和冲突。其中，理想自我与现实自我的冲突是大学生自我意识发展过程中面临的主要矛盾，造成自我意识在自我认识、自我体验和自我控制方面的偏差，从而导致心理上的种种困惑和心理健康问题。

【案例 3-1】

小明由于对填报志愿没有自己的想法，便听从父母的意见报考了会计学。但小明在进入大学半个学期后发现自己对会计学一点兴趣也没有，他觉得学会计内容枯燥乏味，高数难度太大学不会，将来工作也没有什么前途，想要换专业但也没有具体计划，每天充满抱怨，不知道自己将来想做什么、能做什么。小明情绪越来越低落，整天郁郁寡欢，后来时常旷课，感兴趣的社团也不再参加，班级活动也拒绝参加。小明对未来感到一片茫然，不知该怎么办。

(资料来源：作者咨询案例)

思考：小明的自我意识出现了什么问题？大学生的自我意识有什么特点呢？

一、大学生自我意识发展的特点

大学生的自我意识在各方面的发展都达到了较为成熟的水平，特点如下。

(一) 呈现典型的分化、矛盾和统一的过程

(1) 自我意识的分化。青少年自我意识的发展是从明显地自我分化开始的。原来完整、笼统的“我”被打破，出现了两个“我”：主观我和客观我。主观我不断审视和评价客观我。伴随主观我和客观我的分化，大学生在心理上还把自我分成了理想我和现实我两部分。当他们发现自己的理想和现实之间存在差异的时候，就会促使自己不断努力，以求自我完善。

(2) 自我意识的矛盾。随着自我的分化，主观我在认识和评价客观我时，发现现实我和理想我之间、主观我与客观我之间有较大的差距，于是不可避免地出现自我意识的矛盾，表现出明显的内心冲突，甚至有很大的内心痛苦和激烈的不安感。比如，有的大学生对自己要求较高，志向高远，当发现现实我不能符合理想我的要求时，就会苦恼不安，良好的自我意识难以形成。大学生自我意识的矛盾主要表现在主观我和客观我的矛盾、理想我和现实我的矛盾、独立意向和依附心理的冲突、交往需要和自我闭锁的冲突等。

(3) 自我意识的统一。自我意识分化、矛盾所带来的痛苦不断促使大学生寻求方法以求得自我意识的统一，即自我同一性。自我同一性主要指主观我和客观我的统一、自我与客观

环境的统一、理想我和现实我的统一，也表现为自我认识、自我体验、自我监督的和谐统一。如果个体能够理智、客观地认识自己，只要统一后的自我是完整的、协调的、充实的，那么自我意识就是积极和健康的。

(二) 自我认识不断拓宽和深化

大学生自我意识不断拓展，其心理活动的深度、广度和发展速度都远远超过中学阶段。他们不仅关注自己的外表、行为举止等外在因素，更关注自己的性格、智力、交际能力、组织能力等内在因素。随着大学学习的深入，大学生的知识面不断得到拓展，会经常反思“我究竟是个什么样的人”“我如何实现自己的价值”等问题。

(三) 自我评价能力得到显著提高

自我评价能力的增长及对自我分析要求的提高，是大学生个性高度发展的重要标志，其最终结果将使大学生更好地实现自我监督、自我调控、自我提高及自我完善。随着知识面的拓展和生活经验的积累，大学生对自己的评价逐渐趋于客观、全面，主要表现在以下方面。

(1) 自我评价日益辩证而深刻，他们不仅能分析自己一时的心理状态和思想矛盾，而且能认识到自己较稳定的个性心理品质。

(2) 大学生不再完全依靠他人的评价，他们慢慢地学会了既借助他人的评价，又不完全依靠他人的评价来认识自己，并在此基础上进行自我分析，自我评价能力逐渐增强。

(3) 大学生在自我评价的发展上表现出个体差异，大部分学生能够适当地进行自我评价，但部分学生容易出现自我评价偏高或偏低的现象，因而导致其行为表现上的自负或自卑。

(四) 自我体验日益深刻而丰富

大学生的自我体验深刻而丰富，其情绪情感基调是积极的、健康的。大多数大学生喜欢自己、对自己满意、自尊、自信、好胜。同时，大学生自我体验又比较复杂、敏感、自锁，有一定的波动性。比如，对别人的言行和态度极为敏感，把自己的情感体验闭锁于内心，心理体验起伏较大。取得成绩时易产生积极的情绪体验，甚至忘乎所以；遇到挫折时又易产生消极、否定的情绪体验，悲观失望，情绪的两极性表现仍较为明显。

(五) 自我调控的能力提高

独立生活的需要使大学生能够独立安排自己的生活，促进了大学生自我调控能力的发展。他们强烈期望能充分发展自己的独立性，自己组织活动，独立思考，对各种束缚和干涉自己

“独立自主”的现象十分反感，对约束自己自由独立的环境和措施感到不满，甚至表现出强烈的反抗倾向。随着大学生自我调控能力的提高，其自觉性、坚持性、独立性和稳定性显著发展，有着强烈的自我设计和自我规划的愿望，希望根据自我设计的目标来自觉调控行为。同时，他们的自我调控水平还不够高，不善于及时调整自己的目标，也不善于以理智控制自己的行为。

二、大学生自我意识发展中的常见问题及调适

大学生处于自我认识形成的关键期，自我认识的意识明显增强。但是，混乱的自我观念和片面的自我评价是自我认识中存在的偏差，严重影响自我认识的和谐，具体表现有：无法定位自己，不了解自己真正的需要和想法；不知道如何判断和实现的价值；生活没有方向，没有前进的目标，对生活感到茫然、空虚、厌烦和无所适从；过分高估自己；过分低估自己等。

(一) 自卑与自恋

自卑和自恋是由于自我认识偏差等形成的过度自我否定与自我肯定而产生的一种情绪体验，是一种不良的个性品质，对大学生的自我发展和健康成长具有较大的危害。

1. 自卑的表现和调适

有自卑心理状态的同学往往无视自己的优点，过分夸大自己的缺点，不喜欢自己，不能接纳自己的缺点和短处，常常感到自己什么都不如他人，处处低人一等，常常处于沮丧、失落等心理状态。有自卑心理状态的人的人际交往模式是“我不好，你好”“我不行，你行”。他们常常习惯于用否定的眼光看待自己和整个世界，缺乏进取心，终日闷闷不乐，严重的还可能由自我否定发展为自我厌恶，甚至走向自我毁灭。

自卑的调适方法主要包括：第一，大学生应对自卑心理的危害有清醒的认识，有勇气和决心改变自己。从心理学角度分析，自卑实际是一种消极的心理防御机制。一个人的自卑心理形成后，对自己的能力评级会很低，不敢大胆地和别人交往，从疏远别人发展到自我封闭，与周围的人形成一道无形的墙，因而会影响别人对他的评价。而别人的不理解，反过来又会加深他的自卑心理，容易使其对学习、生活失去信心，形成心理障碍。第二，应客观、正确、自觉地认识自己，无条件接受自己，欣赏自己所长，接纳自己所短，做到扬长避短。第三，调整自我期望值，确定恰当的自我目标，区分长期目标和近期目标，区分潜能和现状。目标过高会在实践中有更多的失败体验，这些负面反馈会降低自信，产生自卑感。第四，对外界影响保持相对独立，正确地表现自己，正确对待得失，对自己的经验持开放态度，勇于坚持正确的观点，改正错误的观点，同时保持一定程度的容忍。

2. 自恋的表现和调适

有自恋心理状态的同学往往拿放大镜看自己的长处，甚至把缺点看成优点。同时，拿显微镜看他人的短处。有自恋心理状态的人的人际交往的模式是“我好，你不好”“我行，你不行”。例如，有些大学生认为自己能力很强，瞧不起别人，人际关系不好是因为自己曲高和寡、鹤立鸡群，在自我的世界里建筑一个幻想的王国，与绝大多数同学缺乏交流。自恋的同学由于对自己的评价过高，容易听不进别人的意见和建议，不易处理好人际关系；遇到挫折的时候也不善于自我反省，总是抱怨周围的人，甚至愤世嫉俗，总认为自己怀才不遇。

要克服自恋，首先，要看到自己的不足，承认自己也需要不断完善；其次，要看到他人的长处，欣赏他人的独特性；最后，多与他人交往，以开放的态度尊重和认真对待来自他人的反馈意见。

(二) 过分追求完美

过分追求完美是指过分苛求自己，自我期待过高，在不必要的小事和细节上投入时间与精力，从而造成紧张、焦虑等负面情绪体验。追求完美是一种积极的人生态度，人类正是在这种追求中不断完善自己。但如果大学生过分追求完美，不顾自己的实际状况而对自己要求苛刻，不能容忍自己“不完美”的表现，不肯接纳现实中平凡的自我，其后果往往适得其反，使其对自我的认识和适应更加困难，造成心理上的沉重负担、障碍甚至引发心理疾病。

过分追求完美的调适方法主要包括以下几方面：①树立合理的自我认知观念。人各有所长，每个人都是独特的、与众不同的，能够欣赏自己的独特性，不断自我激励。另外，应接纳自己的不足，不自以为是，也不妄自菲薄。②树立合理的评价参照体系和立足点。人应该选择合适的参照体系，按照自己的条件和特点评定自己的价值，立足自己的长处，认识、接受并尽力改进自己的短处。③目标合理、恰当。在充分了解自己的基础上对自己有恰当的目标和要求，目标符合自己的实际能力，不苛求自己，不被他人的要求所左右。

(三) 自我中心和从众心理

自我中心和从众心理是大学生中比较常见的两种相反的自我观念。自我中心过分关注自我，不考虑他人的需要和感受；而从众心理则往往忽视自己的想法，压抑自己的观点和情绪，丧失自我。

1. 自我中心的表现和调适

适度的自我关注、自我分析有助于正确地意识到自己的行为，从而及时、恰当地调整自己的不当行为，克服自己的不足。但是有些大学生对自己过于关注，凡事从自我出发，无视他人的存在。他们往往颐指气使，盛气凌人，处处认为自己对、别人错，喜欢把自己的主观意志强加于人，因而不易赢得他人的好感和信任，人际关系多不和谐，行为做事难以得到他人的帮助，易产生挫折感。

大学生要克服自我中心，首先要摆正自己的位置，既重视自己也不贬抑他人，自觉地把自己和他人、集体结合起来，走出自我的小天地；其次要实事求是、恰如其分地评估自己，既不狂妄自大，也不妄自菲薄；最后要学会共情，多设身处地地从他人的角度思考问题，尊重他人感受、关心他人。

2. 从众心理的表现和调适

从众是一种普遍的心理现象，是指在群体的舆论压力下，放弃个人意见而与大多数人保持一致的自我保护行为。特别在强调集体人格的文化氛围中，群体中的从众心理更为明显和普遍。比如，看到别人“吃喝高档、穿戴时髦”，便也跟着消费，无视自己的经济基础；看到周围的同学都在为考研做准备，便也加入考研的队伍，结果一旦离开了那个环境，就不知所措，找不到人生的价值和自己努力的方向。

从众心理反映了部分大学生自我意识弱化、独立性较差、缺乏独立人格的现象。大学生要努力培养和提高自己独立思考与明辨是非的能力，遇事和看待问题时，既要谨慎考虑多数人的意见和做法，也要有自己的思考和分析。这样才能拥有一个真正属于自己的人生。

第三节　大学生自我意识的完善

自我意识的完善是一个长时间的自我认识、自我调整的过程。大学生健全自我意识应从4个方面入手，即4A：接纳(acceptance)，接纳自我与自我所在的现实环境；行动(action)，对自己决定的事付诸行动，并全力以赴；情感(affection)，工作学习时情感投入，获得乐趣，乐在其中；成就(achievement)，是前三者完成后的自然结果，是努力奋斗的产物。

一、正确地认识自我

正确地认识自我是提升、完善自我的基础，正确地认识自我的途径和方法主要包括以下几个方面。

(一) 比较法

从自我与人的关系中认识自我。他人是反映自我的镜子，与他人交往，是个人获得自我认识的重要来源。有自知之明的人能从这些关系中用心向别人学习，获得足够的经验，然后按照自己的需要去规划自己的前途。与他人做比较时应注意：比较结果而非比较条件，比较学到什么而不是比较背景或家世等；比较标准的选择要合理，选择自己可以控制、能够改变的方面，而不是那些无法改变的，如身高、容貌等；选择合适的比较对象，选择高不可及或极不如己的对象，没有比较的意义，只有确立合理的参照体系和立足点才能有助于更好地认识自己。

(1) 跟人比较的是行动前的条件，还是行为后的结果？大学生来到大学学习，如果认为自己来自农村，条件不如别人，开始就置自己于次等地位，自然影响心态和情绪。大学生应认识到，只有大学毕业后的工作成绩才有意义。

(2) 跟人比较是看相对标准还是绝对标准？是可变的标准还是不可变的标准？经常有大学生认为自己不如他人，其实他们关注的可能是身高、家世等不能改变的条件，没有实际比较的意义。

(3) 比较的对象是什么人？是与自己条件相似的人，还是个人心目中的偶像或极不如己的人？确立合理的参照体系和立足点对自我的认识尤为重要。

(二) 经验法

从自我与事的关系中认识自我，即善于从做事的成功或失败中不断总结经验，并影响和指导以后的为人处世，以达到认识自我、完善自我的结果。一般人通过自己所取得的成果、成就及社会效应来认识自己，却又常受成败经验的限制。其实任何一种活动都是一种学习，不经一事，不长一智。成败得失，其经验的价值也因人而异。对于聪明又善用智慧的人来说，成功、失败的经验都可以帮助他再获成功，因为他们有坚强的人格特征，善于学习，可以避免重蹈失败的覆辙。对于某些比较脆弱的大学生，失败的经验更易使其遭遇失败，这也是最常见的现象。因为他们不能从失败中吸取教训，改变策略追求成功，而是受挫后形成害怕失败的心理，不敢面对现实去应对困境或挑战，甚至可能失去许多良机；对于那些自我夸大的人来说，成功反而可能成为失败之源。他们可能因侥幸成功而骄傲自大，以后做事便自不量力，往往失败的多；或成长过于顺利，又有家世、关系，而一旦失去这些“保护源”，便一蹶不振，不能支撑起独立的自我。因此，一个大学生对在成败经验中获得的自我意识也要细加分析和甄别。

(三) 反省法

从自我与自己的关系中认识自我。孔子曰：“吾日三省吾身。”我们可以从以下几个方面去认识自己：自己眼中的我、别人眼中的我、自己心中的我。反省内容包括：我是个什么样的人？我的优势和不足是什么？我的理想是什么？我打算怎样度过大学时光？通过这样的自我反省，可以帮助自己更深刻地认识自己。

(四) 测量法

大学生可以通过生理测量和心理测量来认识自我。通过生理测量，可以了解自己的生理状况。而通过心理测量，可以了解自己各方面的心理特征，如智力水平、人格特征、心理健康水平等。通过一些较为成熟的、信效度较高的测验来了解自己的心理状况是一种比较科学、准确的心理测量方法。选择心理测验问卷并开展心理测验应该在专业人员的指导下进行，不要随意根据心理测验结果做出结论。

二、积极地悦纳自我

悦纳自我是指个体对现实自我的接纳、肯定和认同的态度，是心理健康的重要标志，是发展健全自我的核心，有助于使人建立自尊和自信。

(1) 悦纳自我要无条件接纳自己，承认自己的独特性。世界上没有完全相同的两片树叶，也没有完全相同的两个人。即使两个人长相很相像，但也会有完全不同的个性特质、人生经历和体验、社会关系等。因此，一个独特的人不必和别人比高低，也不要拿别人的标准来衡量自己，要承认自己独特的人生经历、人生体验、人格特质、社会关系等，相信天生我材必有用，就能找到内心的安全感和平和感，才能从容不迫地实现自己的价值。

(2) 悦纳自我要正确地看待自己的缺点和不足，并积极地提升和完善。你是独特的，但并不意味着你是完美的。一个拥有智慧的人不仅能够接纳自己的优点，同时也有能力去接纳自己的不足。对于可以改进的缺点，如不良的生活习惯，应学会勇敢地承认它并积极去改正；而对于不可改进的缺点，如相貌不佳等，则要坦然地承认和接受，并尝试通过其他方面的优势来弥补。

(3) 不要一味地和别人攀比。如果总是希望能处处高人一等，必然会变得心胸狭隘，整日被嫉妒心搅得心神不宁。因此，不必为自己在某些方面强于别人而沾沾自喜，也不必为自己某些方面不如别人而灰心丧气。一个人的目标不应该是和别人比，而应回归到努力挖掘自己的潜能，做最好的自己。

三、有效地控制自我

自我控制是人主动地改变自己的心理品质、特征和行为的心理过程，是大学生健全自我意识、完善自我的重要途径。很多大学生对自我抱有很高的期望，但因没有足够的自制力和意志力，经受不起挫折和诱惑，无法实现自我理想。而有些大学生因无法控制自我而产生自卑自怨、自暴自弃的不良情绪，偏离了健全自我意识的轨道。大学生应根据自己的实际情况和社会需要，确立适当的理想和抱负，培养自己良好的意志品质，调控自己的情绪和行为，通过自我奋斗，最终实现自我价值。有效控制自我的途径主要包括：明确自己的需要和目标，考虑清楚通往目标的路径；制订明确的日常计划；用意志来调控自己的行为和情绪。

四、不断地超越自我

每个人都是一个“开放的自我”，无论有多少外在条件的限制，只要不封闭自己，在任何情况下都保持自我的开放性，就会有能力不断超越自身的局限性，不断使自身提升到较高的层次，从而使自我越来越接近完善。因而，大学生要勇于尝试，勇于实践，积极参与到学校、社会活动和实践中，保持乐观和自信的态度，不断去认识自我，发现自我的潜能和不足，不断完善自我、超越自我。完善自我、超越自我不是一帆风顺的过程，需要我们付出艰苦的努力，这是一个“新我”形成的过程，是从“小我”走向“大我”，从“昨日之我”向“明日之我”迈进的过程。

课堂活动

活动一　我是谁

活动目标： 通过小组活动深度介绍自己，了解自己的优点和缺点，也通过分享了解他人眼中的自己。促进学生互相了解，增强班级凝聚力。

活动步骤：

(1) 教师发给每位学生一张 A4 纸。

(2) 学生每两人为一组，一人为甲，一人为乙(最好是找不熟悉的同学为伴)。

① 教师宣布活动的规则：一人做自我介绍，另一人记录。自我介绍者，介绍一个缺点之后，必须介绍一个优点。

② 甲先向乙介绍自己，乙则在 A4 纸上记下甲所说的特质，历时 5 分钟。

③ 5 分钟后，甲乙角色互换，由乙向甲自我介绍，甲做记录。

④ 5 分钟后，教师请甲乙两人取回对方记录的纸张，在背面的右上角签上自己的名字。然后彼此分享参加此活动的心得或感受，并讨论各自的优点与缺点，自我介绍过程中有什么困难？为何会如此？两人之中须有一人负责整理讨论结果。

(3) 每 3 个小组或 4 个小组并为一大组，每大组有 6～8 人。

① 每个小组向其他人分享小组讨论的结果。

② 分享后，每位同学将其签名的 A4 纸(空白面朝上)传给右手边的同学。而拿到签名纸

张的同学则根据其对该同学的观察与了解，在纸上写下："我欣赏你……，因为……"写完之后则依次向右传，直到签名纸张传回本人手上。

③ 每个人与其他组员分享他看到别人回馈后的感想与收获。

(4) 教师邀请一些同学分享此次活动的感想与收获，说明了解真实的我与接纳真实的我的重要性。

活动二　优点轰炸

活动目标：学习观察和发现别人的优点，并且直接表达对他人的欣赏，增强同学之间的良性互动；同时，学习接纳他人的欣赏，体验被表扬的愉快感，增强自信心。

活动步骤：每5～10人为一组围成一圈，请一位同学坐或站在圆圈中心，其他人轮流说出该同学的优点及值得称赞之处(如性格、相貌、处事……)然后被称赞的同学说出哪些优点是自己以前察觉到的，哪些是自己以前不知道的。

活动规则：必须说优点，态度要真诚，努力去发现他人的长处，不能毫无根据地吹捧，这样反而会伤害别人。参与者要注意体验被人称赞时的感受，应怎样用心去发现他人的长处，怎样做一个乐于欣赏他人的人。

活动三　认识我自己

表3-1所示是一些个人对自己看法的陈述，填答时，请看清每句话的意思，然后选择一个数字(1代表完全不符合自己的情况，2代表比较不符合自己的情况，3代表不确定，4代表比较符合自己的情况，5代表完全符合自己的情况)。每个人对自己的看法都有其独特性，因此答案是没有对错的，只要如实回答就可以了。

表3-1　自我和谐量表(SCCS)

序号	项　目	分　值				
1	我周围的人往往觉得我对自己的看法有些矛盾	1	2	3	4	5
2	有时我会对自己在某方面的表现不满意	1	2	3	4	5
3	每当遇到困难，我总是首先分析造成困难的原因	1	2	3	4	5
4	我很难恰当表达我对别人的情感反应	1	2	3	4	5
5	我对很多事情都有自己的观点，但我并不要求别人也与我一样	1	2	3	4	5
6	我一旦形成对事物的看法，就不会再改变	1	2	3	4	5
7	我经常对自己的行为不满意	1	2	3	4	5
8	尽管有时得做一些不愿意的事，但我基本上是按自己意愿办事的	1	2	3	4	5
9	一件事好就是好，不好就是不好，没有什么可含糊的	1	2	3	4	5

(续表)

序号	项　目	分　值				
10	如果我在某件事上不顺利，就会怀疑自己的能力	1	2	3	4	5
11	我至少有几个知心朋友	1	2	3	4	5
12	我觉得我所做的很多事情都是不该做的	1	2	3	4	5
13	无论别人怎么说，我的观点绝不改变	1	2	3	4	5
14	别人常常会误解我对他们的好意	1	2	3	4	5
15	很多情况下，我不得不对自己的能力表示怀疑	1	2	3	4	5
16	我朋友中有些是与我截然不同的人，但这并不影响我们的关系	1	2	3	4	5
17	与朋友交往过多容易暴露自己的隐私	1	2	3	4	5
18	我很了解自己对周围人的情感	1	2	3	4	5
19	我觉得自己目前的处境与我的要求相距太远	1	2	3	4	5
20	我很少去想自己所做的事是否应该	1	2	3	4	5
21	我所遇到的很多问题都无法自己解决	1	2	3	4	5
22	我很清楚自己是什么样的人	1	2	3	4	5
23	我能很自如地表达我的意思	1	2	3	4	5
24	如果有足够的证据，我也可以改变自己的观点	1	2	3	4	5
25	我很少考虑自己是一个什么样的人	1	2	3	4	5
26	把心里话告诉别人不仅得不到帮助，还可能招致麻烦	1	2	3	4	5
27	在遇到问题时，我总觉得别人都离我很远	1	2	3	4	5
28	我觉得很难发挥出自己应有的水平	1	2	3	4	5
29	我很担心自己的所作所为会引起别人的误解	1	2	3	4	5
30	如果我发现自己某些方面表现不佳，总希望尽快弥补	1	2	3	4	5
31	每个人都在忙自己的事，很难与他们沟通	1	2	3	4	5
32	我认为能力再强的人也可能遇上难题	1	2	3	4	5
33	我经常感到自己是孤独无援的	1	2	3	4	5
34	一旦遇到麻烦，无论怎样做都无济于事	1	2	3	4	5
35	我总能清楚地了解自己的感受	1	2	3	4	5

计分办法及结果解释：各分量表的得分为其所包含的项目分值直接相加。三个分量表包含的项目序号如表 3-2 所示。

表 3-2 计分办法

分 量	包含的项目序号	大学生常模	自测分数
自我与经验的不和谐	1、4、7、10、12、14、15、17、19、21、23、27、28、29、31、33 共 16 项	46.13±10.01	
自我的灵活性	2、3、5、8、11、16、18、22、24、30、32、35 共 12 项	45.44±7.44	
自我的刻板性	6、9、13、20、25、26、34 共 7 项	18.12±5.09	

“自我与经验的不和谐”反映的是自我与经验之间的关系，包含对能力和情感的自我评价、自我一致性、无助感等，它所产生的症状更多地反映了对经验的不合理期望。“自我的灵活性”与敌对和恐怖显著相关，预示自我概念的刻板和僵化。“自我的刻板性”不仅同质性信度较低，而且与偏执显著相关，对此分量的使用仍然在探索中。此外还可以计算总分，方法是将“自我的灵活性”反向计分，再与其他两个分量表得分相加。得分越高，则自我和谐程度越高。大学生中，低于 74 分为低分组，75～102 分为中间组，103 分以上为高分组。

(资料来源：王登峰. 自我和谐量表的编制[J]. 中国临床心理学杂志，1994(1)：19-22.)

思考练习

1. 结合本章内容，对自我意识的结构做简要分析。
2. 大学生常见自我意识中的问题有哪些？如果你有这些问题，你将如何面对？
3. 结合本章所学，谈谈你会如何积极地悦纳自我？

第四章

绽放人格魅力

【本章导读】

玄奘苦学佛法

玄奘是唐代一位高僧，为了求取佛经原文，玄奘从贞观三年八月离开长安，万里跋涉，西行取经，终于到达印度，历时十七年，著有《大唐西域记》，为传扬佛教做出了伟大的贡献。

岳飞学艺

英雄岳飞生逢乱世，自幼家贫，在乡邻的资助下，拜陕西名师周侗习武学艺，期间，目睹山河破碎，百姓流离失所，萌发了学艺报国的志向。寒暑冬夏，苦练不辍，岳飞在名师周侗的悉心指导下，终于练成了岳家枪，并率领王贵、汤显等伙伴，加入抗金救国的爱国洪流中。

(资料来源：https://wenku.baidu.com/view/543b68a3b80d6c85ec3a87c24028915f804d84ec.html)

同学们，看完以上两个小故事，你有什么感受呢？为什么同样的环境和社会条件下，有些人获得了成功，另一些人却一事无成？究竟是什么决定了我们的命运？是运气、能力、努力，还是性格？

第一节　人格的概述

人，是世界上最为复杂、最为宝贵、最难捉摸的一种高智慧生物，人的本质是人格。人格是一个含义十分丰富而且定义多样的概念，生活中人们所说的“某人温文尔雅”“某人傲慢自私”“某人谦虚谨慎”“某人敢作敢当”“某人害羞退缩”等，就是对人的人格所进行的描述。

一、人格及其基本特征

“人格”(personality)一词最初来源于拉丁文 persona，其原意为戏剧演员所戴的面具，用于表现剧中人物的角色和身份，类似于中国京剧中的脸谱，红脸代表忠心耿耿的忠臣，白脸代表奸诈狡猾的奸臣，黑脸代表人物性格刚强粗犷。后来，心理学借用这个术语，用来说明每个人在人生舞台上各自扮演的角色及其不同于他人的精神面貌。

人格是个体在遗传素质的基础上，通过后天环境、教育和自身主观努力等因素的交互作用，在社会化过程中形成的相对稳定的、独特的心理行为模式。这一简单的人格定义包含了许多的内涵，也反映了人格的多种本质特征。

(一) 人格的整体性

人格不是单一的特质，更不是多个特质或特征的简单堆砌，而是多个身心特质之间密切联系的一个有机组织。各特质之间的协调整合保证了个体与外界的和谐相处，保证了个体自身的健康完整。拥有良好人格的人，能正确地认识和评价自己，合理定位，及时调整自己内心世界中出现的矛盾和冲突，是自身发展的前提。一旦这些特质之间的联系出现了断裂，失去了人格的统一整体性，个体的行为就会经常由几种相互抵触的动机支配，这种人格是不正常的，属于人格分裂现象，也就是人们通常所说的双重人格或多重人格。

(二) 人格的独特性

人格是在遗传、年龄、环境和教育多种因素影响下发展起来的，每个人的人格都是独特的，正如世界上很难找到两片完全相同的树叶，也很难找到两个完全相同的人。这种独特性不仅体现在各人格特质的数量、组合方式上，还体现在每种特质的表现方式上，即便都是外向的人，表达方式也会有很大差别。

(三) 人格的稳定性

个体出生后，在社会化过程中，通过各种因素的交互作用，会逐渐形成一定的行为动机、理想、信念、价值观和人生观等，形成比较稳定的人格。“江山易改，本性难移”，人格的稳定性表现在个体的人格特征在不同年龄阶段、不同情境变化中趋于稳定。大量研究表明，个体的行为中偶然表现出来的心理特征和心理倾向是不能代表一个人的人格的。例如，一个处世非常谨慎的人，往往表现出循规蹈矩、遇事稳重等特点，但他偶尔也会表现出冒失、冲动的特点，因此，谨慎是他的人格特征，而冲动并不是他的人格特征。当然，稳定性也是相对的，个体的人格也会受到重要事件的影响出现部分人格特征的改变甚至整个人格结构的改变，即人格具有一定的可变性。

(四) 人格的复杂性

鲁迅曾说过:“横眉冷对千夫指,俯首甘为孺子牛。”这句话说明了人的复杂性,人的行为表现出多元化、多层面的特征。人格表现绝非静水一潭,各种人格结构的组合千变万化,从而使人格的表现也千姿百态。每个人的人格世界并非是由各种特征简简单单堆积起来的,而是依照一定的内容、秩序、规则有机结合起来的一个纷繁复杂的运动系统,如同浩瀚的宇宙世界一样。所以就有了“画虎画皮难画骨,知人知面不知心”的说法。

(五) 人格的社会性

人们出生之时只是一个生物学意义上的个体,与其他动物并无本质区别,这时人与人之间的差异纯粹是生物学的或遗传学的,既没有为社会、为集体工作的热情,也不会表现出勇敢或怯懦、坚定或优柔寡断、勤劳或懒惰等人格特点。但出生就意味着从一个简单的生理环境进入了一个复杂的社会环境中,要掌握所处社会的行为道德规范、价值观念、信念体系、社会风俗等。这种社会化过程在已有的生理基础上赋予了人格更充分的内涵。

(六) 人格的功能性

有一位哲学家曾经说过:“一个人的性格就是他的命运。”人格是一个人生活成败、喜怒哀乐的根源。人格决定了一个人的生活方式,甚至有时候也会决定一个人的命运。人们经常使用人格特征来解释一个人所表现出来的言行以及事件背后的原因。当遇到挫折与失败时,坚强的人会发奋向上,懦弱者会退缩不前;当面对悲痛时,乐观的人可以化悲痛为力量,而悲观的人则表现出消极抑郁。当人格具有功能性时,表现为健康、乐观,支撑和推动着一个人的生活与事业发展;而当人格功能失调时,就会表现出软弱、无力、失控的情形。

二、人格的结构

人格是一个复杂的结构系统,具体包含各种成分。简单地说,主要包括人格的倾向性和人格的心理特征两个方面。前者是指人格的动力,后者是指个体之间的差异。

人格的倾向性是指决定人对事物的态度和行为的动力系统,以积极性和选择性为主要特征,包括需要、动机、兴趣、理想、信念、价值观、世界观等。人格的倾向性反映人的活动积极性、理念和信念,以及有意识地选择某种生活方式。例如,在现实生活中,有的人安于现状、不思进取,而有的人乐于奉献、造福社会等。这些都表现出个人所特有的人格倾向性的差异。

人格的心理特征是指在心理活动中所表现出来的比较稳定的成分,包括能力、气质和性格等。人与人之间在人格心理特征方面是有差异的。比如，有的人善于观察细节，有的人却容易忽略细节；有的人思考问题敏感、细致，有的人思考问题却迟缓、粗心大意等。

人格的各个方面是有机联系着的，它们构成了一个不断自我调节、自我控制、自我完善的活动系统，如图 4-1 所示。

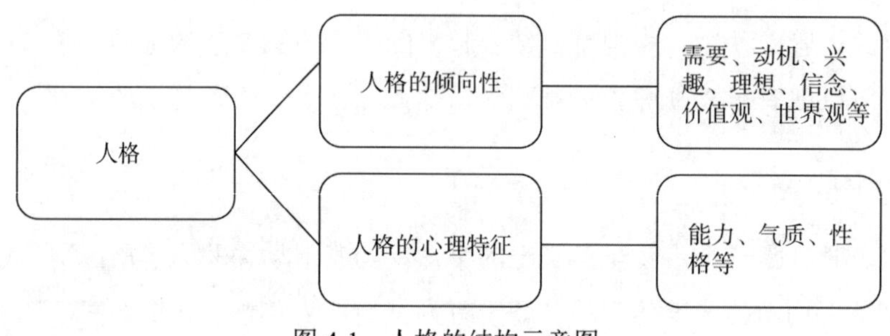

图 4-1　人格的结构示意图

三、人格的差异

罗贯中在《三国演义》中描写了形形色色的人物，这些人物性格迥异，如足智多谋的诸葛亮、仁德爱民的刘备、赤胆忠心的关羽、耿直勇猛的张飞、见利忘义的吕布、奸诈多疑的曹操、心胸狭隘的周瑜、隐忍持重的司马懿……塑造的人物有血有肉，显示出人格的差异。

关于人格差异的理论研究主要分为两大模式：人格特质模式和人格类型模式。这两种模式为人们剖析人格差异提供了分析的结构框架与思路。人格是由不同成分构成的一个结构系统，不同成分从不同侧面反映人格的差异。这种心理差异主要体现在认知方式、气质、性格等方面。

(一) 认知方式差异

认知方式是指人们在认识过程中所偏爱使用的信息加工方式，也叫认知风格。认知方式主要包括以下几种。

(1) 冲动型与沉思型。两者的差异主要体现在人们对回答问题有效性的思考程度。冲动型的人面对问题时总是急于求成，不能全面、细致地分析问题的各种可能性，不管正确与否就急于表达出来。他们的信息加工策略多采用整体加工方式，在完成需要做整体型解释的学习任务时，学习成绩会更好些。但是有些学生反应既快又准，则不属于冲动型认知方式，而属于快—正确型认知方式。沉思型认知方式的特点是反应慢，但精确性高。这种人总是把问题考虑周全以后再做反应，他们看重的是解决问题的质量，而不是速度，特别是在回答比较复杂的问题时，沉思型的特点表现得更为明显。他们的信息加工策略多采用细节性加工方式，所以他们在完成需要对细节做分析的学习任务时，学习成绩会更好些。但是，有些人反应既慢，准确性又差，则不属于沉思型认知方式，而属于慢—非正确型认知方式。

(2) 系列型与同时型。系列型认知方式的特点是，在解决问题的过程中，一步一步地分析问题，每一个步骤只考虑一种假设或一种属性，第一种假设成立后再进一步考虑第二种假设，一环一环地推导出问题的答案，每一种假设都有其时间上的前后顺序。他们解决问题的过程如链状，如记忆、语言等都属于系列加工过程。一般来说，女性擅长系列型认知方式，这也是女性的记忆、语言功能比男性要好的原因之一。同时型认知方式的特点是，在解决问题的过程中，采取宽视野的方式，同时考虑多种假设，并兼顾各种可能性，才能解决好问题。许多数学操作、空间问题的操作都要依赖这种同时型加工方式，这也是男性的数学能力与空间能力优于女性的原因之一。这两种认知方式不存在加工水平上的差异，仅仅是方式上的差异，但是，如果学习方式与认知方式相匹配，各自认知方式的优势就能体现出来。

(3) 场独立性与场依存性。两者主要体现了人对外界环境的依赖程度。心理学家把外界环境描述为一个场，这个场包含了各种人、物和事件。场独立性的人处理问题不太依赖外界环境，他们在对信息进行加工处理时，主要依据内在标准或内在参照。场依存性的人处理问题则要依赖外界环境，他们在对信息进行加工处理时，主要依据外在参照，与别人交往时也能考虑到对方的感受。从人格整体来说，场独立性与场依存性的人格维度没有好与坏之分，他们各自在不同的领域独领风骚。

(二) 气质差异

气质是指在人的认识、情感、言语和行动中，心理活动发生时力量的强弱、变化的快慢和均衡程度等稳定的动力特征，主要体现在情绪体验方面，因而它为人的全部心理活动表现染上了一层浓厚的神秘色彩，与日常生活中人们所说的“脾气”“禀性”等含义相近。

气质学说最先源于古希腊医生希波克拉底的体液说，他认为人体内有四种体液，分别是黏液、黄胆汁、墨胆汁和血液，这四种体液的组合比例不同，形成了四种不同类型的人。巴甫洛夫根据神经活动过程的强度、平衡性和灵活性，将人分为兴奋型、活泼型、安静型和抑制型四种类型。罗马医生盖伦进一步确定了气质类型，提出人的四种气质类型是胆汁质、多血质、黏液质、抑郁质。

(1) 胆汁质。这类人精力旺盛，争强好胜，做事勇敢果断，为人热情直率，朴实真诚；同时思维活动常常粗枝大叶、不求甚解，遇事常欠思量、鲁莽冒失，做事也常常感情用事，但表里如一。《三国演义》里的张飞就是这种气质类型的典型人物，情绪爆发快，“一点就着”，但难持久，如同一场暴风雨，来去匆匆。

(2) 多血质。这类人活泼、好动、乐观、灵活，情绪发生快而多变，注意力和兴趣广泛而且容易转移，思维、言语、动作敏捷，善于交际，适应环境较快，但做事马虎草率，坚持性差，具有外倾性。《三国演义》中的曹操就是这种气质类型的典型人物，望梅止渴的故事便能体现出曹操的气质。

(3) 黏液质。这类人安静稳重、沉默寡言，喜欢沉思，表情平淡，情绪不易外露，但内心的情绪体验深刻，给人以“冷”的感觉，很像外凉内热的“热水瓶”。他们的自制力强，忍耐力高，表现出内刚外柔；思维的灵活性略差，但考虑问题细致而周到；学习和理解较慢，但很扎实，踏踏实实。同时，主动性较差，不易适应新环境。《三国演义》中的诸葛亮就是这种气质类型的典型人物。

(4) 抑郁质。这类人情绪体验深刻、细腻而又持久，心境消极抑郁，多愁善感，给人以“秋风落叶”般的无奈、忧愁的感觉。他们聪明而富于想象力，自制力强，注重内心世界，不善交际，孤僻离群，软弱胆小，萎靡不振，行为举止缓慢而单调，优柔寡断。《红楼梦》中的林黛玉就是这种气质类型的典型人物。

生活中，绝大多数人是四种气质相互混合、渗透，兼而有之，往往是某一种气质类型占主导型地位。此外，气质本身无优劣之分，任何一种气质都有积极和消极的方面，气质也不能决定一个人的社会价值和成就的高低。

【知识拓展 4-1】

大五人格理论

心理学家麦克雷和科斯塔在 1987 年提出了大五人格理论，也被称为人格的海洋，具体内容如下。

外倾性(extraversion)：好交际对不好交际，爱娱乐对严肃，感情丰富对含蓄，表现出热情、社交、果断、活跃、冒险、乐观等特点。

神经质或情绪稳定性(neuroticism)：烦恼对平静，不安全感对安全感，自怜对自我满意，表现出焦虑、敌对、压抑、自我意识、冲动、脆弱等特点。

开放性(openness)：富于想象对务实，寻求变化对遵守惯例，自主对顺从，表现出富于想象，审美，情感丰富，求异，创造，智慧等特点。

随和性(agreeableness)：热心对无情，信赖对怀疑，乐于助人对不合作，表现出信任、利他、直率、谦虚、移情等特点。

尽责性(conscientiousness)：有序对无序，谨慎细心对粗心大意，自律对意志薄弱，表现出胜任、公正、条理、尽职、成就、自律、谨慎、克制等特点。

麦克雷和科斯塔认为以上五个维度就能全面地描述一个人的人格特征。经过众多研究证实后，大五人格理论已成为使用范围最广的人格类型理论。

(资料来源：https://wenku.baidu.com/view/8691a68587c24028915fc3d1.html?from=search&isVipfree=1)

(三) 性格差异

性格是一个人对现实稳定的态度和与之相适应的习惯化的行为方式的总和。性格是在后天社会环境中逐渐形成的，表现了人们对现实和周围世界的态度，是人最核心的人格差异。受人的价值观、人生观、世界观的影响，所以性格具有好与坏之分，有许多社会道德含义。性格的特征主要体现在4个方面：态度特征、意志特征、情绪特征和理智特征。

(1) 性格的态度特征。每个人对现实的态度是不同的，主要表现在三个方面：第一，对社会、集体和他人的态度特征，如热爱祖国、公而忘私、遵守纪律、正直、忠心耿耿或自私自利、虚伪、冷酷无情、粗暴、孤僻等；第二，对工作和学习的态度，如勤奋、认真、细致、首创精神、节俭或懒惰、马虎、粗心、墨守成规、浪费等；第三，对自己的态度特征，如谦虚、自尊、自信、严于律己或骄傲、自卑、自馁、放任、依赖、自暴自弃等，这类特征多属于道德品质。因此，人们常把品德看成性格的核心。

(2) 性格的意志特征。意志特征指个体在调节自己的心理活动时表现出的心理特征，特征为自觉性、坚定性、果断性和自制力，与之相反的是盲从、独断专行、执拗性、动摇性、优柔寡断、武断冒失、任性。

(3) 性格的情绪特征。情绪特征指个体在情绪表现方面的心理特征。情绪强度方面，有的情绪强烈，不易于控制；有的则情绪微弱，易于控制。情绪稳定性方面，有的情绪波动性大，情绪变化大；有的则情绪稳定，心平气和。情绪持久性方面，有的持续时间长，对工作、学习的影响大；有的持续时间短，对工作、学习的影响小。

(4) 性格的理智特征。理智特征指人在感觉、知觉、记忆、思维、想象等智力活动中表现出来的稳定的特征，如主动观察型或被动感知型、直观形象记忆型或逻辑思维记忆型、分析型或综合型等。再如，有人善于观察，有人观察肤浅；有人过目不忘，有人健忘；有人善于发现问题，富于创造性，有人对问题熟视无睹，思维呆板；有人富于想象，有人想象贫乏、单调等。

性格是一个人在主客观条件相互作用下，长时间形成的待人接物、顺应环境等习惯化的心理特征和行为方式，具有较强的稳定性，因此人们可以识别和评价一个人的性格。但性格并不是一成不变的，由于主客观条件的变化，性格也会随之发生变化。比如，一个在家庭中备受溺爱的人，容易形成依赖和自私的性格，但在学校教育和集体生活的影响下，就可能形成独立、乐于奉献的性格。而一个乐观向上的人如果屡遭失败则有可能变成消极、孤僻而又自卑的性格。

【知识拓展 4-2】

弗洛伊德的人格结构理论

1. 早期的人格结构理论

意识：个体觉察、觉知的心理活动和过程状态，日常的生活状态。

无意识：相对于意识而言的、个体不曾觉察到的心理活动和过程，潜藏在人们一般意识底下的一股神秘力量。

前意识：意识和无意识之间的中间地带。

“冰山理论”：人的意识就像一座冰山，露出水面的只是一小部分意识，但隐藏在水下的绝大部分却会对其他部分产生影响(无意识)。

2. 后期的人格结构理论

弗洛伊德在早期“意识-无意识”理论的基础上，又将人格结构细分为本我、自我、超我三个不同层次。

本我：人格结构的最底层，是由本能、欲望等组成的能量系统，包括各种生理需要和冲动。本我是原始的、本能的，且在人格中最难接近的部分，属于无意识层面；本我是人格结构中能量的供应源，包括人类本能的内驱力和被压抑的习惯倾向；基本能量单位为力比多，遵循快乐原则。本我完全不懂价值、善恶和道德是什么，只知道为了满足自己的需要不惜付出一切代价。《西游记》中的孙悟空和猪八戒就代表了“本我”。

自我：人格结构的中间层，是从本我中逐渐分化出来的，属于意识结构层面。自我的主要作用是调节本我与超我的冲突，调节本我，受制于超我，遵循现实原则。自我既要满足本我的需要，又要制止违反社会规范、道德准则和法律的行为。《西游记》中的沙僧就代表了“自我”。

超我：人格结构的最高层，是道德化了的自我，由社会规范、道德观念内化而来，是社会化的结果。超我的主要作用是抑制本我、监控自我和追求完善，遵循道德原则。超我通过自我典范(即良心和自我理想)确定道德行为的标准，通过良心惩罚违反道德标准的行为，使人产生内疚感。《西游记》中的唐僧就代表了“超我”。

(资料来源：https://wenku.baidu.com/view/9d06b409f12d2af90342e605.html?from=search&isVipfree=1)

四、影响人格形成的因素

人格的形成与发展离不开先天遗传和后天环境的影响与作用，其影响因素主要有以下几个方面。

(一) 生物遗传因素

研究结果表明：遗传是人格不可缺少的影响因素，但遗传因素对人格的作用程度因人格特征的不同而不同。通常在智力、气质这些与生物因素相关较大的特征上，遗传因素较为重要，而在价值观、信念、性格等与社会因素关系密切的特征上，后天环境因素更重要。人格发展过程是遗传与环境交互作用的结果，遗传因素影响人格发展方向及形成的难易。

(二) 家庭环境因素

家庭是建立在婚姻关系、血缘关系或收养关系基础上的社会生活组织，是人社会化的第一块基石。家庭环境包括家风、家庭关系、家庭文化素质三个方面。家风是一个家庭在长期生活中逐渐形成的较为稳定的处世原则、行为习惯和生活作风，对人格形成有潜移默化的影响和熏陶作用；家庭关系指家庭成员之间，以婚姻和血缘关系为基础，以情感关系为核心的相互关系，对人格发展有较大影响；家庭文化素质指家庭主要成员的文化程度和家庭活动的文化水准，对人格的形成有重要影响。综上，家庭环境因素对人格形成起着重要的奠基作用。

(三) 学校环境因素

学校是有目的、有计划、有组织地向学生系统传授社会规范、价值标准和知识技能的机构与独立群体。学校环境主要包括校风、学风和师德三个方面。校风是学校的社会气氛，是学校中占主导地位的教育原则、风气和习惯，具有重要的感染、推动、约束作用，优良的校风能够激人向上，陶冶高尚的品质，培育高尚的人格；学风即学校的学习风气，是学校师生在治学精神、治学态度和治学方法等方面的风格，也是学校全体师生的知、情、意、行在学习问题上的综合表现，优良的学风能够激励学生勤奋学习、努力成才；师德是教师在教育实践活动中所应遵循的行为准则和应具备的思想品质，对人格的形成有以身示范的作用。综上，学校环境因素对人格形成起着特殊的重要作用。

(四) 社会环境因素

社会是以共同的物质生产活动为基础而相互联系的人类生活共同体。社会环境主要包括社会文化和社会风气。社会文化是指人类在社会发展过程中所创造的物质财富和精神财富的总和。社会文化是传播世界观、人生观、价值观和道德观的工具，影响人们的思想品德和心理，培养和造就人格。社会风气是社会风尚和习气，具有潜移默化的巨大影响，社会风气好则使人乐观进取、精神振奋、道德高尚，社会风气不好则使人消极悲观、道德败坏。综上，社会环境因素对健康人格的形成和发展起着决定性的作用。

(五) 个人经历

个人经历也就是个人的实践活动。个人实践是个体社会化的必经途径和手段，也是人格形成和发展中不可逾越的阶段。某一特定的实践活动要求个人扮演相应的角色，久而久之，自然会形成这一活动所必需的人格特征。例如长期从事精细手工的人渐渐会形成细致、耐心的个性特点，长期从事推销的人易形成外向、善交际的特点。不同经历影响不同人格的形成和发展，这种形成和发展的过程也是个人不断自我调适、自我完善的过程。

(六) 早期童年经历

俗话说："三岁看大，七岁看老。"人生早期所经历的事情对人格的影响，历来被人格心理学家所重视。研究发现，早期缺乏母亲照顾的孩子以及在童年早期受到父母忽视和虐待的孩子，在心理上会受到不同程度的不良影响。在童年早期，母亲在孩子的成长中扮演了非常重要的角色。母爱丧失的儿童会出现神经性呕吐、厌食、不明原因的消瘦和反复感染等病症，还会出现胆小、迟钝、怕交往、敌对、攻击等人格特点。这些不良人格特点又会影响他们一生的发展，出现情绪障碍、社会适应不良等问题。总之，早期童年经历在儿童的人格形成过程中起着非常重要的作用。幸福的童年有利于儿童形成健全的人格，不幸的童年会使儿童形成不良的人格。

【知识拓展 4-3】

心理学大师卡尔·荣格不为人知的生平

卡尔·荣格出生在一个宗教大家庭中，这也注定了他的学术研究具有神秘主义倾向。用他自己的话说，在 6 岁以前他的人格是分裂的，他将它们分别命名为 1 号人格和 2 号人格。

荣格在 12 岁时曾生怪病，昏迷多时，几乎无救，他却通过自己的意志使自己重新醒来并将自己治愈，这种精神官能症性质的现象一直伴随着他，也成为他终身的隐秘。同一时期，他的人格也渐渐趋于整合，1 号人格成为主体，2 号人格趋向消失。

他曾作为弗洛伊德最看重的继承人被委以重任，在与弗洛伊德决裂后，他的精神受到重创，一度出现精神问题。

人生的经历和自己身上那些难以解释的现象促使荣格走向了神秘现象的研究之路，他曾到非洲、北美洲等地进行旅行考察，研究种族潜意识的性质与现象，广泛考察了古代神话及祭祀仪式。印度文化、易经、炼金术的内容，他都有涉猎，对老子和孔子的学说也有研究，对于佛禅更是喜爱有加。

据说他婚后绯闻不断，情人众多，最令其难以忘怀的是病人兼学生的萨宾娜。

晚年的荣格隐居苏黎士湖畔，完全按照自己设想的方式生活，在安静、能与大自然合为一体的地方默默地思考。

(资料来源：https://wenku.baidu.com/view/25da096aa55177232f60ddccda38376baf1fe0a5.html?from=search&isVipfree=2)

第二节　大学生人格发展的基本特征及异常表现

人格是一个人区别于另一个人的个性特征的总称，包括气质、性格、兴趣、能力、价值观等。但由于各种不良因素的影响，人格也会出现发展缺陷，甚至会出现人格障碍。

一、大学生人格发展的基本特征

大学生正处于身心急剧发展和自我意识由分化、矛盾逐渐走向统一的特殊时期，因此大学阶段仍然是大学生人格不断发展的重要时期。当代大学生在人格发展中呈现以下几个方面的特点。

(一) 能正确认知自我

首先是能自我认可，基本上能接受一切属于自我的东西，从而形成对自己积极的看法；其次是自我客体化，对自己的所有与所缺都比较清楚、明确，理解现实我与理想我之间的差别。大多数人都有明确的奋斗目标和愿望，并为之而努力。

(二) 智能结构健全而合理

具有良好的观察力、记忆力、思维力、注意力和想象力，没有认知障碍，各种认知能力能有机结合并发挥其应有的作用。

(三) 对社会环境的适应能力较强

当代大学生对外部世界有着浓厚的兴趣，有着广泛的活动内容和兴趣爱好，人际交往范围扩大，积极参与各种形式的社会实践。同时，能容忍别人与自己在价值观和信念上的分歧，能根据实际情况来看待事物，而不是根据自己的主观愿望来看待事物。

(四) 富有事业心，具有一定创造性和竞争意识

能把事业看成生活的重要组成部分，在事业上有较强的进取心和责任感；具有竞争意识，具有开放性的思想观念，少有保守思想；喜欢创造，勇于创新，甘愿冒险，独立性强，富有幽默感，态度务实。

(五) 情感饱满适度

情绪上，稳定性与波动性并存，外显性与内隐性并存，情感丰富多彩，积极的情绪和情感体验在学习、生活中占主导。

二、大学生人格发展的异常表现

人格异常又称人格障碍，是指人格特征明显偏离正常，在人格发展的内在结构中有着严重的不协调，从而形成了一贯的反映个人生活风格和人际关系的异常行为模式，且对环境适应不良，社会交往功能严重受损。一般认为，人格异常的原因主要有以下两个方面：一是生物学因素。研究表明，人格异常与遗传因素有关，并且有病理生理因素的影响，可能是大脑边缘系统与情绪和行为有关的部分发育不成熟、功能不完善，或高级神经的兴奋抑制过程存在某种障碍。二是环境因素。不合理的养育环境和恶劣的社会环境是造成人格异常的温床。不良的家庭教育方式和不和谐的家庭关系，来自学习、就业、人际关系、恋爱等方面的压力，不良的信息和网络文化等，都有可能影响大学生人格的形成和发展。大学生人格异常主要表现在以下方面。

(一) 情绪不稳定，易冲动，易激怒

稳定的情绪是衡量一名大学生人格健全与否的标准之一，人格异常的大学生常有的表现就是情绪不稳定，无法控制自己的情绪。比如，遇到突发事件或不开心的事情的时候，会失去控制；在和同学进行交往的时候，会因为生活上的小事而发怒，易冲动；自尊心和好胜心都很强，很容易被激惹到。

(二) 人际关系失调，难以和他人相处

人格异常的大学生大多数很难和其他人相处，包括自己的亲人和同学。每个人都有爱与归属的需要，在成长的过程中，都有和他人交往的需要，在交往中学会如何爱人和被爱。但有些大学生存在不良性格，如挑人毛病、发牢骚、嫉妒、排斥对方、以自我为中心等，易导致人际关系失调。

(三) 思想偏激，易走极端

非理性信念有三个明显的特征，即绝对化(应该、必须等)、过分概括(总是、都、全部、每次等)、糟糕至极(一旦……就……)。看待问题绝对化，以自己的意愿为出发点，认为某事必定发生或不发生；常常把“有时”“某些”过分概括化为“总是”“所有”等；认为如果一件不好的事情发生，那将非常可怕和糟糕。

(四) 生活态度悲观

悲观心理会使人对生活失去信心，丧失奋斗的勇气和信心。有些大学生总是从消极的角度去看待问题，遇到挫折就退缩、怨天尤人，把自己的命运交给别人。

(五) 爱猜疑

培根说过，猜疑之心犹如蝙蝠，它总是在黄昏起飞。猜疑之心是迷惑人的，又是乱人心智的。它使人迷惘，混淆敌友，从而破坏人的事业。人格异常的大学生常常表现出缺乏事实根据的猜疑，会因为别人一个不经意的眼神或一个无意的举动而怀恨在心，总觉得同学在排挤自己，或者老师不喜欢自己。猜疑是非常有害的人格缺陷，它会导致人际关系紧张、伤害他人感情、无事生非等，而让自己陷入庸人自扰、苦闷、惶惑的不良心境中。

三、大学生常见的人格异常及调适

(一) 偏执型人格

偏执是指一个人的思想的顽固性偏离正常，经常无端猜疑、夸大体验等。偏执型人格障碍的患者对挫折和拒绝过分敏感，对侮辱和伤害不依不饶或持久怨恨，有弥散性的多疑和病态性的嫉妒，好争斗，并且经常认为周围人在搞阴谋。这类人往往与同学相处不佳，在思想和行动上非常偏激，总是把同学所说的无心或中立的话当作对自己的攻击和伤害，觉得同学和老师都在排挤自己，感到非常痛苦。

偏执型人格障碍的调适需要长期的治疗，需要患者本身意识到自身的缺陷，并努力配合治疗。心理咨询师需要用较长的时间与他们建立良好的关系，引导他们逐渐建立正确的认知结构，学会自我调控。同时，要鼓励他们积极参与交友活动，用积极、阳光的心态去接纳他人，给自己多一些正面的暗示。

(二) 分裂型人格

分裂型人格障碍的患者经常有各式各样的古怪想法，行为常常出人意料、莫名其妙，与人交谈时，内容也常常脱离现实。这类人可能对巫术、迷信、特异功能以及似是而非的"哲学"特别感兴趣，穿着打扮怪异，有时会自言自语或突然大笑，一般情感淡漠，没有知心朋友。

分裂型人格障碍的调适比较困难，其治疗目标是纠正孤独离群性、情感淡漠和与周围环境的分离性，可以通过社交训练和兴趣培养的方法来加以改善。

(三) 自恋型人格

自恋型人格障碍的患者对自我价值过分夸大，常常幻想自己才干超人，成就卓越，拥有权力、智慧和美貌，非常渴望得到别人的关注和赞美，但表面上常常用冷淡和无动于衷来掩饰。

自恋型人格障碍的调适需要长期的干预，有时要辅以抗抑郁、抗焦虑的药物。治疗过程中，需要心理咨询师有很好的移情能力，给患者提供理解、共情的体验，与此同时，慢慢让患者建立一个较稳定、更有现实能力的自体结构，认清现实。

(四) 反社会型人格

反社会型人格是指缺乏正常的人与人之间的感情，缺乏责任感，伴随冲动型行为，总是做出各种反社会的行为。反社会型人格障碍的患者缺乏做人的良心和道德感，缺乏对社会的责任心和义务感，无视社会权威，对生活无计划，人际关系失调，具有冲动、破坏和攻击性的行为方式，男性居多。具有反社会型人格障碍的大学生，对校规和校纪漠视，对同学自私冷漠，爱撒谎，对生活没有计划，遇到挫折外归因，从来不自我反省。

反社会型人格障碍的调适目前仍缺乏有效治疗措施。将这样的患者集中起来，使之相互帮助，可以收到一定的效果，但不能长期维持，他们需要更多的社会支持。精神药物可减轻其继发性焦虑抑郁症状，可减少其冲动行为的严重程度，可以用行为矫正的方法对有反社会型人格发展趋势的人加以控制。这种人的犯罪行为在法律上仍需负完全责任。

(五) 焦虑型人格

焦虑型人格障碍的患者以一贯感到紧张、提心吊胆、不安全及自卑为特征，总是需要被人喜欢和接纳，对拒绝和批评过分敏感，因习惯性地夸大日常处境中的潜在危险而有回避某些活动的倾向，缺乏与他人建立关系的勇气。患有焦虑型人格障碍的大学生会有持续和广泛的紧张忧虑感，对同学或老师的反对意见过分敏感，避免与同学建立亲密关系，生活上非常拘谨。

焦虑型人格障碍的调适主要从消除自卑感和克服人际关系障碍两个方面进行。自卑的调适方法主要包括以下方面：第一，大学生应对自卑心理的危害有清醒的认识，有勇气和决心改变自己；第二，应客观、正确、自觉地认识自己，无条件接纳自己，做到扬长避短；第三，调整自我期望值；第四，对外界影响保持相对独立。克服人际关系障碍可以在心理咨询师的帮助下制订社交训练计划，任务的难度层层递进，起始的级别比较低，任务比较简单，以后逐步加大难度，每完成一个级别的任务要给予强化。

(六) 强迫型人格

强迫型人格障碍是指明知没有必要，但又无法摆脱无意义的思想和行为，以自我要求过高、过分谨慎为特征的一类人格障碍。强迫型人格障碍表现为优柔寡断，过分谨慎，深层的不安全感，做事情过分注意细节并反复检查，固执刻板，不善于对人表达温情，人际关系紧张，必须事先对一切活动做好计划。

强迫型人格障碍的调适可以采用心理调适法，用鼓励、安慰、暗示、转移注意力等方法，配合放松训练，逐渐进行调适。由于强迫型人格的主要特点是过分压抑和控制自己，因此可以用森田疗法的理念，就是任何事顺其自然，是怎样就怎样，尽量不要去想。同时，也可以用行为矫正的方法来逐渐纠正一些强迫思维和强迫行为。

第三节 塑造健全人格

拥有健全人格的人，其最显著的特点是能够有意识地控制自己的生活，掌握自己的命运；能够正视自己，正视过去，面对现实，注重未来，渴望迎接生活的挑战，在实践中充分发挥自己的潜能并实现自己的价值。

一、健全人格的特征表现

健全人格不只是未患有心理疾病，而且表现出了人格的整体性、稳定性和统一性。具体来说，拥有健全人格的大学生应具有以下几个特征。

(一) 和谐的人际关系

人际关系是人们在社会实践中形成的人与人之间相互作用的关系，是社会关系的直接表现，是构成人类社会的最普遍、最直接的关系。人际关系是在社会交往中建立的。社会交往可以促进人与人之间相互沟通、理解，调节身心状态，增强人的责任感。人格健全的人乐于与他人交往，能与别人建立良好的关系，与人相处时，尊敬、信任等正面态度多于嫉妒、怀疑等负面态度；人格健全的人常常以诚恳、公平、谦虚及宽容的态度尊重他人，同时也受到他人的尊重和接纳。和谐的人际关系既是人格健全的体现，又影响人格的形成与发展。

(二) 良好的社会适应能力

社会适应能力是人在社会化过程中不断发展起来的，反映了人与社会的协调程度。人格健全的人，能和社会保持良好的密切接触，以一种开放的态度主动关心社会、了解社会；能够看到社会发展的积极面和主流，在认识社会的同时，使自己的思想、行为跟上时代的发展，与社会的要求相符合，并能很快适应新的环境。

(三) 乐观向上的生活态度

乐观的人常常能看到生活的光明面，对前途充满希望和信心，对自己所从事的工作或学习抱有浓厚的兴趣，并在工作和学习中发挥自身的智慧和能力，最终取得成功。乐观的人即使生活中遇到困难和挫折，也能耐心地应付，不畏艰险，勇于拼搏。相反，悲观的人常常看到生活的阴暗面，对任何事情都没兴趣，遇到一点挫折就情绪低落、怨天尤人，甚至自暴自弃。

(四) 正确的自我意识

自我意识是个体对自己与周边世界关系的认识。自我意识是一个完整的心理结构，表现于认知过程就是正确地认识自己，客观地评价自己；表现于情感过程就是自尊、自信、自豪感、责任感、悦纳自己等；表现于意志过程就是能够自我监督，自我调节，努力发展身心潜能。具有健全人格的人对自己有恰如其分的评价，充满自信，能有效地调节自己，与环境保持平衡。

(五) 良好的情绪调控能力

积极的情绪体验能使人振奋精神，增强自信，提高活动效率；消极的情绪体验会降低人的活动效率，甚至使人患病。情绪标志着人格的成熟程度。人格成熟的人情绪反应适度，具有调节和控制情绪的能力，经常保持愉快、满意、开朗的心境，并富有幽默感。

总之，人格健全的人，其人格的生理、心理、社会、道德和审美各要素是统一的、平衡的、协调的。

二、健全人格的塑造方法

健全人格的塑造应该与大学教育相结合，特别是针对我国大学生的特点，探索有效的途径，既包括各社会化载体的良好教育和环境的熏陶，也包括专业的心理咨询及团体辅导。在这里着重介绍塑造健全人格的几个基本途径。

(一) 认识自我，优化人格整合

为了有效地进行人格塑造，应该充分了解自己的人格状况，明确人格塑造的目标、内容、途径和方法，认识自我是改变自我的开始。人格塑造就是实现优化人格整合，以达到人格的健全的目的。人格整合是随着个体心理的成熟，人格的各个方面逐渐由最初的互不相关，发展到和谐一致状态的过程。

(二) 具备心理知识和人文素养

知识是现代人格塑造的必备条件。学习知识、阅读书籍、增长智慧的过程是人格优化的过程。现实中，不少人格缺陷是源于知识的匮乏，比如，无知容易使人粗鲁和自卑，而丰富的知识则容易使人自信、坚强、礼貌、谦和等。具备一定的心理知识和人文素养，就等于拥有了心理健康的钥匙，掌握了心理素质完善和人格健全的主动权。

(三) 积极参加实践活动，从小事做起

实践是人格发展的必由之路。无论是知识的获取、能力的形成，还是意志的磨炼都离不开实践。一个人的勤奋、坚韧、乐观、细致等人格特征都是长期实践锻炼的结果。一言一行往往是其人格的外化，反过来，一个人日常言行的积淀成为习惯就是人格。例如，一个人有刷牙、梳头、洗头、勤换衣服、常剪指甲等习惯，就反映了他具有“清洁”这一人格特质。因此，塑造健全人格要从眼前的小事做起，无数良好的小事可以“积沙成塔”，最终构建成优良的人格大厦。

(四) 发展良好的人际关系，积极融入集体

人格发展、塑造的过程是个体实现社会化的过程，是个体与他人、集体、社会相互作用的过程。人格是在行为中表现的，健全的人格只有在与人交往时才能体现出来。尊重社会习俗，关心他人的需要，真诚地赞美，不做无建设性的批评，多与他人沟通，保持自尊和独立等，都有助于发展良好的人际关系，塑造健全的人格。集体是人格塑造的土壤，通过与集体交往，自己的某些人格品质受到赞扬、鼓励或压制、排斥，从而有助于做出有针对性的调整。

(五) 凡事有度，防止“过犹不及”

人格发展和表现的“度”是十分重要的，人格塑造过程中应把握好“度”，具体内容有：自信而不自负，自谦而不自卑，勇敢而不鲁莽，果断而不冒失，稳重而不犹豫，谨慎而不怯

懦，豪放而不粗俗，好强而不逞强，活泼而不轻浮，机敏而不多疑，忠厚而不愚昧，干练而不世故等。

人格健全的过程就是心理健康和心理成熟的过程。塑造健全人格是一项系统的自我改造、自我实现的工程，要从小做起，贵在坚持。

课堂活动

活动一　寻找潜意识中的自己

活动内容：以自己从未表现出的一种性格为基础编写一个剧本，之后通过不同方式表演出来，体会表演时的感受并一起分享交流。

活动目标：让学生与自身潜意识中被埋没和拒绝的另一面进行接触，从而实现人格的整合。

活动步骤：

(1) 老师给学生分组，每组 4 位成员，各成员以自己平时很少或从来不表现出来的性格为主题(如温柔的另一面是凶残，自卑的另一面是自满等)，大家合作编写一个有故事情节的剧本。

(2) 每位成员按照剧本，通过语言和非语言的方式(姿态、面部表情)，表演自己平时很少或从不表现出来的这个角色。

(3) 体会自己在表演时的具体感受，并与大家一起分享交流。

活动二　人格健康水平自测

1. 当你站立时，你总爱把胳膊放在椅背上吗？

2. 你有咬手指或手指甲的习惯吗？

3. 当你与他人交谈或倾听别人谈话时，你总是不停地用手指击打桌面吗？

4. 当你站立时，你喜欢用双臂抱肩吗？

5. 开会时，你总是不断地改变姿势，以求坐得更舒服些吗？

6. 当你谈话时：A.你感到抑扬顿挫，眉飞色舞，手舞足蹈；B.你感到有些紧张；C.你把手轻轻地放在衣兜里。

7. 聚会时，不论你想不想吸烟，你总爱点上一支吗？

8. 参加宴会时，你总是把眼睛盯在一盘或附近几样菜上吗？

9. 看到别人把大拇指藏在手心，拳头紧握时，你害怕吗？

评分：第 6 题回答 A 得 2 分，回答 B 得 1 分，回答 C 得 0 分；其余 8 题，回答“是”得 1 分，回答“不是”得 0 分。

0～3 分：人格健康，不论在什么时候，都能保持沉着、坚定和稳重。你的举止表现说明你是一个沉着老练、遇事不慌、自信、自强、行为得当、自制力强的人。这种自我控制能力是健康人格的重要特点。

4～7 分：人格健康状况欠佳。表面上看，你很平静，但常常会失去平衡。高兴时，你信口开河，滔滔不绝；不高兴时，你冷眼相看，袖手旁观，情绪变化大。对你来说，至关重要的是学会自我控制，从而达到人格结构的稳定与健全。

8～10 分：人格健康问题严重。你很不沉着，在哪里都无法安定，总感觉不舒服。如果不学会自我控制，就无法达到内心的平衡、和谐和安定，同时应注意与周围的环境相适应。

(资料来源：肖文学，姜喜双. 大学生心理健康教育[M]. 北京：清华大学出版社，2012)

思考练习

1. 你属于哪一种气质类型占主导地位？
2. 举例说明影响自己人格形成和发展的最主要因素。
3. 你将通过哪些实际行动去健全和完善自己的人格？

第五章

我的情绪我做主

【本章导读】

关于猴子的心理学实验

预备实验：把一只猴子的双脚绑在铜条上，然后给铜条通电。猴子挣扎乱抓，旁边有一个弹簧拉手是电源开关，拉动开关给铜条断电后就不痛苦了，这样猴子一被通电就拉开关，建立了一级反射。然后每次通电前，猴子前方的一个红灯就亮起来，多次以后，猴子就知道了，红灯一亮，它就要受苦了，所以每次不等来电，只要红灯一亮，它就先拉动开关。这就建立了一个二级条件反射。预备实验完成。

正式实验：在这只猴子的旁边再放一只猴子，与第一只猴子串联在铜条上，隔一段时间就亮红灯、通电，每天持续 6 小时。第一只猴子注意力高度集中，一看到红灯亮就赶紧拉动开关，第二只猴子不明白红灯亮是什么意思，终日无所事事，过了 20 几天，第一只猴子就死了。

第一只猴子的死亡原因是什么呢？科学家发现，它死于严重的消化道溃疡，胃烂掉了。实验之前做体检时，这只猴子没有任何胃病，可见是 20 几天内新得的病。

第一只猴子责任重，压力大，精神紧张，焦虑不安，老担惊受怕，它的消化液和各种内分泌系统紊乱了，所以得了消化道溃疡。这说明，不良的情绪会产生过高的应激值，将严重损害身体健康。

(资料来源：http://blog.sina.com.cn/s/blog_8938155a01012e1s.html)

谈到情绪，人们自然会联想到喜怒哀乐、悲欢离合。生活中，每个人都会随着心理的活动表现出不同的心理状态。有时积极，有时消极；有时温和，有时暴躁；有时平静，有时起伏；有时焦虑，有时轻松；有时痛苦，有时幸福；有时烦恼，有时快乐……人在清醒时每时每刻都处于一定的情绪状态之中，情绪时时刻刻伴随人们的生活、学习、人际交往，并直接影人们的生活、学习和身心健康。

第一节　认识情绪

情绪是人们心理状态的晴雨表，它反映每个人内在的心理状态。无论是欣喜若狂，还是悲痛欲绝；是孤立不安，还是热情奔放，人们都在体验着各种各样的情绪。心理学家马斯洛说："心情若改变，你的态度就跟着改变；态度改变，你的习惯就跟着改变；习惯改变，你的性格就跟着改变；性格改变，你的人生就跟着改变。从某种意义上讲，情绪可以决定人的一生。"因而，了解情绪、控制情绪非常重要。大学生正处于青春期后期，情绪波动较大，情感体验复杂而丰富，经常会面临各种各样的情绪困扰。时间长了，容易造成心理情绪积聚，肯定会对学习、生活造成影响，严重的则会患上抑郁症。大学校园中有情绪问题的大学生比较多，因此，对大学生情绪进行正确认知与疏导，对其学习、生活将很有裨益。

一、情绪

(一) 情绪及其表现

从一般意义上讲，情绪是人们在内心活动过程中所产生的心理体验，或者说是人们在心理活动中，对客观事物是否符合自身需要的态度体验。

(1) 情绪是一种内心感受。人的不同情绪生理状态必然会反映到人的知觉上，反映到人的意识中来，从而形成人的不同的内心体验。例如，人在受到伤害时会感到痛苦；在朋友聚会时会感到由衷的快乐；当面临极度危险时会产生毛骨悚然的恐惧感；当自己的某些需要得到充分的满足时会感到幸福愉快；在被欺辱时会感到愤怒；在失去亲人时会感到悲伤。

(2) 情绪有其生理反应。在不同的情绪状态下，人的心律、血压、呼吸甚至人的内分泌、消化系统等，都会发生相应的变化。例如，人在焦虑状态下会感到呼吸急促、心跳加快；人在恐惧状态下则会出现身体颤栗、眼睛瞳孔放大；人在愤怒状态下则会出现汗腺的分泌、面红耳赤等生理特征。这些变化都是受人的自主神经支配的，是不受人的意识控制的。

(3) 情绪会表现在行为中。情绪不仅体现为生理反应和内心体验，而且也会直接反映到人的外在行为表现中，主要反映在人的表情、语态和行为过程中。人们可通过一个人的面部表情的变化，来了解一个人的情绪状态。例如，当自己所喜欢的球队获胜时，脸上会不由自主地喜笑颜开。体态行为也同样能反映一个人的情绪状态，例如，期末考试过后，可通过考生们的坐立不安、手舞足蹈和垂头丧气等体态得出他们此时此刻的情绪状态和面临的境地。声音的变化同样可以判断一个人的情绪反映，例如人在悲伤时会出现语调低沉、言语缓慢、语言断断续续；而人在兴奋时则会语调高昂、语速加快，声音抑扬顿挫、清晰有力。

(二) 情绪与情感

情绪和情感是两个不同的概念。情绪与先天的生理需要相联系，情感则与人的社会性需要密切相关，属于高级心理现象。情绪一般不稳定，具有较大波动性，情感则较稳定，持续时间较长，甚至会影响人的一生。情感是在情绪的基础上产生的，进而发展成为情绪的深层核心，通过情绪得以实现。情绪包含情感，受情感的制约，是情感的外在表现。情绪与情感相互依存、制约和发展。

(三) 情绪的产生

人们每天的活动都伴随着一定的情绪，有时轻松，有时焦虑，有时欢乐，有时忧愁。那么，是什么在左右着人们的情绪？情绪又是如何产生的？

(1) 情绪与情境。人的情绪不会无缘无故地产生，必然有其发生的情境。正如人们所说，人逢喜事精神爽，学业成功或遇到优美的环境，就会产生愉快的心情；反之，人际关系冲突、学习的压力、生活中的挫折、恶劣的气候，都会使人感到烦躁和抑郁。除了外在的环境和事件会直接引起情绪变化外，人自身的生理和心理也同样会引起情绪的变化。例如，人在青春期阶段，生理上的急剧变化引起内分泌的紊乱，并由此造成情绪上的躁动。女生月经周期带来的生理上的变化也容易导致情绪的不稳定。

(2) 情绪与需要。大学生在漂亮的异性同学面前常会感到紧张和羞怯，有时还会面红耳赤，为此，还会感到自责和困扰。人的情绪为什么有时候难以自控？情绪的变化反映着人们的实际需要。例如当得到他人称赞时，满足了自己的自尊和成熟的需要，从而产生愉悦感；相反，当自己受到别人的冷落时，就会产生失落和孤独感，因为自己被接纳的需要没有得到满足。在大学学习和生活的过程，也是大学生追求和实现自身各种需要的过程。大学生的需要是多样化的，如完成学业、培养能力、发展自我、追求爱情，还有娱乐、健康、实现兴趣的需要等。这些需要是多层次的，有些是眼前的需要，有些是长远的需要，需要之间还相互矛盾。实现和满足这些需要会受到各种条件的局限与制约，必然会引起情绪上的波动。

情绪虽然与客观事物是否满足人的需要相联系，但是面对同样的事物，不同的人却会有截然不同的情绪感受。这是因为每个人站在不同的角度，会产生不同的认知；而同一个人，当认知发生变化，情绪感受也会随之产生变化。这些都说明认知对情绪的影响和作用。心理学研究表明，人们只有通过认知对客观事物与需要的满足做出判断与评价，才会产生相关的情绪反应。认知改变了，情绪也相应发生变化。

(3) 情绪与行为。行为是人的情绪的重要表现形式，一个人的情绪状态会导致人产生或消除行为的动机，并直接影响人的行为模式、过程和效果。例如，一个学生因取得优异的成绩而产生的成就感，使他更加努力学习；而一个学生过度的焦虑情绪会使他感到心烦意乱，而无法专心学习；对考试的过度恐惧感也会使人在考试中发挥失常。情绪对行为起着一定的调节作用，当人们实施能满足自己需要的一些行为时，就会有一种欣慰和充满热情的情绪感受，它会使自己的行为得到加强；而当人的某一行为破坏或阻碍了自己的某一种需要时，就会产生厌烦、排斥的情绪感受，同样会使自己的行为减少或停止。可见，情绪与行为的关系并非是单一的决定与被决定的关系，而是相互影响的关系。

二、情绪的分类

按照不同的标准，情绪有不同的分类方法。从情绪形成和发展的角度来看，情绪可以分为基本情绪和社会性情绪；从生物学角度来看，情绪有三维理论。也有学者将情绪分为心境、激情与应激。

(一) 基本情绪和社会性情绪

基本情绪主要是指与人的生理需要相联系的内心体验，例如人的恐惧、焦虑、满足、悲哀等。人的基本情绪在幼年时期就已经形成了，更带有先天遗传的因素。社会性情绪是指与人的社会性需要相联系的情绪反应，表现为一种复杂而又稳定的态度体验，例如人的善恶感、责任感、羞耻感、内疚感、荣誉感、美感、幸福感等。社会性情绪是后天随着人的成长而逐步发展和形成的，是在基本情绪的基础上形成和发展起来的，同时又通过基本情绪表现出来。大学生在大学阶段更多地是形成和丰富自己的社会性情绪的感受与体验。

(二) 情绪的三维理论

美国心理学家普拉奇克(Plutchik)从生物学的角度提出了情绪的三维理论，即情绪具有两极性、相似性和强弱性特点。例如喜悦的情绪，从程度上可分为舒畅、愉悦、快乐、欢喜、狂喜等不同的心理体验层次；而愤怒的情绪，从程度上也可分为不满、气恼、忿懑、恼怒、大怒、狂怒等；悲哀的情绪，从程度上可分为忧虑、忧愁、忧郁、哀伤、悲伤、悲痛、痛不欲生；恐惧的情绪，从程度上可分为担心、不安、害怕、恐惧、惊恐、极度惊恐等。

(三) 心境、激情与应激

苏联一些心理学家将情绪状态划分为心境、激情与应激三种形态。心境是指一种深入、持久又比较微弱的情绪状态，具有渲染性和弥散性的特点。比如，当一个人心情舒畅时，看什么都会觉得乐观积极；而当一个人郁郁寡欢时，则对许多事都没有兴趣。激情具有强烈的冲动性和爆发性，发生的时间短，会随着时过境迁而弱化或消失。激情的发生常常具有明显的、突出的原因和指向性。激情也可以表现为积极的或消极的，积极的激情能增强人的敢为性和魄力，激励人们克服艰险，攻克难关；消极的激情则会导致理智的暂时丧失、情绪和行为的失控。应激又称应激状态，是指由于出乎意料的紧张或危险情景所引发的情绪状态；是当人处于巨大压力和威胁的情境中，需要迅速做出重大决定时所产生的一种特殊的情绪状态。在应激状态下，人的心律、血压、呼吸和肌肉紧张度等会发生显著变化，从而增加身体的应变能力。在应激状态下，人们往往能做出平时难以做到的事，使人尽快地转危为安。但是人在紧急情境中的应激状态下，会产生知觉狭窄、行动刻板、注意力被局限等，过于强烈的应激情绪会导致人的临时性休克甚至死亡，还会导致心理创伤。一个人长期或频繁地处于应激状态中，会导致身心疾病和心理障碍。表 5-1 对心境、激情与应激的特点、持续时间、强度、原因等进行比较。

表 5-1 心境、激情与应激的比较

情绪	特点	持续时间	强度	原因	例子
心境	弥散性、持久性	持久	微弱、平静	无明显事件	人逢喜事精神爽；感时花溅泪，恨别鸟惊心
激情	短暂性、爆发性	短暂	强烈	事件已知(结果未知)，由结果引起的激情	兴高采烈、手舞足蹈、暴跳如雷
应激	出乎意料、难以应对	时间较短	高度紧张	事件未知(出乎意料)	草木皆兵、急中生智

三、情绪的功能

情绪是心理状态的晴雨表，对人类具有重要的作用。概括起来，情绪的作用主要表现在以下几个方面。

(一) 动机功能

情绪的一个重要功能是促使人们向重要的目标迈进，是人们追求美好生活的动机之源，能够以一种与生理性动机或者社会性动机相同的方式激发和引导行为。有时人们会努力去做某件事，只因为这件事能够给人带来愉快与喜悦。情绪的力量是巨大的，这种力量可以从两个方面发挥作用：快乐、热爱、自信等积极增力的情绪会提高人们的生活能力；而恐惧、痛苦、自卑等消极减力的情绪则会降低人们生活的积极性。有些情绪兼具增力和减力两种动力性质，如悲痛可以使人消沉，也可以使人化悲痛为力量。适宜的情绪活动还能够提高人们的免疫力，增强人们对疾病的抵抗能力，保持身体的健康水平。积极情绪能够激发人的活力，提高人们的工作效率，能够使人的情绪维持在最佳的活动状态，推动人们实现工作目标。

(二) 自我防御功能

每一种情绪，不管是正面的还是负面的，都有其功能，都是不可替代的。在最简单的水平上，情绪能够帮助人们做出迅速的反应。当人的身体或其他方面受到威胁时，会产生恐惧以应对；当发生利益或权利上的冲突时，会产生愤怒以应对；当吃到不适的食物或污物时，会产生厌恶感。这些情绪反应表现出非常明显的自我保护性倾向。

(三) 社会适应功能

情绪是进化的产物，情绪是适应生存的心理工具。情绪能够调节或保持个体与环境间的关系，对生物的适应生存有着重要的作用，是有机体生存、发展和适应环境的重要手段。婴儿出生时，发育不成熟，不具有独立行走和觅食等维持生存的基本能力，他们靠情绪来传递基本需求，同样成人也是靠观察婴儿的情绪反应来满足他们的需求的。情绪的适应功能还表现在改善和完善人的生存与生活条件方面。情绪能够使个体针对不同的刺激事件产生灵活自如的适应性反应，并调节和保持个体与环境之间的关系，许多情绪都具有调控群体间互动能力的功能。比如，羞怯感可以加强个体与社会习俗的一致性；当个体对他人造成伤害时，内疚感可激发社会公平重建。其他的情绪，如同情、喜欢、友爱等，也能起到构建和保持社会关系的作用，还可以增强群体内的凝聚力，提高个体的社会适应能力。

(四) 信号功能

情绪的信号功能是指在人际关系中，人们除了借助语言进行交流之外，还通过情绪的流露来传递自己的思想和意图。情绪的这种功能是通过表情来实现的。表情具有信号传递作用，属于一种非语言性交际。人们可以凭借一定的表情来传递情绪信息和思想愿望。比如，恋人之间的一个眼神、一个微笑就能表达爱意，成语“暗送秋波”就是一个很好的例证；上课时，老师的一个眼神就会让同学有所警觉等。中国有“出门看天色，进门看脸色”的俗语，意思是说通过别人的情绪领悟别人对自己的态度。

(五) 组织功能

情绪是独立的心理过程，有自己的发挥机制和操作规律。作为脑内的一个监测系统，情绪对其他心理活动具有组织作用。情绪的组织作用包括对活动的促进和瓦解两方面：正性情绪起协调、组织作用；负性情绪起破坏、瓦解或者阻断作用。

研究表明，情绪能影响认知操作的效果，积极的情绪(如高兴)能使一个人的感觉、感知变得敏锐、积极。如果识记材料在某种情绪状态下被记忆，那么在同样的情绪状态下，这些材料更容易被回忆起来。当出现紧急情况时，情绪能够唤起大脑的警觉水平，使思维更加灵活，有助于一个人内在潜能的充分展示。而消极情绪(如愤怒)则使人产生悲观意识，失去希望和渴求，更易产生攻击性行为。

(六) 保健功能

情绪的保健功能是指情绪对一个人身心健康的维护作用。随着生活节奏的加快和社会竞争的加剧，人们的观念意识、情感态度更加复杂、善变，不可避免地会出现心理上的失衡，有时甚至产生心理障碍，影响身体健康。在当前日益得到人们认可的关于健康的“生理-心理-社会”模式中，认为人的健康应该是生理健康、心理健康和社会适应良好三方面相互影响、相互作用的综合良性状态。作为心理因素的一个重要方面，情绪与身体健康的关系早已受到人们的关注。

一项长达30年的关于情绪与健康关系的追踪研究发现，年轻时性情压抑、焦虑和愤怒的人患结核病、心脏病和癌症的比例是性情稳定的人的4倍。因此，对不良情绪进行控制、引导，代之以积极乐观的情绪，不仅能提高生活质量，而且能有效地防治身体疾病。

【知识拓展5-1】

中医情绪养生理论

怒伤肝：怒则气上，伤及肝而出现闷闷不乐、烦躁易怒、头昏目眩等，亦是诱发高血压、冠心病、胃溃疡等疾病的重要原因。

喜伤心：喜可使气血流通、肌肉放松，易于恢复身体疲劳，但太过欢喜则损伤心气。

思伤脾：思则气结。思虑过度容易使神经系统功能失调，消化液分泌减少，从而导致食欲缺乏、纳呆食少、形容憔悴、气短、神疲力乏、郁闷不舒等。

忧伤肺：忧是与肺有密切关联的情志。人在极度忧伤时会伤及肺，出现干咳、气短、咯血、音哑、呼吸频率改变，导致呼吸功能受损。《红楼梦》中多愁善感、忧郁伤身的林黛玉就是一个很好的证明。

恐伤肾：惊恐可干扰神经系统，导致人出现耳鸣、耳聋、头晕、阳痿，并可置人于死地。民间常说“吓死人”，就是因为恐则气下。

(资料来源：《黄帝内经》及网络释义整理，http://www.360doc.com/content/17/0616/15/41245772_663666377.shtml)

(七) 传染功能

病毒、细菌会传播疾病，最新研究表明，恶劣情绪与病毒和细菌一样具有传染性。美国心理学家加利·斯梅尔的长期研究发现，原本心情舒畅、开朗的人，若与一个整天愁眉苦脸、抑郁难解的人相处，不久也会变得情绪沮丧。一个人敏感性和同情心越强，越容易感染上坏情绪，这个传染过程是在不知不觉中完成的。如果一个情绪并不低落的学生和另一个情绪低落的学生同住一间宿舍，情绪并不低落的学生的情绪往往也会经常低落。美国一位心理学教授的研究证明，只要20分钟，一个人就可以受到他人低落情绪的传染。

四、情绪的表达

(一) 面部表情

面部表情是指通过眼部肌肉、颜面肌肉和口部肌肉的变化来表现各种情绪状态。人的眼睛是最善于传情的，不同的眼神可以表达各种不同的情绪和情感。例如，高兴和兴奋时“眉开眼笑”，气愤时“怒目而视”，恐惧时“目瞪口呆”，悲伤时“两眼无光”，惊奇时“双目凝视”。眼睛不仅能传达情感，而且可以交流思想。人们之间往往有许多事情只能意会，不能或者不便言传，在这种情况下，通过观察人的眼神可以了解他们的思想和愿望，推知他们的态度：赞成还是反对，接受还是拒绝，喜欢还是不喜欢，真诚还是虚假等。

口部肌肉的变化也是表现情绪和情感的重要线索。例如，憎恨时“咬牙切齿”，紧张时“瞠目结舌”等，都是通过口部肌肉的变化来表现某种情绪的。实验证明，人脸的不同部位具有不同的表情作用，眼睛对表达忧伤最重要，口部对表达快乐与厌恶最重要，而前额能提供惊奇的信号。

【知识拓展 5-2】

微笑有真假

美国加州大学心理学家保罗·埃克曼教授和肯塔基州大学的华莱士·V. 法尔森教授经过多年研究，设计出一套识别面部表情的编码系统，能够成功破解人们的真实表情，包括真笑和假笑。实验证明，喜悦产生的自发笑容(真笑)与故意收缩面部肌肉引起的伪装笑容(假笑)是不一样的。

真笑时，嘴角上翘、眼睛眯起。此时，面部主管笑容的颧骨主肌和环绕眼睛的眼轮匝肌同时收缩。因为真心流露的笑容是自发产生的，不受意识支配，因此，除了反射性地翘起嘴角之外，大脑负责处理情感的中枢还会自动指挥眼轮匝肌缩紧，使眼睛变小，眼角产生皱纹，眉毛微微倾斜。

伪装的笑容是通过有意识地收缩脸部肌肉、咧开嘴、抬高嘴角产生。与真笑不同，此时眼轮匝肌不会收缩，因为眼部肌肉不受人的意识支配，只有真的有感而发时才会发生变化。有些人假笑时动作很夸张，面部肌肉强烈收缩，整个脸挤成一团，给人造成眼睛眯起来的假象。但是，此时眼角的皱纹和倾斜的眉毛是没有办法伪装的。换句话说，遮住一个人面部的其他部位，只露出眉毛和眼睛，若是真笑，依然能看出来他在微笑；若是假笑，就只能看到一双无神的眼睛了。

(资料来源：https://www.sohu.com/a/138382572_155168)

(二) 肢体语言

肢体语言是表达情绪的方式之一。人在不同的情绪状态下，身体姿态会有不同的变化，如高兴时“捧腹大笑”，恐惧时“紧缩双肩”，紧张时“坐立不安”。手舞足蹈、两手叉腰等肢体语言都可以表达个人的某种情绪。肢体语言通常和语言一起使用，表达赞成和反对、接纳和拒绝、喜欢和厌恶等态度与情感。肢体语言也可以单独用来表达情感、思想，“振臂高呼”“双手一摊”“手舞足蹈”等肢体语言分别表达了个人的激愤、无可奈何、高兴等情绪。肢体语言具有文化性，同一种肢体语言在不同文化中可能表达不同的情绪。

(三) 语音语调

语言是人们沟通思想的工具。语音的高低、强弱、抑扬顿挫等，也是表达说话者情绪的手段。朗朗笑声表达了愉快的情绪，而呻吟表达了痛苦的情绪。据说，美国一位女演员用悲调念 26 个英语字母，竟使听众落泪；而波兰一位喜剧演员用另一种语调念同样的 26 个字母，却把听众引得哄堂大笑。

【知识拓展 5-3】

微表情

微表情一闪而过，观察者甚至做表情的人都察觉不到，在实验时，只有 10%的人能察觉到，正因为如此，微表情更能体现人们真实的感受和动机。虽然人们会忽略微表情，但是人的大脑依然受其影响。所以如果某人很自然地表现“高兴”的表情，且其中不含有微表情，就能判定这人是高兴的。但是如果期间有“嗤笑”的微表情闪现，就算你没有刻意去察觉，也更会倾向于认为这张“高兴”的面孔是“狡猾的”或“不可信的”。

(资料来源：百度百科 https://baike.baidu.com/item/微表情/17026259?fr=aladdin)

第二节 大学生的情绪特点

对于大学生来说，再没有比情绪状态的波动更强烈的了。一名大学生这样形容自己的情绪："当我情绪高涨时，我就像一座喷发的火山，心花怒放，充满着豪情壮志，好像有使不完的力量和精力，我愿意将我的所有的热情和智慧，与我认识的所有的人分享；而当我情绪低落时，我又好像是一座冰山，对什么都失去了兴趣，我会感到命运乃至周围所有的人都在和我作对，我是那样的沮丧与无奈，甚至想到过死……"

依据在校大学生心理状况的调查，大部分大学生开放、活泼、富有激情，多数大学生的情绪状态相对比较成熟、稳定。

一、大学生共同的情绪特点

大学生处在人生的青年期，生理、心理各方面都发展到较为成熟的阶段，在这个特殊的阶段，其情绪也具有特殊的特点。

(1) 外向、活泼、充满激情。就大学生整体水平而言，在情绪特点上，表现为乐观、活泼、开放、热情、精力旺盛，积极向上，充满朝气和激情。

(2) 情绪具有延迟性并趋向于心境化。青少年的情绪反应往往受制于外界情境，来得快，消失得也快，而大学生的情绪反应，往往表现为一定的延迟性，趋向心境化。

(3) 情感体验更加深刻、丰富。大学生的情绪体验更加丰富多彩，并随着自我意识的不断发展及各种需要和兴趣的扩展而表现为更加敏感、细腻、深刻，并更加带有社会化的情感体验。

(4) 波动性与两极性。大学生的情绪年龄正处于由未成年人向成年人转变的阶段，与成年人相比，大学生的情绪带有明显的起伏波动性，有时会表现为大起大落、大喜大怒的两极性。

(5) 冲动性与爆发性。大学生的情绪特点还表现为情绪体验特别强烈和富有激情，有时则表现为一定的盲目狂热、冲动。

(6) 矛盾性与复杂性。大学阶段正是大学生面临许多重大选择的时期，常常会呈现矛盾和复杂的情绪状态。例如，希望自己独立和希望依赖他人的需要同时存在；既对自己不满，又不想承担责任；既希望得到他人的理解，又不愿意接受他人的关心等复杂、矛盾的心态。

(7) 内隐性与掩饰性。大学生的情绪表现虽然有时也会喜形于色，但已经不像青少年时期那样坦率直露，不少大学生常会将自己的情绪隐藏和掩饰起来，表现为外在表现和内在体验并不一致，使一些学生出现交流障碍，陷入孤独和苦闷的情感困惑中。

二、不同大学生群体的情绪特点

大学生群体内部存在不同的大学生群体，不同的大学生群体呈现出不同的情绪特点。

(一) 男女生的差异

不同性别的大学生在情绪状态上也呈现出差异性，女生热情开放、富有激情和幻想、敢想敢做，但容易出现抑郁、焦虑、多愁善感等不稳定情绪。男生的情绪状态要比女生相对趋向稳定，主动性和敢为性强，但当情绪冲动时，也容易出现情绪失控，行为过激。

(二) 年级的差异

刚刚入学的大学一年级新生会因过去对大学的幻想与现实大学生活的差距而出现失落感，情绪不太稳定。大学二年级是情绪波动较大的阶段，这突出反映出对大学的新鲜感已经荡然无存之后，暴露出在大学生活、学业、人际交往等方面所面临的矛盾冲突和因此造成的情绪困扰。从大学三年级开始，学生的情绪自控能力有所增强，对大学的生活基本适应，并具备了一定的自控能力，情绪状态相对比较稳定。但到了大学四年级后，由于即将走向社会，人生将面临重要的转折，情绪状态再次呈现矛盾性和复杂性。

(三) 生源差异

来自农村的学生朴实、好学，但与大城市的生活环境、都市文化形成一定的心理反差。不少农村学生是抱着“跳龙门”、在大城市找工作的想法而来上学的，有些农村学生还面临程度不同的经济压力，这些都会造成自卑、焦虑、忧郁、心理压力过大等情绪问题。来自城市的学生绝大部分为独生子女，更加开朗、乐观，自我适应性较强，但同时，由于在家庭中备受关注，造成一些学生责任意识淡薄，学习缺乏动力，心态浮躁。

(四) 家庭背景差异

部分来自贫困家庭的大学生的心理压力较大，常常会为学费、生活困难及家庭的债务而感到困惑、焦虑、忧郁。同时，对于部分来自富裕家庭的大学生来说，过于优越的家庭环境与有限的学校学习、生活条件形成鲜明的对比，也会出现厌学、无生活目标、无所事事等情绪困扰。

第三节　大学生情绪问题与应对

大学生的情绪问题是指因生活事件引起的悲伤、痛苦，持续时间长，不能消除的状态。

情绪问题，一方面导致大学生大脑神经活动功能紊乱，使大学生自制力和学习效率降低，甚至会导致某些失去理智的行为，或者心理障碍和心理疾病；另一方面又会降低大学生的免疫功能，导致其正常生理状态失衡，引起心血管、消化、泌尿、呼吸、内分泌等系统的各种疾病，因此学校和大学生必须重视大学生的情绪问题。大学生中常见不良情绪的表现及应对如下。

一、焦虑的表现及应对

焦虑是一种紧张、害怕、担忧、焦急等混合交织的复杂情绪体验。大学生在学习、工作、生活方面遭遇挫折或担心，需要付出巨大努力的事情来临时，便会产生这种体验。

(一) 焦虑的表现

大学生常见的焦虑有适应焦虑、考试焦虑、社交焦虑和就业焦虑等。

(1) 适应焦虑。大学作为青年学生们的一个阶段性理想，对大学生有非同寻常的影响。很多准大学生在中学阶段就对大学有很多向往和规划，进入大学后，由于对大学或对自己的期望过高，不少大一新生面临适应焦虑。

【案例 5-1】

小轩是一名大一新生，性格活泼开朗，乐于助人，是同学们眼中的“老好人”，由于在军训期间积极主动，很快就在班级同学中积累了较高的人气，被班级同学推选为班级临时负责人，后又顺利当上了班长。当上班长后，小轩发现当班长并没有自己想象中那么容易，需要联络和处理的事情繁多，而且好多新上手的技术性工作也做不好，小轩经常白天忙到没空吃饭，晚上忙到十一二点，平时还要一直盯着手机，生怕错过了什么通知。即便如此，小轩的工作还是不能让其他班委和班级同学满意。小轩还发现，大学中每个同学都很优秀，每个同学都有自己的优势和特长，这些虽然都是班级的资源，但是也给小轩很大的压力。小轩觉得自己快撑不住了。

(资料来源：作者临床案例)

案例 5-1 中小轩的情况一些同学可能也有体会，虽然大学时间更自由了，但是生活依然忙碌，需要处理的事情仍然很多，甚至比中学阶段更复杂、更棘手。很多同学在中学都是优等生，一贯上进和优秀，从而导致自尊心强，较为敏感。小轩虽然人际交往能力不错，但第一次面临这么烦琐的工作，压力很大，抗压能力弱。从高中进入大学，由于生活环境、学习方式都有了较大的转变，要求新生必须进行调整和转变。然而小轩入学后所承受的压力超出了其过往经验和人格特质所能承受与应对的范围，导致小轩一系列痛苦情绪的产生。

环境和角色的改变使小轩不能自己解决压力、焦虑等负性情绪的困扰，产生了悲观的想法，甚至开始质疑和否定自己。大一新生刚到全新环境时，总爱这样问自己，别人喜不喜欢我，我有没有吸引力，我还有没有优势……在这样的自我探寻中，有些新生很容易产生一些不合理的认知。

(2) 考试焦虑。考试焦虑是由于担心考试失败或渴望获得更好的成绩而产生的一种忧虑、紧张的心理状态。焦虑有其积极的意义，是大脑为了刺激人们的积极行动而发出的信号，适度焦虑能够提高学习效率，成为学习动力。但是，过度的焦虑甚至因为焦虑而产生失眠等生理反应则会给人们带来烦恼，如果自己无法克服，就需要寻求心理咨询师的帮助了。

【案例 5-2】

小宇是一名大二学生，填报高考志愿时，小宇对自己被录取的专业了解不多，进入大学后，小宇一直在考虑要不要转专业。了解了转专业的政策后，小宇又觉得自己不符合要求，就放弃了转专业的想法，但是当下的专业也没有好好学。就这样，大学第一年稀里糊涂就过去了。现在进入大二，同学们不仅平时要准备考试，还主动报名参加各种证书考试，小宇也跟着大家一起报名。但是，考试临近了，小宇越来越不安，一方面，小宇并没有好好准备，另一方面，小宇不想面对自己可能考试通不过的结局。最近，证书考试和期末考试都要到了，小宇出现烦躁不安、紧张、焦虑症状，晚上翻来覆去难以入眠，并经常做噩梦，白天注意力不能集中，感到心慌意乱，虽然能控制情绪，但总觉得不踏实，内心非常烦恼、痛苦。两周前，小宇头痛加重，去医院看过内科医生，并做了头部的 CT 等检查，一切均正常。

(资料来源：作者临床案例)

(3) 社交焦虑。社交焦虑是一种与人交往时觉得不舒适、不自然、紧张甚至恐惧的情绪体验。大一新生面对陌生的环境和人群会呈现出人际关系的种种不适应。有的新生由于处于一个高手云集的环境中，往往过高地估计别人，无端地怀疑自己的能力，以至于不敢与他人接触，造成交际范围狭窄；有的新生奉行我行我素的处事原则，过分关注自己，注重自己在人际交往中的地位而忽略他人的需要和存在，对别人缺乏关心和谅解，导致在人际交往中过于敏感；有的新生不知道如何处理与异性的关系，对男女交往过于敏感，从而使正常的异性交往不能自然进行，有的陷入单相思而不能自拔，由此而产生情感冲突。这些学生大多会出现人际关系失调造成的焦虑不安、心烦意乱、孤单失落、寂寞失眠甚至社交恐惧等症状。

【案例 5-3】

小阳是家里的独生女，从小就没有离开父母独自生活过，为了生活方便，小阳和父母商量后决定大学也在本地读，这样周末和节假日可以回家。进入大学后，大部分同学都住校，小阳每周都有几天回家住，周末的集体活动也不参加，渐渐地，小阳与班级同学及舍友的关系有了疏远。有次周末，一个舍友过生日，小阳原打算周末不回家一起参加舍友的生日聚会，但是舍友都认为小阳周末回家，所以就没有邀请小阳，小阳认为是舍友不想让自己参加，觉得舍友排挤她。有了这个想法后，小阳经常能感受到舍友对她不够友好，比如一起上课都是别人两三个人一起走，只有她一个人去，吃饭也一样。后来，小阳觉得自己特别害怕和别人交流，总觉得别人对她的眼神不友好，还好像总是对她指指点点，觉得大家对她有排斥与厌恶感，因此在社交活动中极度害怕说错话、做错事，与人接触就有焦虑感，反复出现头痛和失眠现象，并影响到了学习。

(资料来源：作者临床案例)

(4) 就业焦虑。近年来，就业形势不乐观，大学生在就业过程中产生一些焦虑抑郁的情绪是正常的。轻度的焦虑有一定的积极作用，可以激发潜能，使自己产生紧迫感，从而更努力地寻找就业机会。可是一旦焦虑过度，发展成焦虑症，就应该及时关注并进行心理干预，以免焦虑过度而产生过激行为。

【案例 5-4】

小磊是一名大四学生，大三快结束时，班里很多同学就决定考研，受同学们影响，小磊就跟着大家一起准备考研，买了很多参考书，每天去自习室占座位学习。坚持了一个月后，小磊觉得这样的日子太辛苦了，而且感觉自己学习的状态也不够好，觉得考研离自己太遥远，对自己没有了信心。跟家人沟通后，家人觉得考公务员也是不错的选择，小磊也觉得自己可能适合从政，于是开始准备公务员考试。参加完公务员考试后，小磊发现公务员考试竞争太激烈了，而且自己所学专业岗位非常少。小磊思考再三，决定毕业后直接工作，于是一边准备参加教师资格考试，一边投简历找工作。眼看就要毕业了，考上研究生的同学已经尘埃落定，考公务员的同学在找各种考试机会，其他同学有的也已经找好了工作，小磊的工作还没有着落。小磊越来越焦虑，觉得自己当初的选择就是错的，不应该一会儿想要考这个，一会儿想要考那个，越想越焦虑，以至于出现严重失眠，这更加重了小磊的焦虑。

(资料来源：作者临床案例)

(二) 焦虑的应对

焦虑情绪会给人们带来一定的压力，要想克服焦虑，可以尝试从以下几个方面入手。

(1) 正视焦虑，不要自己吓自己。丹麦著名的哲学家斯隆·契克格达认为，当人们面临发展自己的可能性时，都会产生一种向往的心态，如果没有这种紧张不安、跃跃欲试的冲动，任何成功和进取都是不可能的。回避焦虑，不可能使问题得以解决，担忧也不会得以消除。

人们应该去做胜负未卜的追求和探索，只要坚持去做，到一定时候就不会产生焦虑了。比如，你为将要进行的演讲比赛担忧，这种担忧实际上是一种自我调整，只要你最终还是演讲了，也就恢复了正常的情绪，也许下一次演讲时，你就不会担忧了。可是你如果没有演讲，担忧就成了一个症状，你将会对这种感觉感到恐惧。因此，消除焦虑的最好方法是正视它，并且全身心投入它。

有位心理学家在某次体操比赛前测试运动员的焦虑水平，结果发现无论是得胜者还是失败者在赛前的焦虑程度是一样的，他们的差别仅仅在于能否应对压力，那些后来表现不好的运动员把注意力全部放在了担心上，担心自己表现不好，从而陷入一种恐慌状态。表现良好的运动员一般都不去想自己的焦虑，而是把注意力放在自己要做的事情上，从而克服了焦虑。心理学上有个名词——“自我实现预言”，讲的是如果人们把情境定义为现实，那么这些情境在其后果中便是现实的。因为一个人一旦有了一个对结果的假设，那么所有的行为都会在不自觉中朝假设的方向“努力”。

【知识拓展 5-4】

焦虑的沙鼠

撒哈拉大沙漠中有一种土灰色的沙鼠。每当旱夏将要到来的时候，这些沙鼠都异常忙碌，它们不停地将草根咬断运回自己的洞穴。可是让人奇怪的是，即使地面上的草根非常多，足够它们度过整个旱夏，这些沙鼠依然不辞辛苦地运草根，似乎只有这样，它们才能安心。

有人用沙鼠做实验，将沙鼠装在了笼子中，却发现这些沙鼠四下寻觅，表现地非常焦虑，甚至不能进食，直到忧心忡忡地死去。

导致沙鼠死去的是焦虑，这种焦虑来自它们对自己未来的担心，虽然关在笼子中的沙鼠被提供足够的食物，但它们依然为没有囤积足够的草根而担忧。确切地说，这些沙鼠是被自己预想出来的过于放大的后果吓死的，它们担忧自己会被饿死，而这种担忧真的要了它们的命。

(资料来源：http://blog.sina.com.cn/s/blog_4d9999a701000a42.html)

(2) 理性情绪疗法。理性情绪疗法由美国临床心理学家艾里斯(A. Ellis)提出。理性情绪疗法认为，对事件正确的认识一般会导致适当的行为和情绪的反应，而错误的认识往往是导致不良情绪产生的直接原因，因此，改变不合理的观念，建立合理的观念，就会产生积极的情绪反应。

理性情绪疗法可以通过以下几个步骤来实施。

步骤一：首先是将引发焦虑的事件和认识一一列出。

步骤二：找出引发焦虑的非理性观念。非理性观念有以下几种主要特征。

- 绝对化的要求，即对什么事都怀有必须或不会发生的信念，这种特征常常表现在日常生活中“应该”“必须”“一定”“绝对”等用语上。
- 过分概括化，即以偏概全的思维方式。在这种非理性特征中，世界上的事物只有两类：要么正确，要么错误。一次失误，就被认为是不可救药了。
- 糟糕至极，常表现为“一旦出现了……天就要塌了”“再没有比这更可怕的了”等。例如，有的大学生因一次考试失利，就认为自己已经彻底失败了。

步骤三：通过对非理性观念的认识和纠正，找出合理的观念。

步骤四：通过建立合理的观念，最后达到情绪感受的改变。

(3) 放松训练。放松训练又称为松弛反应训练，是一种通过肌体的主动放松来增强人对自我情绪的控制能力的有效方法。它的基本原理是通过训练放松所产生的躯体反应，如减轻肌肉紧张、减慢呼吸节律和使心律减慢等，达到缓解焦虑情绪的目的。

具体的操作步骤如下(此方法最好是在老师的指导下进行)。

步骤一：在较为安静的环境中，舒适地坐(或仰卧)在沙发上或躺在床上，让自己初步体验肌肉的紧张。操作要领：①伸直并绷紧双臂，握拳；②绷紧双臂肌肉，握紧双拳，用力，并保持数秒钟；③放松双臂、双拳，休息数分钟。

步骤二：在步骤一的基础上进一步绷紧肌肉。操作要领：①伸直双臂，握拳；②伸直并绷紧双腿，双脚脚尖内勾，呈倒勾式；③上述各部位肌肉同时用力，并保持数秒钟；④放松上述各部位的肌肉，放松休息数分钟。

步骤三：在前两个步骤的基础上绷紧全身肌肉。操作要领：①伸直双臂，握拳；②伸直并绷紧双腿，双脚脚尖内勾，同时收紧前额肌肉，紧锁眉头，紧闭双眼，皱起鼻子和脸颊，咬紧牙关，收紧下颚，紧闭双唇，紧绷两腮，梗直脖子，胸部、腹部肌肉绷紧，躯干用力挺起；③全身各部位用力绷紧，并保持数秒钟；④放松上述各部位的肌肉，放松休息数分钟。

步骤四：在全身肌肉紧张的前提下，配合呼吸，加强对肌肉紧张的体验。操作要领：①深吸一口气(用腹式呼吸)，憋住气；②伸直双臂，握拳，头向后梗，伸直并绷紧双腿，双脚脚尖内勾，胸部、腹部肌肉绷紧；③屏住呼吸，全身各部位用力绷紧并保持，直至达到最后极限；④放松呼吸，并放松上述各部位的肌肉。

步骤五：紧接步骤四，通过指导语暗示全身的肌肉、呼吸乃至身心放松。①肌肉放松指导语：头部肌肉放松，面部肌肉放松，脖子放松，双肩放松，双臂放松，双手放松，手指放松，胸部放松，腹部放松，双腿放松，双脚放松，脚趾放松；②呼吸放松指导语：呼吸在放慢，变得越来越慢、越来越深、越来越沉、越来越重，感到全身很累、很疲倦，好像有一种昏昏欲睡的感觉，自己什么都不去想、什么都不愿意想，感到心情很放松。

步骤六：让自己充分体验此时此地的放松感受。

放松训练结束。

二、嫉妒的表现及应对

英国科学家培根说过，在人类的一切情欲中，嫉妒之情恐怕要算作最顽强、最持久的了。在日常生活中，嫉妒的存在是很普遍的。当看到别人比自己强时，心里就酸溜溜的，不是滋味儿，于是就产生一种包含憎恶与羡慕、愤怒与怨恨、猜嫌与失望、屈辱与虚荣，以及伤心与悲痛共存的复杂情感，这种情感就是嫉妒。

(一) 嫉妒的表现

嫉妒是指因他人在某些方面胜过自己而引起的不快，甚至是痛苦的情绪体验。嫉妒是自尊心的一种异常表现，在大学生中普遍存在。引起大学生嫉妒心理的原因是多方面的，具体表现如下。

(1) 学业嫉妒。学习生活是大学生的主导活动，学习活动强烈地影响大学生的心理过程和心理特征。大学生活中会发生考试、评优、保研等问题，需要青年去面对和适应。如果处理不好，就会产生嫉妒心理。学业嫉妒不仅表现在成绩较差的学生身上，也表现在成绩优秀的学生身上。成绩优秀的学生往往在学业上得到的赞誉比较多，已经习惯了鲜花和掌声，一旦成绩下滑，容易产生心理落差，会因为感到紧张而产生嫉妒心理。

(2) 恋爱嫉妒。爱情中的嫉妒心理是由爱情的排他性、占有心理、过度关注、自卑、猜疑心、缺乏安全感等导致的。处于恋爱中的青年男女常把对方看作自己的“私人财产”，一旦发现自己的恋人与其他人密切接触，就感觉浑身不自在，心里顿生无名之火，陷入痛苦之中。更有甚者，就连自己的恋人讲他人的优点，也会引发猜疑，产生嫉妒心理。

(3) 仪表嫉妒。有的大学生天生丽质、气质超群，有的大学生却相貌平平。爱美之心人皆有之，那些漂亮的大学生就特别容易成为被嫉妒的对象(在女大学生身上表现得尤为突出)。特别是因自己的容貌、身材、生理缺陷成为前进的绊脚石时，大学生对自己的相貌和魅力缺乏信心，会对相貌出众者产生无名的嫉妒之火，采取贬低、冷落甚至恶意中伤他人的行为来消除内心的不平。

(4) 财富嫉妒。贫富悬殊是社会问题，有些物质上欠缺的大学生安图享受、追求高消费时，常常感觉囊中羞涩。看到经济条件好的同学花钱大方，可能会产生自卑心理，并对家境条件优越者产生一种嫉妒心理。

(二) 嫉妒产生的原因

(1) 平均主义是嫉妒产生的思想根源。嫉妒的产生，在某种程度上是因为人们的思想观念。传统的平均主义思想根深蒂固，所以水平、地位相当的人认为不管是在精神享受上，还是在物质占有上都应该是平均的。如果现实不能达到这种平均的理想状态，就会产生嫉妒。大学生群体特别希望老师能看到自己的与众不同，即便是自己没有什么与众不同，也希望老师能一视同仁、公平地对待自己。而当这种愿望不能实现时，便会对被老师重视的同学冷言相对、冷嘲热讽，甚至在这些同学遭遇某些不幸时，幸灾乐祸。

(2) 有理想无作为是嫉妒产生的直接原因。大学生受教育程度相对比较高，一般都有着强烈的进取心和求胜心，胸怀大志，力求成才。但是有些学生认为进入了大学就证明自己已经成功了，因此花大把的时间去上网、逛街、聊天，没有很好地利用时间来丰富自己的知识和提高自己的社会实践技能。当机遇来临时，由于缺乏实力而不能很好地把握，这时他们便会对努力学习、不断提高自身能力并能随时把握机遇的同学产生嫉妒。

(3) 不健全的人格因素是嫉妒心理产生的内部原因。人格因素是构成个性的核心因素。一个人格不健全的人，考虑事情往往只从自身利益出发，一旦事与愿违便产生不平衡心理。如果一个人生性好强，做任何事情都喜欢争第一、出风头，那么一旦遭遇失败，就有可能对比自己强的人产生嫉妒。

(三) 嫉妒的应对

法国文学家巴尔扎克曾经说过："嫉妒者比任何不幸的人更为痛苦，因为别人的幸福和他自己的不幸，都将使他痛苦万分。"因此，必须正确应对嫉妒心理。嫉妒的应对策略如下。

(1) 觉知嫉妒心理。这个觉知让我们知道自己在嫉妒别人，并了解自己为什么会嫉妒，以及这种嫉妒给自己带来的痛苦。比如，当同学获得奖学金时，自己内心就会不平衡，"平时都一起上课一起学习，凭什么他能获奖我没有呢？"这时我们要知道自己是在嫉妒同学。因为有人比自己优秀，特别是和自己一起"起跑"的人比自己"跑得快"，心里不舒服，这种嫉妒心让自己天天生闷气，影响学习和生活。

(2) 接受自己不完美。接受自己不完美有点困难，因为自恋是人的本性。每个人都觉得自己是优秀的，自己不比别人差。因同学获得奖学金而自己不开心的人，认为自己也是优秀的，为什么没有获得奖学金呢？如果能接受自己的不完美，就会减少很多因嫉妒而产生的不快乐。山外有山，人外有人。仅靠成功很难消除嫉妒，人们总会发现比自己还成功的人，不再去比较，也就摆脱了嫉妒。

(3) 发挥自己的优势。当看到自己的不完美时，也要知道自己的优势，发挥自己的优势，不仅可以让自己快乐，更能够减少嫉妒心理。很多时候，人们之所以嫉妒，是因为别人的优秀显得自己更糟，让自己为自己羞耻。就像那些嫉妒同学获奖的人，他们内心不接受自己的羞耻，以嫉妒来把自己的无能和糟糕合理化。但如果找到自己的优势，不去和他们比较，那时，不仅可以建立自信，还可以让自己快乐。

(4) 改变自己，做更好的自己。减少或摆脱嫉妒，首先需要改变自己。改变自己的思维，因为很多事之所以给我们带来痛苦，是因为我们的思维方式，这也是为什么面对同样一件事，有的人是消极的，有的人是积极的。比如，面对同学获奖，我们选择的不是嫉妒，而是虚心学习，看看他为什么会得到老师的赞赏，自己与他的差距在哪里，这样，我们就找到接下来努力的目标和方向，自己也会变得更好。还有，上面说的“觉知”“接受”，其实就是在改变自己。改变自己，是为了遇见更好的自己。正如罗杰斯所说：“我们生命的过程，就是做自己，成为自己的过程。”

三、愤怒的表现及应对

愤怒是当他人或外界事物不能满足自己内心需要，或主观愿望无法实现时所产生的一种消极的情绪反应。心理学研究表明，当愤怒发生时，可能导致心跳加快、心律失常、高血压等疾病，同时还会使人的自制力减弱甚至丧失，思维受阻，行为冲动，甚至干出一些让自己后悔不迭的蠢事。

【案例 5-5】

小荣，男，自述过往有很严重的被欺凌经历，加上幼儿时期有被送往封闭学校学习的经历，因此与家人关系比较紧张，经常对母亲的关心不屑一顾，甚至觉得母亲太过虚伪，与父亲之间冲突较大，经常一言不合就拳脚相向。进入大学后，小荣表现非常积极，在迎新期间自己虽然也是新生，但是已经开始帮助高年级同学一起迎新生，平时也乐于帮助同学。但是，一旦有人对小荣的建议持不同意见或者对小荣表示否定，小荣立马就翻脸，而且怒目圆睁，猛拍桌子，拽别人衣服或者打自己耳光。这样的情况在开学一个月内已经出现了三次，让老师很是头疼。

(资料来源：作者临床案例)

(一) 愤怒的表现

在情绪情感发展过程中，有些大学生往往有爱激动、易动怒的特点。例如，有的大学生因一句刺耳的话和一件不顺心的小事而暴跳如雷；有的大学生因人际协调受阻而怒不可遏、恶语伤人；有的大学生因别人的观点与自己相左而恼羞成怒；有的大学生因暂时的挫折和失败而悲观失望、痛不欲生。如此种种，遇事缺乏冷静分析与思考，图一时之快，逞一时之勇，从而产生爱激动、易动怒的不良情绪。

(二) 愤怒产生的原因

溺爱型家庭教育环境是产生愤怒的温床。这种家庭中，家长往往过于担心孩子，认为孩子很多事情不会做，经常为孩子代劳，子女的要求很容易得到满足，在一定程度上剥夺了孩子体验生活的机会和权利，因此孩子容易出现暴怒，久而久之形成习惯。

不良社会风气是滋生愤怒的诱因。现在一些家长有“社会上的老实人吃亏”“爱哭的小孩儿有奶吃”等观念，鼓励孩子表现强势，加上武打片、凶杀片等精神产品的宣传等，都成为愤怒情绪滋生的诱因。

错误的认知是愤怒情绪产生的内在因素。有的人认为发怒可以威胁他人，发怒可以抵挡责难，发怒可以推卸责任，发怒可以逃避努力，发怒可以满足愿望。不正确的认知使他们变得简单、幼稚，稍不如意便怒气冲天，事后却后悔不迭。正如古希腊毕达哥拉斯所言：愤怒以愚蠢开始，以后悔告终。

疲劳也是使人容易发怒的一个原因。古代先贤孙子说：“吏怒者倦也。”贾村也说：“人困则多怒。”老舍笔下的骆驼祥子本是一个性情温顺的人，但他后来为了赚钱拼命干活儿，脾气也就变得暴躁起来。

(三) 愤怒的应对

(1) 平静地接受既成事实。愤怒的发生常常是因为人们主观地认为某些事情应该怎样、不该怎样，认为现实生活应该像自己期望的那样，这种主观性过强的思维习惯是引发愤怒的重要根源。“人生不如意事十之八九”，如能平静地接受这一事实，认同这是正常的人生体验，人才会变得豁达开朗，对许多事就不会容易发火了。

(2) 有分寸地、建设性地表达情绪。表达自己的情绪尤其是愤怒情绪时，应注意以下几条原则：①对事不对人；②不翻老账，只对眼前；③允许对方发火，互相发火能消除紧张和猜疑的气氛；④让人们明白你生气的原因；⑤给彼此留有退路。

(3) 先处理情绪，再表达观点。愤怒情绪出现的原因有很多，但是不管什么原因，它是情绪的一种自然流露，在愤怒的当下，人们的表达经常是非理性的，所以经常说出伤害性的话语。所以，当愤怒的情绪升起时，先不要表达观点，尝试观察自己的呼吸，观察自己的情绪，与自己的情绪共处，等自己情绪稍稍平复后再表达自己的观点。这是降低愤怒情绪伤害的明智的选择。

【知识拓展 5-5】

坏脾气和钉子的故事

从前，有个脾气很坏的小男孩儿。一天，他父亲给了他一大包钉子，要求他每发一次脾气都用铁锤在他家后院的栅栏上钉一颗钉子。第一天小男孩儿共在栅栏上钉了 37 颗钉子。

之后，由于学会了控制自己的愤怒，小男孩儿每天在栅栏上钉钉子的数目逐渐减少了。他发现控制自己的坏脾气，比往栅栏上钉钉子要容易多了……最后，小男孩儿变得不爱发脾气了。

他把自己的转变告诉了父亲。他父亲又建议说："如果你能坚持一整天不发脾气，就从栅栏上拔下一颗钉子。"经过一段时间，小男孩儿终于把栅栏上所有的钉子都拔掉了。

父亲拉着他的手来到栅栏边，对小男孩儿说："儿子，你做得很好。但是你看一看那些钉子在栅栏上留下的那么多小孔，栅栏再也不会是原来的样子了。当你向别人发过脾气之后，你的言语就像这些钉孔一样会在人们的心灵中留下疤痕。你这样做就好比用刀子刺向了某人的身体，然后再拔出来。无论你说多少次对不起，伤口永远都会存在。其实口头上对人们造成的伤害，与伤害人们的肉体没有什么两样。"

(资料来源：新浪博客 https://news.sina.cn/2017-12-02/detail-ifyphtze3605353.d.html?vt=4&pos=3)

四、抑郁与孤独的表现及应对

抑郁情绪就是感到压抑和忧愁的情绪，是一种感到自己无力应付外界压力而产生的消极情绪，常常伴有厌恶、痛苦、羞愧和自卑等情绪体验，是大学生中常见的不良情绪。抑郁情绪人人都曾体验过，对大多数人来说，它的出现是短时的，时过境迁就会消失。

【案例 5-6】

小莎是一名大二学生，高中时曾有过抑郁症史，经过治疗基本好转。大一时，小莎和舍友相处愉快，生活得很平静。大二时，全校进行了宿舍调整，小莎遇到了新舍友，其中有三个人喜欢半夜打游戏，而且天天打，其中还有个人在打游戏时喜欢对着屏幕叫骂，这严重影响了小莎的睡眠。长期下来，小莎精神萎靡，情绪极差，开始对所有以往感兴趣的东西失去兴趣，经常一个人坐着发呆，食欲下降，头发开始变少变白。小莎意识到，自己的抑郁症又犯了。

(资料来源：作者临床案例)

(一) 抑郁与孤独的表现

(1) 情绪上的表现。抑郁心理主要通过情绪表现出来。处在抑郁心理中的学生在情绪上表现出强烈而持久的悲观，对周围的一切都失去兴趣，对自己的未来感到失望。悲观失望的同时还常常处于焦虑状态中，因为身体上的不适、长期失眠而导致上课注意力不集中、学习效率低，会使大学生在抑郁的同时又饱受焦虑的折磨。长此以往，给他们带来较大的学业压力。

(2) 认知上的表现。具有抑郁心理的学生在认知过程中往往过分地关注事物消极的一面，忽略积极的一面，在思维记忆的认知活动中经常出现效率低的现象。例如，经常在考试中出现思维迟钝、记忆紊乱现象，影响正常水平的发挥。

(3) 自我评价的表现。处于抑郁状态中的大学生总是对自己持否定态度。他们常常感到自卑，缺乏自信和自尊，他们心目中的理想我与现实我总存在很大距离。他们总感觉自己不如别人，对自己的能力、才干都持一种不满意的态度，不知道自己有什么优势和特长。

(4) 人际交往和人际关系上的表现。具有抑郁体验的学生自卑感比较严重。他们在人际交往中总处于一种退缩不前的状态，一方面，他们十分敏感，在人际交往中，生怕被别人冷落，稍受刺激便紧张不安；另一方面，由于自卑，他们不愿意与别人主动交往，所以朋友很少，又不愿意参加学生活动，这些使他们总感到孤独和寂寞。

(二) 抑郁与孤独产生的原因

一般来说，抑郁情绪多发生在性格内向、孤僻、敏感、多疑、依赖性强、不爱交际、易悲天悯人、遭遇挫折、长期努力看不到成功希望的大学生身上。那些不喜欢所学专业或人际关系处理不当，有过失恋体验的大学生也会产生抑郁情绪。抑郁和孤独情绪的产生原因较为复杂，遗传因素、性格特点、个人经历、人际关系、重要他人、突发事件、认知因素等都可能会导致抑郁和孤独情绪的产生。

(三) 抑郁与孤独的应对

(1) 改变不良的认知。一些大学生的抑郁心理是由错误的认知导致的。认知疗法是根据人的认知过程，通过认知理论和行为技术来改变求助者的不良认识，影响人的情绪和行为，从而矫正不良行为的心理治疗方法。其着眼点为求助者非功能性的认知问题，通过改变求助者对己、对人和对事物的看法与态度来改变并改善所呈现的心理问题。其策略在于帮助求助者重新构建认知结构、重新评价自己、重建对自己的信心，更改错误的认知方式。

(2) 树立自信。处于抑郁状态的大学生一般都能找到产生抑郁的最初原因，如考试失败、失恋、不善于人际交往、经济压力、就业困难、身体上的缺陷等，这些原因往往导致了自卑，由自卑而陷入抑郁的泥潭。处于抑郁状态的学生要发挥自己的潜力，通过积极的自我暗示来改变对自己的不良评价。

(3) 经常清零。在面对困难时，善于抛开纷乱复杂的信息流，不要被负面信息所影响，让自己静下来，不停地倒空自己，以空的状态看自己。

(4) 学会转移抑郁情绪。如果将自己所有的自尊心都绑在某一件事情上，肯定会变得非常脆弱。为了避免发生这种片面的依赖性，最好将重心放在生活的多个方面，学习、工作、朋友、家庭、爱好与兴趣等，任何一方面的进步都能增强自己的自尊心。当生活的某一方面不顺利时，还可以从其他方面获得安慰和支持。

(5) 增进交流，寻求自己的社会支持系统。大学生在人际交往过程中应不断提高认识，纠正交往中的认知偏差，通过自我暗示、转移和合理宣泄的方法进行自我调适，消除交往中的不良心理，保持良好心态。掌握交往艺术，发展交往能力，培养良好的交往素质。

(6) 学会与抑郁、孤独情绪共存。如果不能克服抑郁与孤独情绪，可以尝试转换思路，试着与这些情绪共存。当人处于抑郁与独孤的情绪之中时，尝试将这些情绪外化，即自己作为旁观者观察这些情绪，尝试与情绪一起工作、生活，把它们当作自己的朋友。

当一个人心理上受到挫折时，最需要的莫过于他人的安慰、同情、理解和关心。一些大学生在出现抑郁的各种症状时，为避免被他人轻视、嘲笑，常常掩盖自己的症状，装作若无其事，这反而让自己陷入了更深的焦虑之中。

课堂活动

活动一　情绪分享

活动内容： 每个同学在纸上写出自己近期体验过的情绪，并对情绪进行分析、讨论。

活动目标： 学会识别并表达自己的情绪。

活动步骤：

(1) 请列出你日常生活中产生过的 20 种情绪，如高兴、忧郁、兴奋……

(2) 在列举的上述各种情绪中，发生频率最多的前 10 种情绪是哪些？

(3) 思考、交流与讨论。

- 分享自己常出现的 10 种情绪，并做出解释。
- 排第一位的情绪是什么？
- 哪种情绪对自己的影响最大？

活动二　情绪稳定性量表

下面的问题能帮助你识别自己的情绪稳定性，请认真阅读，并根据实际情况对题目做出“是”或“否”的回答：选择“是”记 1 分；选择“否”记 0 分。

1. 尽管发生了不愉快的事情，仍能毫不在乎地思考别的事情。

2. 不计小嫌，经常保持坦率、诚恳的态度。

3. 习惯于把担心的事情写在纸上并进行整理。

4. 在做事情时，往往具体规定有可能实现的目标。

5. 失败时仔细思考，反省其原因，但不会愁眉不展，也不会整天闷闷不乐。

6. 拥有一项可以长期坚持的爱好。

7. 常常倾听别人的意见。

8. 做事有计划地积极进行，遇到挫折也不气馁。

9. 无路可走时，能够改变生活方式和节奏，以适应生活。

10. 在学业上，尽管别人比自己强，但仍坚持“我走我的路”。

11. 对自己的进步，哪怕只是一点点，都会高兴地表示出来。

12. 乐于一点一滴地积累有益的东西。

13. 很少感情用事。

14. 尽管很想做某一件事，但自己觉得不可能时也会打消念头。

15. 往往理智、周密地思考和判断问题，不拘泥于小节。

结果解释:

0～6 分：情绪不是很稳定，经常患得患失，不能很好地生活。常常拘泥于一些小事情，无论做什么事情都太过认真，总是忙忙碌碌，耗费心机。

7～9 分：情绪一般稳定。

10～15 分：情绪很稳定，善于思考，不拘泥于小节，能积极、大胆地处理一些事情，在各种困难面前毫不动摇。

(资料来源：https://wenku.baidu.com/view/8f7d252633126edb6f1aff00bed5b9f3f90f72d8.html)

思考练习

1. 大学生常见的情绪问题有哪些？

2. 你最常有的情绪问题是什么？你是如何解决的？

第六章

做个受欢迎的人

【本章导读】

人要学会共处

一个人想知道天堂和地狱的区别，于是他先来到地狱，地狱的人正在吃粥，但奇怪的是，一个个面黄肌瘦，饿得嗷嗷叫。原来他们使用的勺子有一米长，虽然争先恐后盛粥往各自嘴里送，但因勺子比手长，每个人都吃不着。他感叹："地狱真悲惨呀！"

然后，这个人又来到天堂。天堂的人正好也在吃粥，却一个个红光满面。天堂的人使用的也是一米长的勺子，不同之处在于他们在互相喂对方。

天堂和地狱拥有相同的食物，相同的工具，相同的环境，但结果却大大不同。

这个故事提醒我们：人要学会共处。

(资料来源：作者搜集整理)

人际交往是人类社会生活中重要的活动之一。人际关系的好坏直接体现了一个人的心理健康水平和社会适应能力。马克思曾经说过：人是各种社会关系的总和，每个人都不是孤立存在的，他必定存在于各种社会关系之中，如何理顺好这些关系、如何提高生活质量就涉及到了社交能力的问题。

第一节　人际关系概述

大学生正处于学习知识、了解社会的重要发展阶段，也是从校园步入社会的过渡阶段，和谐的人际关系既是大学生心理健康不可缺少的条件，也是大学生获得心理健康的重要途径。同时，大学生的人际关系不仅影响在校期间的学习积极性和创造性，而且是交流信息、获取知识的重要途径，还是大学生未来事业成功的必备要素。因此，良好的人际交往能力对大学生的发展有着重要意义。

一、人际交往的含义

人际交往是指人们运用语言或非语言符号交换意见、传达思想、表达感情和需要等交流过程，包括物质交往和精神交往，是人类的特定社会现象。人际交往是人类存在和发展的需要，是学习和事业成功的关键。特别是对处于青年时期的大学生来说，人际交往的需求强烈，人际交往是一段有意义的沟通经历。其意义表现在两个方面：一是构建和维护人际关系，满足人们情感交流的需要；二是化解人际冲突和矛盾，修复和改善人际关系。人际交往必须有信息的交流和互换，人们通过以往经验及知识的交流分享，达到态度及情感上的共识。另外，交往的双方必须有心理意义上的相互作用。交往的时候，双方通过沟通，将自己的情感、认知、生活观及价值观等表达出来，并与对方相互作用，对方在接收这些信息时，根据自己的过往经验及价值观等给予反馈，并伴随相应的情绪体验。沟通双方的相互作用实现了大家对观念、思想、兴趣、心境、情感、经历等各个方面的交流和互换。

人际交往是个相互的双向过程。如果人际交往中只有一人表达观念，而不肯倾听他人的反馈和表达，或者单向地只倾听别人的表达，不给予任何自我的表达和见解，都不能称为有效的人际交往，并且人际交往维持的时间会比较短暂；只有双方互换信息并且产生情感上的互动时，才能起到促进理解、增进友情、持续发展的作用，才可能赢得持久、深入的交往。

人际交往的发展存在一定的规律，这是一种递进的、普遍的、由己及人的一般性规律。奥尔特曼和泰勒认为，良好的人际关系的建立和发展，从交往由浅入深的角度来看，一般需要经过定向、情感探索、感情交流和稳定交往四个阶段。

(一) 定向阶段

定向阶段主要是对交往对象的注意、选择及初步沟通等方面的心理活动。

此阶段首先是吸引交往对象的注意，而后选择交往对象，与交往对象进行初步的心理沟通。当今社会，人们做不到与每个人都建立良好的人际关系，而是对人际关系的对象有着高度的选择性。在通常情况下，只有那些具有某种会引起人们兴趣的特征的人，才会引起人们的特别注意。注意也是选择的一部分，是自己内心想法潜移默化外现的一种行为，它本身反映了某种需要倾向。注意的选择是自发的、非理性的。与注意不同，抉择是通过理性思考得出的结论。究竟决定选择谁作为交往对象，并与之保持良好的人际关系，往往要经过自觉的选择过程。只有那些在人们的价值观念上具有重要意义的人，才会被选作交往和建立人际关系的对象。初步沟通是在选定交往对象之后，试图与这一对象建立某种联系的实际行动，目的是对别人获得一个最初步的了解，以便使自己知道是否可以与对方有更进一步的交往，从而使彼此之间人际关系的发展获得一个明确的定向。由于初步沟通实际上是试图建立更深刻关系的尝试，因此，尽管双方所暴露的有关自我的信息是最表面的，但都希望在初步沟通过程中给对方留下良好的第一印象，以便使以后关系的发展获得一个积极的定向。

(二) 情感探索阶段

情感探索阶段的目的是彼此探索双方在哪些方面可以建立真实的情感联系，而不是仅仅停留在一般的正式交往模式。在这一阶段，随着双方共同情感领域的发现，双方的沟通会越来越广泛，自我暴露的深度与广度也逐渐增加，但双方的话题仍避免触及对方私密性的领域，自我暴露也不涉及自己根本的方面。尽管在这一阶段人们在双方关系上已开始有一定程度的情感卷入，但双方的交往模式仍与定向阶段相类似，具有很大的正式交往特征，彼此仍然注意自己表现的规范性。

(三) 感情交流阶段

人际关系发展到感情交流阶段，双方关系的性质开始出现实质性变化。此时，双方在人际关系安全感方面已经得到确立，因而谈话也开始广泛涉及自我的许多方面，并有较深的情感卷入。如果双方的关系在这一阶段破裂，将会给人带来相当大的心理压力。在这一阶段，双方的表现已经超出正式交往的范围，正式交往模式的压力已经趋于消失，人们会互相提供真实的、评价性的反馈信息和建议，彼此进行真诚的赞赏和批评。

(四) 稳定交往阶段

在稳定交往阶段，人们心理上的相容性会进一步增加，自我暴露也更加广泛、深刻。此时，人们已经允许对方进入自己高度私密性的个人领域，分享自己的生活空间和财产。但在实际生活中，很少有人的友谊关系达到这一情感层次。许多人与别人的关系并没有在感情交流阶段的基础上进一步发展，而是仅仅在感情交流阶段的同一水平上简单重复。

当然，人与人之间有循序渐进的交往也有一见如故的邂逅，不排除存在个性交往。相对而言，一般的人际交往均需要遵循这四个阶段的发展过程，切忌急于求成而在无意中冒犯对方。

【知识拓展 6-1】

八拜之交

第一拜 管鲍之交——管仲和鲍叔牙

管鲍之交起源于管仲和鲍叔牙之间结下深厚友谊的故事，最初见于《列子·力命》，“生我者父母，知我者鲍子也。此世称管鲍善交也。”人们常常用“管鲍之交”来形容自己与好朋友之间彼此信任的关系。

第二拜 知音之交——俞伯牙与钟子期

相传伯牙善弹琴，钟子期善听琴。伯牙弹到志在高山的曲调时，钟子期就说“峨峨兮若泰山”；弹到志在流水的曲调时，钟子期又说“洋洋兮若江河”。钟子期死后，伯牙不再弹琴，认为没有人能像钟子期那样懂得自己的音志。

第三拜 刎颈之交——廉颇与蔺相如

蔺相如是战国时赵国大臣，赵惠文王时，秦向赵强要“和氏璧”，他奉命携璧入秦，当廷力争，最后终于完璧归赵。赵惠文王 20 年，蔺相如随赵王到渑池使赵王不受屈辱，因功任为上卿。他对赵国大将廉颇容忍谦让，廉颇背着荆条向蔺相如请罪，他们便成了同生死共患难的好朋友，齐心为国效力。

第四拜 舍命之交——角哀与伯桃

战国时，左伯桃与羊角哀两人相识，结伴去楚国求见楚庄王，途中遇到了大雪天气，而当时他们穿的衣服都很单薄，带的粮食也不够吃。左伯桃为了成全朋友，把衣服和粮食全部交给了羊角哀，自己则躲进空树中自杀。后世将友谊深厚的知心朋友称为“羊左”。

第五拜 胶漆之交——陈重与雷义

陈重和雷义是东汉年间豫章郡两位品德高尚、舍己为人的君子。两人为至交密友，当时的人们称颂道：“胶漆自谓坚，不如雷与陈。”陈重年轻时与同郡雷义结为知交，两人都是饱学之士。太守张云闻陈重之名，嘉许他的德才品行，举荐他为孝廉，陈重要把功名让给雷义，先后十余次向太守申请，张云不批准。第二年，雷义也被选拔为孝廉，两人一起到郡府就职。陈重与雷义两人同时官拜尚书郎，雷义因为代人受罪，被免职。陈重也以身体有病为理由，辞职一同还乡。雷义回乡又被举荐为秀才，雷义要把这功名让给陈重，刺史不批准。雷义就假装发狂，披头散发在街上替陈重奔走呼吁，而不去应命就职。因此，乡里传颂他们两人的事迹，说道：“胶和漆自认为融为一体，坚不可摧，还不如陈重与雷义，荣辱与共，生死相依。”

第六拜 鸡黍之交——元伯与巨卿

范式，山阳金乡人。少年时在太学读书，与汝南人张劭为友，劭字元伯。两人读书后，同归乡里。范式对张劭说："我两年后回来，那时我将要去府上拜见尊亲，再看看令郎令爱。"与此同时，两人还约定了拜见的日期。光阴似箭，日月如梭，不觉间约定的日期将至。张劭把这件事禀告了母亲，请母亲准备饭食以迎接挚友的到来。母亲说："分别了两年这么长的时间，你与他又相隔千里，你怎么能如此相信那约定的时间呀？"张劭说："巨卿是守信的人，必定不会违背。"母亲说："要是果真如此，我要为你们酿酒。"到了约定的这一天，范式真的如期而至。他升堂拜饮，尽欢才散。

第七拜　生死之交——刘备、张飞和关羽

不求同生，但求同死，有福同享，有难同当，一起打天下，义字为先——这就是著名的"桃园结义"。刘备、张飞和关羽三人在桃园结为生死之交。

第八拜　忘年之交——孔融和祢衡

忘年之交，指年辈不相当而结交为友。《后汉书·祢衡传》："衡始弱冠，而融年四十，遂与为交友"，就是记载的孔融和祢衡两个年辈不相当的人之间的忘年之交。

(资料来源：作者搜集整理)

二、大学生的人际交往

大学生的成长、成才与发展都依赖于人际交往。对大学生人际交往心理健康问题的分析和研究，就能够有针对性地提出处理大学生人际交往的相关原则来调适大学生的心理障碍，促进大学生健康成长。

【案例 6-1】

某学院大一年级学生小 A，来自农村，家境较差。小 A 自幼性格内向，不善言谈，不会处事，很少与人交往。但他聪明，勤奋用功，成绩很好。然而，自从上大学之后，小 A 感到许多事情总不顺心，尤其是如何与人交往、怎样处理人际关系的问题使他伤透了脑筋，吃尽了苦头。一学期以来，小 A 与班上同学很不融洽，与同宿舍舍友曾发生过几次不小的冲突，关系相当紧张。小 A 基本上不和班上同学来往，集体活动也很少参加，与同学的感情淡漠。他觉得自己没有一个能相互了解、相互信任、谈得来的知心朋友，常常感到特别孤独，情绪烦躁，而且无处倾诉。长期的苦恼和焦虑使小 A 经常失眠，体质下降。他曾想尽力克制自己，强打精神，用努力学习的方法来减轻痛苦、冲淡烦恼，然而事与愿违，由于他学习时精力很难集中，效果很差，成绩急剧下降，后来竟出现考试不及格的现象。小 A 深感自己已陷入病困交加的境地而无力自拔，失去了坚持学习的信心。

思考：小 A 的人际关系出现了什么问题？

(资料来源：作者搜集整理)

(一) 大学生人际交往的常见问题

(1) 不敢交往。在人际交往的实践活动中，人们都存在不同程度的恐惧心理，只是每个人的反应程度不同。有一部分大学生在这方面反应特别强烈，由于害羞、自卑等心理作用，在与人交往时特别紧张，心跳气喘，面红耳赤，两眼不敢正视别人；在与人交谈时语无伦次，词不达意，尤其是人多的场合或者在集体活动中更感到恐惧，不敢和人打交道，不敢表现自己，严重的可导致社交恐惧症。

(2) 不愿交往。有的大学生在经历了“千军万马过独木桥”的高考之后，发现自己不如在中学时那么出类拔萃了，进而形成因嫉妒与自卑心理而导致的人际障碍，认为自己不如别人，怕别人瞧不起自己，缺少对人必要的信任与理解，人际交往平淡，缺乏与同学基本的合作精神，甚至视同学为敌手；有的同学自高自大，瞧不起别人；有的同学群体意识淡薄，以自我为中心，对周围的人与事漠不关心；有的同学自己高兴、开心就愿意理别人，否则就拒人于千里之外，同学之间缺乏必要的宽容，甚至会为一些鸡毛蒜皮的事大打出手；有的人遇事总是回避、退让，整日郁郁寡欢，缺乏交往的愿望和兴趣，他们自我封闭、孤芳自赏，但又特别敏感，心理承受能力差，独往独来，不愿抛头露面，不愿与人交往。

(3) 不善交往。有的大学生不善于了解和掌握交往的知识与技巧，在交谈的过程中显得过于生硬，书生气太足，木讷，心存感激不会讲出来。有的大学生由于认知偏见产生了理解障碍，不注意交往中的第一印象，不注意沟通方式，在劝说他人、批评他人、拒绝他人时不讲究艺术。有些大学生与人交往的过程中，不注意交往的原则，开玩笑不注意场合，不懂得给人留面子，或出言粗鲁伤了对方的自尊心，或不懂得尊重对方的风俗习惯，或不懂装懂、夸夸其谈等。这些表现都有损于自身形象的塑造，影响了同学之间进一步的交往。

(4) 不懂交往。进入大学之后，大学生大都有强烈的人际交往的欲望，但又常常感到人际交往很困难，究其原因是许多大学生对人际交往的追求往往带有较浓的理想色彩，以友谊的理想模式为标准来衡量生活中的人际关系，导致高期望值与高挫折感并存，进而表现为部分大学生经常津津乐道于过去的事情，而对于现实生活中的人际交往却表现出强烈的不满。有的大学生不懂得平时的交往积累，总希望别人主动关心自己，主动与自己交往，而自己总是处于被动地位，或仅仅是一旦自己有事求人时才去“临时抱佛脚”，使对方感到无论在物质上还是在精神上都不能受益，有时甚至感到是累赘，这种交往理所当然会终止。

(5) 缺乏技巧。有的人在交往中表现为羞怯、自卑、孤独、猜疑、嫉妒、恐惧等，缺乏人际交往的基本技能。这样的人一般都渴望交往，但由于交往方法欠妥，交往能力有限，有个性缺陷或交往心理障碍等原因，在交往过程中既不了解自己，也不了解别人，导致交往失败。长期的交往失败，使一些大学生把交往看成一种负担，渐渐地变得自我封闭。

(二) 大学生人际交往的变化

大学阶段是个人转型的重要阶段，具体到个人，由于个体对于自身未来发展的选择存在差异，也就导致交往群体的不同，同样决定了交往的多样性，但其依然存在共性特征。

(1) 由单一性向复杂性发展。大学生是相对特殊的一类群体，介于学生和社会人之间，也正在经历从高中相对单一的社交圈向更为广阔的社交圈的发展，接触的人群变得相对复杂，包括老师、同学、社会人员等，这一切都是促进大学生蜕变的重要因素。与之前在玩乐和学习中建立的友谊相比，现在涉及的内容则更为丰富，关乎衣、食、住、行、学习、娱乐等方方面面。

(2) 交往的形式趋于开放性和主动性。告别相对单一、枯燥的高中生活，迈入大学殿堂的学生渴望结交新的朋友，希望建立新的人际关系，因此在交往中有更多主动性。同时，大学中有了更多与人交往沟通的机会和平台，交往对象的不断增多，也更多地激发了他们与人交流的主动性。而交往手段和交往形式的变化，催化了大学生交流的开放性与主动性。

(3) 交往心理由理想化向现实化转化。激烈的竞争改变了大学生的现实需要，使大学生交往的功利色彩有所增加，如强调人际交往的等价原则、协作与竞争的关系交替存在等。

(4) 大学生的交往由情绪支配型向理智型转化。尽管大学生情绪、情感还不稳定，存在一定的因自己的好恶择友的情况，但是，随着社会经验的丰富与成熟意识的增强，逐渐学会用理智去思考问题和与人交往。

第二节 大学生人际交往的特点、影响因素与重要性

从大学生的日常生活中不难发现，大学生因缺乏人际交往技巧和人际交往经验，或者因性格内向或对人际交往的认知偏差等，导致人际关系紧张。如何建立良好的人际关系成为每位大学生的必修课。其中，把握大学生人际交往的特点与影响因素十分必要。

一、大学生人际交往的特点

人际交往问题贯穿大学生活时代，随着社会对人的适应能力提出的更高要求，交往也成为当代大学生人格发展的重要课题，大学生交往方式和交往内容也发生了根本性的变化。大学生人际交往的特点主要表现在以下几个方面。

(1) 平等性。大学生都处在同一身心发展水平上，彼此的年龄、经历和心理大致相同，知识结构和思想特点也相差无几。因此，大学生的交往带有明显的人格平等、角色相同等特征。

(2) 纯洁性。大学生所承担的社会角色决定了他们的主要任务是学习，不存在因经济关而所带来的一系列利害冲突。大学时代正是思想活跃、感情丰富的时期，大学生更珍视友谊，把友谊作为重要的追求目标，而且大学生极富浪漫性，头脑中充满了对理想的憧憬和对生活的热爱，较少出现互相利用的带有功利色彩的人际关系。

(3) 独立性。大学生之间个性差异很大，每个人的交往都可能不同于他人，因此大学生的交往活动呈现多彩的个性特点。但是无论是活泼好动，还是孤僻好静的大学生，在交往中都表现出自主性。

(4) 开放性。大学生的交往呈现开放性的特点。首先表现为大学生的交往意识很强，其次表现为交往范围较宽，最后表现为交往方式的丰富多彩。总之，大学生交往的开放性说明大学生的交往是全方位的。

(5) 信息性。重视交往的信息交流作用。大学生是我国社会对信息的流动最为敏感的群体之一。他们普遍把社交能力作为自己必须具备的能力之一，同时认为，社会交往的目的在于扩大自己的信息网络，加大信息的输入量。

二、影响大学生人际交往的因素

“到了大学再也找不到像中学时期那样的好朋友了！”这是许多大学生的感叹。他们一方面渴望真诚、深厚的友谊，另一方面又感到缺少知心朋友，有的人凡事总是首先考虑自己，我行我素，不会理解人、宽容人。怎样交到知心朋友？就要了解影响人际交往的各种因素。

(一) 外部因素

(1) 学校因素。学校是大学生的第二个家，是大学生的主要生活环境，中国传统的应试教育注重学生文化知识的培养，却忽略了大学生各方面能力的培养，包括人际交往的能力。因此，学习成绩好却不能顺畅地与他人交往的现象经常发生。

(2) 家庭因素。每个人都是一个独特的个体，每个人都有一个独特的家庭。家庭作为人际交往的影响因素，会在以下三方面对大学生的人际交往产生影响：一是家庭的整体环境，有些学生经历过父母离异等情况，心灵比较脆弱和敏感，他们希望得到别人的关爱和尊重，但是同学间一句不经意的玩笑有时会冒犯他们，从而导致冲突；二是家庭的教育理念，有些家长十分注重对孩子的教育，经常与孩子进行交流，这就给孩子的沟通交流能力创造了发展环境，良好的亲情关系在大学生的人际交往过程中起着很重要的作用；三是家庭的经济条件，家庭贫困的学生可以通过学校的相关资助政策或者勤工助学来减轻家庭的负担，通常生活都比较节俭，而家庭富裕的学生则衣食无忧，甚至有时还会有一些高消费的行为，这两种情况的巨大反差，就容易使学生心理产生不平衡感，从而引发一些矛盾。

(3) 社会因素。随着社会经济的发展和科学技术的进步，人与人之间交往呈现网络化的特点，很多新媒体应运而生，走进并且应用于人们的生活之中，人们依靠这些工具进行交流，弱化了现实中的交流。

社会飞速发展，对人才的需求量越来越大，对于大学生而言，仅仅学习好是远远不够的，还要德智体美劳全面发展。显然，社会上人与人之间的竞争非常激烈，同时压力也不断增大，这也导致了大学生之间竞争激烈、隔阂加剧。

(二) 内部因素

(1) 认知因素，包括以下方面。

① 对自我的认知。一个人对自我有无正确的评价会影响自己在人际交往中的表现。正确的自我认知可以使自己言谈举止更得体，而有偏差的自我认知则会给人带来不好的感受。

② 对他人的认知。对他人有无正确的认知也会影响人际交往。如果从一开始就对他人有正确的了解和认识，确定他符合自己的交往标准，那么之后的交往过程则会顺利很多；相反，如果对他人没有正确的了解和认识，甚至出现偏差，那么在之后的交往过程中必然会出现矛盾。

③ 对交往本身的认知。交往的过程是双方彼此满足需要的过程，如果只考虑自己的需要而忽略别人的需要，就会给交往双方造成障碍。

(2) 情绪因素。在人际交往过程中，情绪的表现也非常重要。在碰到某一件事的时候，如果情绪反应过于强烈，不分场合，不分对象，则会让人感觉过于意气用事；如果冷漠、无动于衷，则会给人冷漠无情的感受。因此，要注意控制情绪随客观情况合理的变化。

(3) 人格因素。人格因素是大学生人际交往的一个重要因素。总结起来，在大学生群体中有利于人际交往的人格特征有：懂得尊重他人、关心他人、理解他人、富有同情心；积极参加集体活动，热爱集体和他人；有责任心；自信、阳光、真诚、宽容等。在大学生群体中不利于人际交往的人格特征有：以自我为中心，狭隘、嫉妒心强、虚伪、华而不实；过分自卑、内向、过分取悦他人等。

【案例 6-2】

小张从小性格内向，害羞，特别害怕与别人对视，一旦成为大家的目光聚焦点，他就害羞得要命，不仅面红耳赤，连手心都汗淋淋的，说话也语无伦次，想马上躲开。高中阶段，他过得很安稳，大家忙着学习，谁也不会主动和他搭讪，老师上课也很少提问。进入大学后，他发现自己的情况越发严重了，每次上课被老师点名回答问题都特别紧张，并且开始躲避所有人的眼神，平时几乎不开口说话，与班级同学的交流也很少，与女生更是没有接触。他内心感到非常孤独，觉得自己就像行尸走肉一样，不知道生活的意义是什么。

启示：羞怯是人类的一个特征，几乎每个人都经历过，大学生中有半数会认为自己是害羞的。根据美国的一份调查，有八分之一的人在生活的某些方面过于胆怯。精神病学家研究发现，怕别人对自己印象不好而招致羞辱是害羞的症结，大脑会把一个恐惧的信号与遭受挫折的细节(地点、时间、背景等)联系在一起。一些精神病学家预言网络文化将使轻度不害羞趋向极端，因为有的人本来害羞程度不算严重，但彼此交往少了，会使情况变得严重。害羞是普遍存在的心理现象，年轻人面对新环境，常常表现出害羞、胆怯、拘谨、不自然，但是随着年龄增长和交往的频繁，害羞心理会逐步减弱与消失。一项抽样调查显示，承认自己因为害羞而不敢与人交往的占 49.7%。这个问题在异性交往中比较常见。如果过度害羞就会使人在交往活动中过分约束自己的言行，无法充分表达自己的愿望和情感，也无法与人正常沟通，妨碍良好人际关系的形成。

(资料来源：作者搜集整理)

(4) 个人能力。每个人所具备的交往能力是不同的，这也是影响大学生人际交往的重要因素。有些人见到陌生人依旧能够流利自如地表达自我，而有些人则害怕说话、害怕见到陌生人，不愿意表达自己，更不会表达自己，总是习惯于保持沉默。

(三) 其他因素

(1) 外貌因素。干净整洁、得体大方的外表是每个人人际交往的通行证。如果不注重外貌，会在视觉上给人一种不良的冲击，不利于展开人际交往。

(2) 相似性因素。不难发现，关系甚好的同伴通常在世界观、人生观、价值观等方面相近，这样便于大家的沟通，不易产生矛盾。

(3) 互补性因素。俗话说“不是冤家不聚头”，当交往双方的个性或需要及满足需要的途径正好成为互补关系时，双方也会产生强烈的吸引力，有助于人际交往。

(4) 时空因素。当人与人在时间和空间上都渐行渐远的时候，亲密程度也会随之减弱。关系再亲密的朋友，如果在空间上离得远了并且见面的次数、时间越来越少，那么他们的关系也会越来越平淡。

(5) 交往频率。交往是人际关系的基础，人们只有在交往中才能彼此了解，互相熟悉，进而互相帮助，建立友谊。交往的频率越高，越容易形成共同的语言、共同的态度、共同的兴趣和共同的经验等。交往频率过低，可能会产生冷落感，以致感情疏远。不过，交往过于频繁，也可能打乱对方的工作和生活秩序，引起反感。

三、大学生人际交往的重要性

科学研究证明，如果一个人学会了如何与他人打交道，不管从事什么工作，不管职务是什么，都在通往成功的道路上走完了85%左右的行程，而在获得幸福方面，也已经有了99%的把握。可见人际交往的重要性。

(一) 人际交往是大学生自身成长的基本需求之一

马斯洛提出的需要层次理论把人类的需要由低级到高级排序为生理需要、安全需要、交往需要、尊重需要、自我实现需要。在大学生的个人成长过程中，交往需要是十分迫切的。德国学者斯普兰格说："在人的一生中，再也没有像青年时期那样强烈地渴望着被理解的愿望，没有任何人像青年那样渴望着被人接受和理解。"

(二) 人际交往是维护大学生身心健康发展的必要条件

(1) 良好的人际交往能让大学生学会宽容、理解和信任，这是心理健康的前提条件。大量事实表明，心胸是否宽广、是否懂得宽容与大学生人际交往是否和谐直接相关，而良好的人际交往也能让大学生学会宽容、理解和信任。在大学生的人际交往中，有许多因心胸狭窄而造成人际交往不协调的实例，而且有的大学生因此形成了恶性循环，让人很痛心。

【案例6-3】

小李在高中时期学习很刻苦，除了学习基本上没有其他爱好，也不太爱交朋友。进入大学后，老师安排她当宿舍长，她也想和宿舍同学处理好关系，但是时间一长，她发现，自己真的无法与舍友好好相处。她习惯早睡，舍友习惯聊天到深夜。她比较爱干净，但舍友们都喜欢乱丢乱放，宿舍经常乱糟糟的，她以宿舍长身份要求她们整理，结果没有人听劝。时间一长，在宿舍中，小李经常与舍友因为琐事发生争执，她总认为自己是对的，要求别人按照她的意见来。久而久之，宿舍内几乎没人跟她说话，小李已经到了孤立无援的地步。小李在感到无能为力的同时又十分伤心，甚至产生了退学的想法。

(资料来源：作者搜集整理)

(2) 良好的人际交往能让大学生学会分享、接受和给予，这是心理健康的基本条件。不会分享与分担是当代大学生特殊的成长背景中极易形成的负面品质，也是在人际交往中受挫的重要原因。良好的人际交往能够让大学生在良性的人际氛围中充分体验与享受交往对象带来的快乐，并乐意将自己的快乐与交往对象分享，进而学会分担与体验交往对象的痛苦，与其产生同感与共鸣，积极帮助交往对象解决问题。分享是一个很重要的品质，尤其对心理健康发展有着特殊的意义。在许多团体咨询中，分享是首要的训练项目，其目的就是让每一个参与团体活动的人体验分享的心理感受，学会分享，从而达成人与人的心理相容，在互相帮助的过程中解决心理健康问题。每个人都生活在某个群体中，必然会与群体中的人发生各种形式的联系，在这个过程中，每个人都无法离开他人的给予，也正是在这种接受与给予的过程中，体验帮助与被帮助的快乐，感受做事与做人的真正含义。大学生是一个特殊的群体，更多的是在接受中成长，不懂或很少给予，体会不到给予的愉悦，在人际交往中表现出明显的以自我为中心，而使人际关系遭到破坏，心理健康也备受影响。因此，学会接受与给予，有助于良好人际关系的建立。同时，良好的人际交往也能使大学生体验接受与给予的乐趣，有助于形成良好的心理品质。

(3) 良好的人际交往能让大学生建立和谐的自我同一性，学会合作，这是心理健康的关键因素。自我同一性是指生理自我、心理自我与社会自我的整合统一。艾里克森认为，自我同一性的确立，对于青少年的健康成长、较好地适应社会和实现自身的价值都具有重要意义。这种同一性的感觉也是一种不断增强的自信心，一种在过去的经历中形成的内在持续性和同一感，是一个人心理上的自我。如果这种自我感觉与一个人在他人心目中的感觉相称，很明显这将为一个人的身心发展增添绚丽的色彩。良好的人际交往有助于大学生加深“我是谁”和“在别人眼中我是谁”的自我认识，把“生理我”“心理我”“社会我”统一起来，找准自己在人际交往中的正确角色。有研究表明：“与同事真诚合作”是成功的九大要素之一，而“言行孤僻，不善与人合作”排在失败的九大要素之首。大学生只有在良好的人际交往中才能形成与人合作的意识，培养与人合作的能力，促进大学生心理健康发展。

(三) 人际交往是大学生实现社会化的重要途径

巴克说：人离不开人，他要学习他们、伤害他们、帮助他们、支配他们，总之，人需要与其他人在一起。人想要在社会中生活，就必须适应环境，在人际交往中积累知识和技巧，掌握与他人沟通的本领，实现和发展自己的社会属性。大学生在日常生活中，不仅要把书本上学到的东西放到生活中检验，更要用从生活中学到的东西来充实自己，使自己适应社会，进而改造社会。大学生只有参与到社会活动之中，正常与人交往，才能实现和发展自己的社会化，顺利地由学校过渡到社会，进行社会生活。

(四) 人际交往是大学生成长成才的重要保证

人际交往是交流信息、获取知识的重要途径。现代社会是信息社会，信息量之大，信息价值之高，是前所未有的，人们对拥有信息和利用信息的要求也在不断地增长。通过人际交往，可以相互传递、交流信息和成果，丰富经验，增长见识，开阔视野，活跃思维，启迪思想。通过人际交往，可以让他人发现自己，使自己获得更多的机会，提高做事的成功率。

人际交往是自我认识、自我完善的重要手段。《礼记•学记》：“独学而无友，则孤陋而寡闻”。人际交往可以帮助大学生提高对自己的认识，以及自己对别人的认识。在接触更多的人和事之后，通过他人的反应、评价来发现和弥补自己的长处与不足，有助于正确地认识自己和他人，合理地定位自己，从而发展自己、完善自己。

【知识拓展 6-2】

美国著名的福特汽车公司位于新泽西的一家分工厂，过去曾因管理混乱而差点倒闭。后来总公司派去了一位很能干的管理者，在他到任后的第三天，就发现了问题的症结：偌大的厂房里，一道道流水线如同一道道屏障隔断了工人之间的直接交流；机器的轰鸣声、试车线上滚动轴发出的噪声，使人们难以实现工作信息的交流。由于工厂濒临倒闭，过去的领导一味要求完成生产任务，而将大家一同聚餐、厂外共同娱乐的时间压缩到了最低限度。所有这些，使员工彼此谈心、交往的机会微乎其微，工厂的凄凉景象使员工工作的热情大减，人际关系的冷漠也使员工本来很坏的心情雪上加霜。组织内出现了混乱，人们口角不断，不必要的争议也开始增多，有的人干脆破罐子破摔，工厂的形势每况愈下，这才到总部来搬救兵。这位新任的管理者在敏锐地觉察到这一问题之后，果断地决定以后员工的午餐费由厂里负担，希望所有的人都能留下来聚餐，与工厂共度难关。在员工看来，工厂可能到了最后关头，需要大干一番了，所以心甘情愿地努力工作。其实这位经理的真实意图就在于给员工一个互相沟通、了解的机会，建立信任空间，使组织的人际关系有所改观。在每天中午大家就餐时，经理还亲自在食堂的一角架起了烤肉架，免费为每位员工烤肉。一番辛苦没有白费，在那段日子，员工餐桌上谈论的话题都是有关组织未来发展的问题，大家纷纷献计献策，并就工作中的问题主动拿出来讨论，寻求最佳的解决途径。这位管理者的决定是有相当大风险的，他冒着成本增加的危险拯救了企业不良的人际关系，使所有的员工又回到了一个和谐的氛围中。尽管机器仍然噪声轰鸣，但已经挡不住人们内心深处的交流了。两个月后，企业业绩回转，5 个月后，企业奇迹般地开始盈利了。这个企业至今仍保持这一传统，中午大家欢聚一堂一起午餐，由经理亲自派送烤肉。

(资料来源：作者搜集整理)

有人说，成功＝30%知识＋70%人脉；还有人说，人际关系与人力技能才是真正的第一生产力。因为人不是孤立生存的，和所有的事物都会发生关系，而所有关系中最重要的就是人际关系。由此看来，大学生要想成功，首先应该学会处理人际交往。

第三节　大学生人际交往的原则、误区与技巧

人际交往能力是现代社会人才的重要素质，是衡量一个人能否有效适应社会的标志。作为新时代的大学生，应努力培养自己的交往能力，掌握交往的主动权。

一、大学生人际交往的原则

对于青年大学生来讲，每个人都渴望自己拥有良好的人际关系，而要想保持良好的人际关系，就要遵循人际交往的基本原则。大学生人际交往的原则主要有以下几点。

(1) 平等原则。平等是建立良好人际关系的前提。坚持平等的交往原则，就要正确评价自己，不要光看自己的优点，盛气凌人，也不要只见自身的弱点，盲目自卑。要尊重他人的自尊心，不能“看人下菜碟”。

(2) 真诚原则。真诚是做人之本，是美好品德的体现。真诚待人是人际交往中最有价值、最重要的原则。人之相识，贵在坦诚。大学生无论与什么人交往，都要摒弃虚伪，在交往中表里如一。真诚相待，言行一致，信守诺言，这样才能赢得别人的拥戴，才能持续地和他人交往，使人际关系得到巩固和发展。

(3) 宽容原则。宽容是一个人乐观自信、意志坚定、胸怀宽广的表现，但宽容并不是丧失自我，而是在坚持原则和自爱的基础上，以博大的胸怀接纳别人，让他人和自己幸福快乐每一天。

(4) 求同原则。求同是成功交往的保障，但求同不是毫无原则的迎合，而是求同彼此需求的东西，朝着解决矛盾或密切关系的方向求同。

(5) 诚信原则。诚信是成功的伙伴，是无形的资本，也是中华民族的传统。诚信要求大学生在人际交往中做到言必信，行必果。答应做到的事情不管有多难，也要尽自己的最大努力做到。如果经再三努力也没有实现，则应当诚恳地说明原因，不能有“凑合”“对付”的思想。守信用者能交真正的朋友，不守信者只能交一时的朋友或终将被抛弃。

(6) 互助互利原则。互助就是当一方需要帮助时，另一方要力所能及地给对方提供帮助，这种帮助可以是物质方面的，也可以是精神方面的；可以是脑力的，也可以是体力的。坚持互助互利原则就要破除极端个人主义，与人为善，乐于帮助别人，同时又要善于寻求他人帮助。

(7) 尊重原则。古人说：“敬人者，人恒敬之。”尊重包括自尊和尊重他人两个方面。自尊就是在各种场合自重、自爱，维护自己的人格；尊重他人就是重视他人的人格、习惯与价

值。尽管由于主观、客观因素影响，人与人在气质、性格、能力、知识等方面存在差异，但在人格上大家是平等的。只有尊重他人才能得到他人的尊重。

【知识拓展 6-3】

历史小故事——《桐城六尺巷》

清代康熙年间，文华殿大学士兼礼部尚书张英的老家人与邻居吴家在宅基的问题上发生了争执，家人飞书京城，让张英打招呼“摆平”吴家。张英大人看过来信，只是释然一笑，挥起大笔，一首诗一挥而就。诗曰：“千里传书只为墙，让人三尺又何妨。万里长城今犹在，不见当年秦始皇。”交给来人，命快速带回老家。家里人一见书信内容，立即将院墙拆让三尺。宰相一家的宽容、忍让行为让邻居一家深受感动，邻居全家一致同意也把院墙向后退三尺，两家人的争端很快平息了。于是，两家的院墙之间就有了一条宽六尺的巷子，六尺巷由此而来。

(资料来源：作者搜集整理)

二、大学生人际交往的误区

当今社会正处于科技迅猛发展、知识经济全球化的时代，社会需要的人才不仅要有较高的智力水平、较深的专业素养，而且应该有良好的基本素质。这些基本素质中，最重要的就是人际交往能力。当前大学生人际交往中存在各种各样的误区，对大学生的全面发展和成长成才产生了不利影响。

(一) 常见的大学生人际交往误区

大学新生入校以后，交往对象很大一部分依旧是昔日的同学、老乡，由于时间、空间的影响，较少将感情投向其他新生，而且交往对象多限于同性。目前，大学生的人际交往存在如下误区。

(1) 注重数量，忽视质量。受家长、朋友及各种社会因素的影响，部分大学生的潜意识里有了“朋友多了路好走”的思想，因此，大学生进入大学后开始广交朋友，有时甚至不讲原则地交朋友，认为经常一起吃饭、喝酒的就是好朋友，讲哥们义气的就是好朋友。互相认识之后，仅仅通过手机、网络等现代媒体互相联系，这种缺乏认知实体的交流很难使大学生交到互吐衷肠、肝胆相照的朋友。

(2) 交“有能力”的，远“没本事”的。大学时期是一个人个性与能力充分发挥的时期，许多学生为了能入选学生会干部，为自己将来的求职简历添上精彩的一笔，纷纷效仿各种迎奉送礼、请客吃饭的官场行径，有的甚至拉拢辅导员及团委老师，而对某些默默无闻的人则冷眼相对，这一切都严重影响了学生间平等、真挚的友谊，造成了大学生群体的虚荣心膨胀现象。

(3) 要恋人，不要同学集体。目前社会中有一种说法：大学中没有谈过恋爱就等于没有上过大学。谈恋爱在大学校园中已经是一种十分普遍的现象，大学谈恋爱本身没有错，但是有的大学生往往一谈恋爱就“一叶障目，不见森林”，整日与自己的恋人腻在一起，在学校食堂、自习室等场所“出双入对”，逐渐与其他同学疏远。这种行为不仅影响了个人的人际交往，而且会影响个人的学业等。

(4) 亲老乡会，远班集体。进入大学后，学校里各种各样的老乡会往往充斥校园的各个角落，很多大学生更愿意与老乡会中的同学交往，这源于大学生的恋旧情结。在老乡会中，大家可以畅谈自己的家乡、自己的学校，并且这种谈论可以得到老乡较好的回应，大学生的心理上得到了满足。恋旧本没有错，但是一些大学生过于恋旧，整日沉浸在追思与回想中，以至于对其他同学有一种排斥感，不愿与身边同学交往，造成了远离班集体的现象。

(5) 以自我为中心。当今社会中，许多大学生都是独生子女，从小习惯了家人对自己百依百顺，于是在与同学的交往中不自觉地独断专行，并希望周围的一切都按自己的意愿来，不愿意关心别人、为别人考虑，却希望别人处处想着自己，想要别人为自己做各种事情，常常为一些小事斤斤计较，造成同学关系的紧张。

此外，大学生在人际交往中还存在以下误区。

敏感：过分警觉、内心冲突、心理防御过度、消极评估、伤感、焦虑。

羞怯：腼腆、动作忸怩、脸色绯红、不自然、说话颤抖。

自卑：自我情绪泛化、敏感性、虚荣性、掩饰性。

嫉妒：对他人的成就、名望、品德、优越性的不友好、敌视、憎恨心理。

多疑：主观猜测产生的不信任的心理。

压抑与封闭：害怕受伤和挫折，自卑、退缩。

(二) 避免交往误区的方法

每一个希望自己与他人关系融洽，有一个愉快心境和交往关系的大学生，都需要注意和克服各种交往误区。学校与个人应共同努力，正确引导大学生进行人际交往，营造良好的交际氛围。

(1) 理解他人心理，端正人际交往的基本态度。人人都有自己独立的人格，人人都有维护自我尊严的内在需求，人人都愿意听到别人的褒奖，即便是自己微薄的努力与贡献，也希望别人注意到。人们都希望得到别人的关心、爱护和帮助，尊重别人，真心诚意地向他人奉献自己的爱心，是打开交际之门的钥匙。掌握人们的心理特点，就会明白如何与别人交往，如何将自己融入群体，让自己成为受欢迎的人。

(2) 树立科学的交际观。入学伊始，学校就要对新生进行全面、系统的思想教育，促使他们顺利地实现从中学生向大学生的角色转变，帮助他们从对昔日友情的怀念中调整过来，投入大学这一全新的现实生活中。通过新生入学思想教育工作的开展，促使新生科学、健康交际观的形成和发展。

(3) 积极开展集体活动，为大学新生提供一个展现自我、锻炼自我的机会，促进和激发他们的参与意识和竞争意识，营造友爱、和谐的生活空间，为新生的人际交往提供一个良好的氛围。学校要根据自身实际，积极调动大学新生的热情，开展一系列丰富多彩、喜闻乐见的活动，为每一位新生提供锻炼的机会和成才的条件，克服新生中普遍存在的自卑、羞怯心理。通过活动，同学之间加深了了解，增进了友谊，消除了嫉妒与猜疑，也会促进新生人际交往的健康发展。

(4) 学校还应针对新生中存在的老乡会等非正式群体高度重视，认真研究，积极引导，扬其利抑其弊，减少其反集体倾向，帮助大学生客观地认识这种非正式群体。另外，学校还应该下大力气举办富有吸引力、号召力的集体活动，增强大学生的集体观念，使他们走出交际误区，投入大集体的怀抱，进而去热爱集体、关心集体。

人是社会的人，人之所以能从一个自然人成长为社会人，很大程度上得益于人际交往。人们在交往中直接或间接地认识、了解社会，在人际交往中获得友爱、信任，并实现自己的人生价值。正如马克思所言：“只有在集体中，个人才能获得全面发展其才能的手段。”也就是说，人只有在集体中才可能有个人自由。

【案例 6-4】

小孙，女，来自外省。高中阶段，成绩优异，家中父母特别宠爱她。父母的溺爱造成了她的任性和以自我为中心的性格。进入大学后，刚开始感觉还可以，但时间一长，在宿舍中经常因琐事与舍友发生争吵，出现了很多不和谐现象。小孙很少与班上的同学交流，经常独来独往，曾经加入学生会组织，但因为自身原因很难与其他成员和谐相处。由于来自省外，对省内不熟悉，经常想家，因此更愿意和校内的老乡聚在一起。面对复杂的人际关系，她感到十分困惑，经常感觉很压抑，学习和看书等都无法集中精力。

分析：在本案例中，小孙所面临的交往困境有很多种，这些困境正是未能正确认识交往的重要性及未能避免交往误区造成的。她的生活环境造成了她以自我为中心的性格，刚刚到大学，在集体环境中不能适应身边的同龄人对自己的不关心、不重视；来自外省，使她更亲近自己的老乡；在宿舍和学生会中，她也不能很好地处理人际关系。要改善自己的人际关系，小孙应正确认识人际交往的误区并努力避免，避免以自我为中心，认识到每个人的独特性，求同存异，尊重他人，只有真诚地对待他人并努力克服各种交往误区才能避免人际关系紧张，营造良好交往氛围。

(资料来源：作者搜集整理)

三、大学生人际交往的技巧

大学生在人际交往中需要一些小技巧，以更好地避免交往误区，从而使自己在交往过程中事半功倍。

(一) 牢记他人的名字

记住他人的名字，主动与人打招呼，称呼要得当，让别人觉得备受重视，给人以平易近人的印象。人们都渴望被他人尊重，而记住别人的名字，则会给人受尊重的感觉。因此，在交往中，记住别人的名字很容易让人对你产生好感。卡耐基曾经说过："在任何语言中，一个人的名字是最甜蜜、最重要的声音。"

在一个陌生的场合，你轻松而亲切地叫出了对方的名字，这等于给予对方一个巧妙而有效的赞美，对方一定会感到惊讶和感动。叫出对方的名字这无疑告诉了对方：你的名字对我很重要，同时说明了对方在自己心目中的分量。谁都愿意让别人重视自己、记住自己，你喊出对方的名字恰恰满足了对方的这一心愿。这样一来，你和对方的距离很快就被拉近了。善于记住别人的名字是一个优点，在人际交往中会起到意想不到的效果。

(二) 建立良好的第一印象

心理学家通过大量研究，总结出了在最初交往中能够有效地表现自己的 SOLER 技术。在这里，S 代表"要面对别人入座"；O 代表"姿势要自然、开放"；L 代表身体"微微前倾"；E 代表"目光接触"；R 代表"放松"。大学生如果有意识地在社交场合运用 SOLER 技术，真诚地对别人感谢和微笑；耐心做一个听者，鼓励别人谈论他们自己，并让他们在自我表现过程中感到自己重要，同时改变许多不适的自我表现，可以有效地增加别人对自己的好感，使别人接纳自己，并给人以良好的第一印象。

(三) 学会说话和倾听

要善于倾听交往对象说的话，掌握说话的技巧，举止大方、坦然自若，使别人感到轻松、自在，激发对方与自己交往的动机。要注意语言的魅力：安慰受创伤的人，鼓励失败的人；赞美真正取得成就的人，帮助有困难的人。倾听表示尊重、理解和接纳，是连接心灵的桥梁。

在与人交谈时，要专注，积极倾听他人的对话，不时地给予适当的反馈和提问，表示对说话人所说的话题或者言论感兴趣。要善于从说话人的语言层次中捕捉要点，全面理解说话人想要表达的意思和观点。如果想要表达自己的看法，可选择合适的时机，不能随意打断别人的谈话。在表达自己的不同看法时，首先要表示理解当事人的想法，再礼貌地提出自己的看法，这样就可以在表明观点的同时避免冲突，不伤及彼此的关系。倾听别人说话时要注意集中精神，表情自然，并且要经常地注视对方的眼睛，通过眼神与之交流或者用微笑来表示你很愿意听，鼓励说话人表达或进一步说下去。

(四) 善用赞扬和批评

在交往过程中培养开朗、活泼的个性，更多地赞扬朋友的优点，让对方觉得和你在一起是愉快的；同时也要适时地指出对方的缺点，互相指正与学习。适时、适度、有效地运用赞美与批评，是人际交往的一大技巧。

赞扬能够释放一个人身上的能量，调动别人的积极性。研究表明，受到赞扬后的行为要比受到训斥后的行为更为合理，更为有效。真心诚意、适时适度地赞美对方，往往能有效地增进彼此的吸引力，因为人们欢迎喜欢自己的人。

一般来说，人们在交往时应多运用赞扬，少用批评但并非不可批评。应注意：一是方法得当，掌握批评从称赞和诚挚感谢入手的技巧。批评是一种否定，否定的威胁可以被诚挚的称赞和感谢所带来的愉快情绪所冲淡。人们在得到支持表现出愉快时，对批评的接受度会明显增强。二是批评前先提到自己的错误。被批评者在批评者面前常会有一种错觉，似乎批评者在用批评显示他的优越。如果提出批评前先指出自己的不足，可以明显弱化人们的这种意识，使人容易接受批评。三是间接、委婉地提醒他人。四是不宜当众批评。当众批评极易挫伤对方的自尊心，应给人以台阶，让人保住面子。应该说，真心真意、实事求是的批评并不会阻碍人际交往，反而有助于人际交往。

(五) 培养幽默风趣的言行

幽默而不失分寸，风趣而不显轻浮，可以给人以美的享受。与人交往要谦虚，待人要和气，尊重他人，否则往往事与愿违。幽默在人际交往中的作用是不可低估的。美国一位心理学家说过，幽默是一种最有趣、最有感染力、最具有普遍意义的传递艺术。幽默的语言，能使社交气氛轻松、融洽，消除人们的忧郁，增添人们的欢乐和友谊，利于交流。幽默是人类智慧闪耀的光芒，它往往与机智、诙谐、乐观、自信等优秀品质联系在一起。幽默是一种智慧的表现，它必须建立在丰富知识的基础上，要培养幽默感必须广泛涉猎，充实自我，不断学习。

(六) 学会保持适当的距离

在交往中要避免一味地亲近，保持适当的距离，为彼此留下合适的空间。美国人类学家爱德华·霍尔博士将日常生活中人与人之间的空间距离分为四类，即亲密距离、个人距离、社交距离和公共距离。

(1) 亲密距离，即交往双方间隔15～44厘米。这是人际交往的最小间距，即“亲密无间”。在此距离内，相互能感受到对方的气息，可挽臂执手或促膝谈心，体现出亲密友好。亲密距离属于私下情境，只限于在情感密切联系的人们之间使用，如夫妻之间、恋人之间或父母与子女之间。亲密距离属于很敏感的领域，不属于这个亲密距离圈子内的人随意闯入这一空间，会引起对方的反感，交往时要特别注意不能轻易采用这种距离。

(2) 个人距离。个人距离是人际交往中稍有分寸感的距离，较少有直接的身体接触。个人距离的近范围为45～75厘米，表现为伸手可以握到对方的手，这是与熟人交往的空间。陌生人进入这个距离会构成对别人的侵犯。个人距离的远范围为76～122厘米，所有朋友与熟人都可以自由进入该空间。不过，在通常情况下，较为融洽的熟人之间交往时保持的距离更靠近远范围的近距离(76厘米)一端，而陌生人之间谈话则更靠近远范围的远距离(122厘米)一端。

(3) 社交距离。社交距离已超出了亲密或熟人的人际交往，体现出一种礼节性的较正式关系。社交距离的近范围为1.2～2.1米，一般在工作环境和社交聚会上，人们都保持这种距离。社交距离的远范围为2.1～3.7米，表现为一种更加正式的交往关系。在社交距离范围内，已经没有直接的身体接触，说话时也要适当提高声音，需要更充分的目光接触。

(4) 公众距离，范围为3.7～7.6米，一般适用于演讲者或听众。公众距离几乎能容纳一切人，在此空间内，人们相互之间可以不发生任何联系，或对处于此空间内的其他人“视而不见”，不和他们交往。

(七) 学会给予和拒绝

善良地帮助别人，学会给予，懂得付出，才能获得更多；凡事不计较，心胸宽广，才能赢得和谐的人际关系。同时在与人相处中，也要敢于拒绝有困难的事情，学会拒绝是成长的必要经历，拒绝是对自己负责，也是对他人负责。拒绝并非自私，是在真诚、坦诚的基础上，学会量力而行，学会倾听心灵的声音。

(八) 巧妙处理人际冲突

在大学生活中，冲突是不可避免的，只有正确认识冲突，理解冲突的本质，对人态度诚恳、坦率，互相理解，开诚布公，才能有效处理冲突。

第四节　人际交往中的心理效应

社会心理学研究表明，在人际交往中有一些非常有趣的心理现象。社会生活中较常见的心理现象或规律称为心理效应，科学地用好人际交往中的心理效应对大学生建立良好的人际关系十分有意义。

一、首因效应

(一) 首因效应的含义

首因，即最初的印象，或称第一印象。首因效应指个体在社会认知过程中，通过第一印象最先输入的信息对客体以后的认知产生的影响作用。

实验心理学研究表明，外界信息输入大脑时的顺序，在决定认知效果的作用上是不容忽视的。最先输入的信息作用最大，最后输入的信息也起较大作用。大脑处理信息的这种特点是形成首因效应的内在原因。

首因效应本质上是一种优先效应，当不同的信息结合在一起的时候，人们总是倾向于重视前面的信息。即使人们同样重视了后面的信息，也会认为后面的信息是非本质的、偶然的，人们习惯于按照前面的信息解释后面的信息，即使后面的信息与前面的信息不一致，也会屈从于前面的信息，以形成整体一致的印象。

(二) 首因效应的实际应用

“新官上任三把火”“早来晚走”“恶人先告状”“先发制人”“下马威”等都是利用首因效应占得先机的经典案例。而人们常说的“给人留下一个好印象”，一般就是指的第一印象，这里就存在首因效应的作用。在交友、招聘、求职等社交活动中，可以利用首因效应向他人展示极好的形象，为以后的交流打下良好的基础。当然，这在社交活动中只是一种暂时的行为，更深层次的交往需要加强谈吐、举止、修养、礼节等各方面的素质。

人们在交友、招聘、求职等社交活动中自觉地利用这一社会心理效应，给人留下极好的第一形象，能为现实生活和实际工作服务，帮助人们顺利地进行人际交往，为以后的交流打下良好的基础。以求职为例，大部分大学生的就业方式是通过人才市场，与用人单位供需见面、双向选择完成的。实践证明，在双向选择过程中，毕业生给用人单位的第一印象对其就业和择业至关重要。在择业过程中，大学生应根据首因效应原理，做好各项面试准备，力争把自己的知识、才华和良好的态度综合表现出来，赢得良好的第一印象。

在日常交往过程中，尤其是初次交往时，要注意给人留下美好的印象。首先，要注重仪表风度，一般情况下人们都愿意与衣着干净整齐、落落大方的人接触和交往。其次，要注意言谈举止，应侃侃而谈，不卑不亢，举止优雅。

【知识拓展 6-4】

心理小实验：吉姆是怎样的人

国外心理学家曾做过一个实验，编写了两段描写一个叫吉姆的学生的材料。第一段说吉姆外出买文具，邀请了两个同学做他的参谋，一路上有说有笑，还不时地与遇见的同学打招呼，尽管其中有些同学甚至连名字都叫不出。第二段则说吉姆放学后独自回家，不愿和同学结伴而行，路上遇见了同学，因怕交往，就躲到一边去了。这位心理学家选择了 100 名中学生，分成四组。第一组学生只看第一段材料，他们一致认为吉姆是个性格外向、好交往的人；第二组学生只看第二段材料，他们一致认为吉姆是个性格内向、不好交往的人；第三组学生先看第一段材料，再看第二段材料，结果 78%的人认为吉姆是个性格外向的人；第四组学生先看第二段材料，再看第一段材料，结果 82%的人认为吉姆是个性格内向的人。

(资料来源：作者搜集整理)

二、近因效应

(一) 近因效应的含义

近因效应是指当人们识记一系列事物时，对末尾部分的记忆效果优于中间部分的现象。与首因效应相反，近因效应是指在多种刺激出现的时候，印象的形成主要取决于后来出现的刺激，即交往过程中，人们对他人最新的认识占了主体地位，掩盖了以往形成的对他人的评价，因此，也称为新颖效应。

多年不见的朋友，在自己的脑海中印象最深的就是临别时的情景；一个朋友总是让你生气，可是谈起生气的原因，大概只能说上两三条，这也是近因效应的表现。在学习和人际交往中，近因效应很常见。心理学家认为，在学习系列材料后进行回忆时，对该系列材料中的最后几个项目的回忆与对它们的识记相距时间最短，因而是从短时记忆中提取的。这种观点用改变识记与回忆之间间隔时间的方法进行实验可以得到证明。延缓回忆对首因效应没有影响，但却消除了近因效应，这说明短时记忆的提取促成了近因效应。在人的知觉中，如果前后两次得到的信息不同，但中间有无关工作把它们分隔开，那么后面的信息在形成总印象中起的作用更大。这种现象是由于近因效应的作用。前后信息间隔时间越长，近因效应越明显。原因在于前面的信息在记忆中逐渐模糊，从而使信息在短时记忆中更为突出。

(二) 近因效应的实际应用

心理学者洛钦斯做了这样的实验：分别向两组被试者介绍一个人的性格特点，对甲组先介绍这个人的外倾特点，再介绍内倾特点；对乙组则相反，先介绍内倾特点，再介绍外倾特点。最后考察这两组被试者留下的印象，结果与首因效应相同。洛钦斯把上述实验步骤加以改变，在向两组被试者介绍完第一部分后，插入其他作业，如做一些数字演算、听历史故事之类不相干的事，之后再介绍第二部分。实验结果表明，两个组的被试者都对第二部分材料留下的印象深刻，近因效应明显。

受近因效应的影响，有的思想工作者往往会改变原有看法，做出错误判断。例如有的企业因某职工见义勇为而受到媒体和上级的表扬，就被认为一贯重视思想教育工作，用一时一事来肯定或否定一个企业的全面工作，很容易出现片面、失误的情况。

朋友之间的负性近因效应大多产生于交往中遇到与愿望相违背，愿望不遂，或感到自己受屈、善意被误解时，其情绪多为激情状态。在激情状态下，人们对自己行为的控制能力和对周围事物的理解能力，都会有一定程度的降低，容易说错话、做错事，往往产生不良后果。因此，凡事须加忍让，防止激化，待心平气和时，彼此再做理论。

三、晕轮效应

(一) 晕轮效应的含义

晕轮效应最早是由美国著名心理学家爱德华·桑戴克于20世纪20年代提出的。他认为，人们对他人的认知和判断往往只从局部出发，扩散而得出整体印象，即常常以偏概全。一个人如果被标明是好的，他就会被一种积极肯定的光环笼罩，并被赋予一切好的品质；一个人如果被标明是坏的，他就会被一种消极否定的光环笼罩，并被认为具有各种坏品质。这就好像刮风天气前夜月亮周围出现的圆环(月晕)，其实圆环不过是月光的扩大化而已。据此，桑戴克为这一心理现象起了一个恰如其分的名称——晕轮效应。

晕轮效应又称光环效应、成见效应、光圈效应、日晕效应、以点概面效应，是一种影响人际知觉的因素，指在人际知觉中所形成的以点概面或以偏概全的主观印象。

晕轮效应的形成原因与人们知觉特征之一的整体性有关。人们在知觉客观事物时，并不是对知觉对象的个别属性或部分孤立地进行感知的，而总是倾向于把具有不同属性、不同部分的对象知觉为一个统一的整体，这是因为知觉对象的各种属性和部分是有机地联系成一个复合刺激物的。例如，人们闭着眼睛，只闻到苹果的气味，或只摸到苹果的形状，头脑中就形成了有关苹果的完整印象，因为经验为人们弥补了苹果的其他特征，如颜色(绿中透红)、滋味(甜的)、触摸感(光滑的)等。由于知觉的整体性作用，人们知觉客观事物就能迅速而明了，“窥一斑而见全豹”，用不着逐一地知觉每个个别属性了。

(二) 晕轮效应的实际应用

名人效应是一种典型的晕轮效应。不难发现，拍广告片的多数是有名的歌星、影星，而很少见到名不见经传的小人物，因为明星推荐的商品更容易得到大家的认同。一个作家一旦出名，以前压在箱子底的稿件全然不愁发表，所有著作都不愁销售，这都是晕轮效应的作用。

男女朋友之间也经常会出现晕轮效应。两个恩爱的人在一起，便会觉得双方身上都是优点，没有任何缺点。这就是在刚开始喜欢上一个人的时候，其实只是喜欢上了对方表现出来的某一方面的优点，然后经过晕轮效应的扩大，才使自己觉得对方身上全是优点。

企业怎样才能让自己的产品为大众了解并接受？一条捷径就是让企业的形象或产品与名人相关联，让名人为公司做宣传。这样，就能借助名人的名气帮助企业聚集人气。

心理学家戴恩做过一个这样的实验。他让被试者看一些照片，照片上的人有的很有魅力，有的无魅力，有的中等。然后让被试者在与魅力无关的特点方面评定这些人。结果表明，被试者对有魅力的人比对无魅力的人赋予更多理想的人格特征，如和蔼、沉着、好交际等。

晕轮效应不但常表现在以貌取人上，还常表现在以服装定地位、性格，以初次言谈定人的才能与品德等方面。在对不太熟悉的人进行评价时，晕轮效应体现得尤其明显。

课堂活动

活动一　我说你画

活动规则：

(1) 第一轮，请一名志愿者上台作为“传达者”，其余人员作为“倾听者”，“传达者”看样图(一)两分钟后，主持人将样图收回。“传达者”背对全体“倾听者”下达画图指令，“倾听者”只可以通过“传达者”的描述进行绘制但不许提问。“倾听者”绘制完成后，由“传达者”判断哪幅图准确度最高，哪幅图准确度最低，随后公布正确的结果，最后“倾听者”与“传达者”进行分享。(单向沟通)

(2) 第二轮，请一位志愿者作为“传达者”，其余人员作为“倾听者”，“传达者”看样图(二)两分钟后，主持人将样图收回。“传达者”背对全体“倾听者”传达画图指令，“倾听者”

可以根据“传达者”的叙述进行自由提问，再根据“倾听者”的描述进行纠正，由“传达者”判断哪幅图准确度最高，哪幅图准确度最低，最后公布结果。(双向沟通)

讨论：比较两轮活动的结果，哪一轮更容易画出来？两种沟通方式你喜欢哪一种？两种沟通方式的不同之处是什么，你领悟到什么？通常你采用的沟通方式是哪一种？

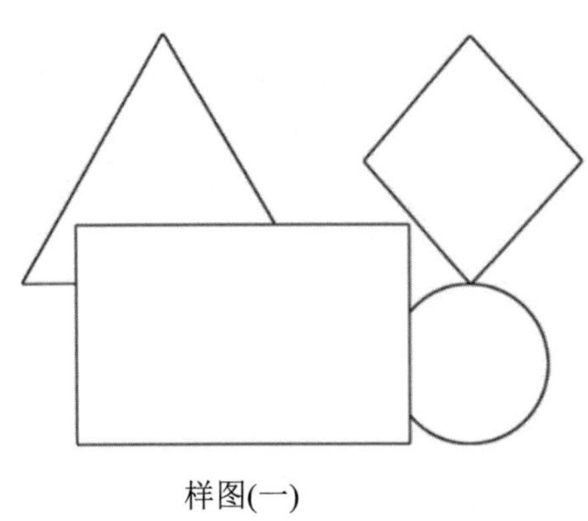

样图(一)

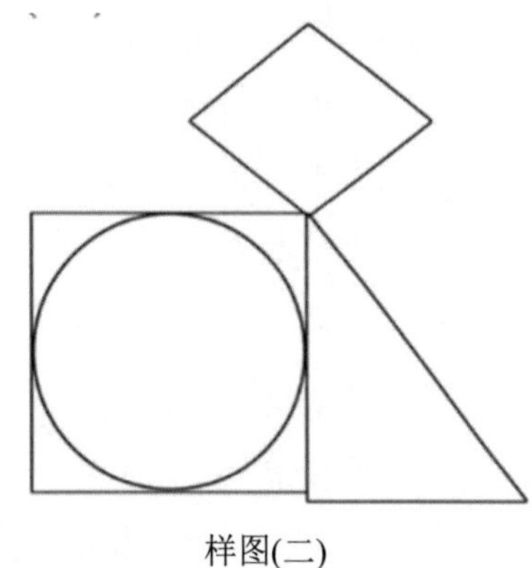

样图(二)

活动二　戴高帽

活动规则：6～8个人围为一圈，一个人站在中央，用一张纸写下自己最突出的优点，其他人轮流猜其写下的优点。

注意事项：

(1) 站在中央的人写下的必须是真正的优点，态度一定要真诚，而不是毫无根据的自恋；

(2) 其他人要认真猜测其最突出的优点，在猜测过程中禁止打闹、嘲笑等行为；

(3) 参加者要注意体验被人称赞时的感受，用心发现他人的长处。

活动三　大学生人际关系诊断

这是一份诊断人际关系行为困扰的量表，共28个问题，每个问题有“是”(标注对号)或“非”(标注错号)两种回答。请你根据自己的实际情况如实回答，答案没有对错之分。

1. 关于自己的烦恼有口难言。 (　　)
2. 和生人见面感觉不自然。 (　　)
3. 过分地羡慕和嫉妒别人。 (　　)
4. 与异性交往太少。 (　　)
5. 对连续不断的会谈感到厌烦。 (　　)
6. 在社交场合感到紧张。 (　　)
7. 时常伤害别人。 (　　)

8. 与异性来往感觉不自然。 (　　)
9. 与一大群朋友在一起常感觉孤寂或失落。 (　　)
10. 极易感到窘迫。 (　　)
11. 不能与别人和睦相处。 (　　)
12. 与异性相处时，不知如何适可而止。 (　　)
13. 当不熟悉的人对自己倾诉他的平生遭遇以求同情时，自己常感到不自在。 (　　)
14. 担心别人对自己有什么坏印象。 (　　)
15. 总是尽力使别人赏识自己。 (　　)
16. 暗自思慕异性。 (　　)
17. 时常避免表达自己的感受。 (　　)
18. 对自己的仪表缺乏信心。 (　　)
19. 讨厌某人或被某人所讨厌。 (　　)
20. 瞧不起异性。 (　　)
21. 不能专注地倾听。 (　　)
22. 自己的烦恼无人可倾诉。 (　　)
23. 受别人排斥。 (　　)
24. 被异性瞧不起。 (　　)
25. 不能广泛地听取各种意见和看法。 (　　)
26. 自己常因受伤害而暗自伤心。 (　　)
27. 常被别人谈论、愚弄。 (　　)
28. 与异性交往时，不知如何更好地相处。 (　　)

评分标准：28个问题，答“是”(标注对号)，记1分；答“非”(标注错号)，记0分。

结果解释：

0～8分：你在与朋友相处上的困扰比较少。你善于交谈，性格开朗，主动关心别人，对周围的朋友都比较好，愿意和他们在一起，他们也都喜欢你，你们相处得不错。而且，你能够从与朋友相处中得到许多乐趣。你的生活是充实而且丰富多彩的，你与异性朋友也相处得很好。一句话，你不存在或较少存在交友方面的困扰，你善于与朋友相处，人缘很好，能够获得许多人的好感与认同。

9～14分：你与朋友相处存在一定程度的困扰。你的人缘很一般，换句话说，你和朋友的关系并不牢固，时好时坏，经常处于一种起伏波动之中。

15～28分：你在与朋友相处上存在严重困扰。分数超过20分，表明你的人际关系行为困扰很严重，而且在心理上有较为明显的障碍。你可能不善于交谈，也可能是一个性格孤僻的人，不开朗，或者有明显的自高自大、讨人嫌的行为。

思考练习

1. 尝试与 10 个陌生人打招呼，并与同学分享个人体验。
2. 评估一下自己的人际关系状况。
3. 用人际交往中的心理效应分析自己遇到的或感受深刻的一次交往实践。

第七章

培养爱的艺术

【本章导读】

爱情是人类永恒的主题，爱情是人类情感中最美妙的体验之一，它满足了人们爱和归属的需要，能鼓舞人的勇气，激发人的力量。古往今来，两情相悦的爱情一直为人们所津津乐道，同时也留下了许多感天动地的千古绝唱。

中国古代不乏经典爱情故事，如《梁山伯与祝英台》《牛郎织女》《长恨歌》《西厢记》《孔雀东南飞》《红楼梦》等。这些故事流传至今，可谓妇孺皆知，几乎人人耳熟能详。

爱情是很多同学在大学期间所思考和实践的重要人生课题，随着社会的发展，不正确的恋爱观以及不健康的性心理已成为导致大学生出现心理问题的重要原因之一，对大学生未来发展和成长带来重要影响。因此，确立健康的爱情观是大学生未来幸福生活的金钥匙。

第一节　爱情概述

美好的爱情让人犹如重获新的生命，令人充实而愉悦，但扭曲的爱情却令人苦不堪言。那么到底什么是爱情？

一、什么是爱情

问世间情为何物，直叫人生死相许。爱情是人类永恒的主题，爱情作为人类生活最美好的情感之一，古往今来，中外圣贤先哲对爱情都有不同的理解和阐释。

古希腊伟大的哲学家、思想家、教育家柏拉图说，两颗心灵很孤独，彼此需要慰藉，就叫爱情。

精神分析学派创始人弗洛伊德认为，因为原始的性本能、性冲动，人们必须反反复复地重演亚当和夏娃的“原罪”，这样就有了爱情。

美国著名心理学家亚伯拉罕•马斯洛认为，爱的需要涉及给予和接受，我们必须懂得爱，必须能教会爱、创造爱、预测爱。

马克思曾经说过：真正的爱情表现在恋人对他的偶像采取含蓄、谦恭甚至羞涩的态度，而绝不是表现在随意流露热情的过早的亲昵。

在英文中，单词“love”是爱的意思，这个单词中的四个字母有着深刻的含义。有人认为，“l”代表 listen(倾听)，爱就是要无条件、无偏见地倾听对方的要求，并且予以协助；“o”代表 obligate(感恩)，爱需要不断的感恩，付出更多的爱，灌溉爱的禾苗；“v”代表 valued(尊重)，爱就是展现你的尊重，表达体贴、真诚的鼓励，发自内心的赞美；“e”代表 excuse(宽恕)，爱就是仁慈的对待，宽恕对方的缺点和错误，接受对方的全部。

总之，尽管每个人心中对于爱情的答案是不同的，但有些元素是相同的，即爱情是男女之间的一种强烈的情感体验，它包含着深刻的社会内容。因此，我们可以给爱情下个这样的定义：爱情是一对男女之间，基于一定的社会关系和共同的生活理想，在各自内心中形成的对对方最真挚的倾慕，并渴望对方成为自己终身伴侣的最强烈的感情。爱情的特点如下。

(1) 爱情一般是在异性之间产生的，狭义的爱情专指异性恋，不含同性恋。

(2) 爱情是个体身心发展到相对成熟的阶段时产生的情感体验，幼儿没有爱情体验。

(3) 爱情是一种高级情感，不是低级情绪。

(4) 爱情有生理基础，包括性爱因素，不是纯粹的精神上的依恋。

(5) 爱情的基本倾向是奉献。

衡量一个人对异性有无爱情、强度如何，可以通过“是否发自内心地帮助所爱的人做其期待的所有事情”这个指标来判断。

二、爱情产生的生理和心理基础

生理成熟为大学生恋爱提供了生理基础，心理与社会性成熟是恋爱的一个必要准备。恋爱作为大学生情感发展历程中的重要体验会对大学生产生积极或消极的影响。

(一) 爱情产生的生理基础

爱情产生的生物学基础是生理的成熟。

青年期的第一性征为生殖所必需的器官，女性为阴道、卵巢、子宫；男性为睾丸、前列腺与精囊。这些器官的不断发育导致了性成熟。女性成熟的基本征兆是月经，男性成熟的基本征兆是尿液中首次出现精子。第二性征是和性器官无直接关系的性成熟征兆，包括生理变化、皮肤变化、声音的变化，以及阴毛、鬓毛、腋毛和体毛的变化。

生理的成熟常常会带来心理上的变化，其中身体的早熟与晚熟也会影响青年的心理。早熟的男孩相对更受同伴的欢迎，容易成为团体中的领导者；早熟的女孩子则易敏感、害羞。个体生理的成熟差异较大，大学生整体上性器官与性功能完全成熟。

(二) 爱情产生的心理基础

大学生的心理发展是爱情产生的心理基础，主要体现在以下几方面。

(1) 自我意识进一步加强。在恋爱这个特殊时期，自我意识发展水平较高的学生能正确地评价自我，能够在爱情中了解自己，把握爱情；而自我意识发展水平较低的学生，往往依赖恋人给予自己的反馈与评价，在爱情中易患得患失。因此，自我意识是大学生心理发展的重要方面。

(2) 性意识进一步强化。与中学时代的朦胧的好感相比，大学生对异性的好感变得清晰而直接，对于自己钟情的异性，大学生往往勇于表达自己的爱意。

(3) 自我控制力加强。自我控制能力是心理发展的重要指标。大学生抽象思维能力的空前发展与自我控制能力的提高，使他们在爱情面前能够克制自己的欲望和感情，正确分析个人行为的利弊，做出恰当的选择。

在恋爱中，特别是当面临爱情、考研、就业等多种选择时，绝大多数学生能够根据自己的现实情况做出判断。

三、爱情的理论

迄今为止，心理学家、行为科学家都没有能够客观地解释人类的爱情。人们常常将亲密的情感分为两种：伴侣的爱和罗曼蒂克的爱，伴侣的爱是指在相互关照及共同度过的时光中产生了感情；罗曼蒂克的爱有以下特点：一是存在于文化概念中，二是存在生理唤醒，三是存在与文化相适应的爱的对象。

(一) 斯腾伯格的爱情三元理论

美国耶鲁大学的斯腾伯格(Sternberg)提出了爱情三元理论。他认为，人类的爱情虽然复杂多变，但其基本构成不外乎动机、情绪和认知三种。

动机是产生爱情行为的驱动力。人类爱情行为动机是极其复杂的，其中性动机包括异性身体容貌特征的彼此吸引，是爱情行为的重要原因之一。情绪是爱情满足人的身心需要所产生的态度体验，如酸甜苦辣的爱情滋味、喜怒哀乐的爱情情绪。认知是爱情的理性认识，对情绪和动机有着控制作用。有人形象地把爱情的动机视为电流，情绪视为火花，而把认知看作开关，它可以调节爱情之火的热烈程度。

以爱情的三种成分为元素，斯腾伯格进一步把分别以动机、情绪和认知为主的两性关系分为激情、亲密、承诺。即以动机为主的两性关系是充满激情的，以情绪为主的两性关系是亲密的，以认知为主的两性关系是承诺的。其中，激情是指爱情关系趋于浪漫、身体吸引和性爱完美的驱动力或一种状态；亲密是指在恋爱关系中亲近、融合，结成亲密私人关系的感觉；承诺是指当事人对关系维持的一种认知，决定去爱一个人和对恋爱关系担负责任。这三种爱情成分的不同组合构成了不同的爱情类型。斯腾伯格用三角形来表示三种成分的相互关系，如图 7-1 所示。

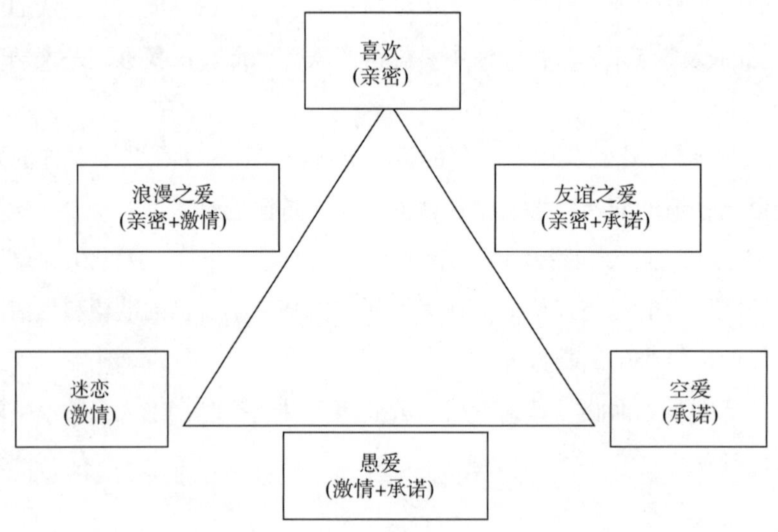

图 7-1　斯腾伯格的爱情三元理论

斯腾伯格进一步提出，在三种成分下有八种不同的爱情关系组合，分别如下。

(1) 无爱：三种成分俱无。

(2) 喜欢：只包括亲密部分。

(3) 迷恋：只存在激情成分。

(4) 空爱：只有承诺的成分。

(5) 浪漫之爱：结合了亲密与激情。

(6) 友谊之爱：包括亲密和承诺。

(7) 愚爱：激情加上承诺。

(8) 美满的爱：三种成分同时包含在关系当中。

(二) 爱情态度理论

爱情态度理论由罗宾(Rubin)提出，他认为爱情是对某一特定的他人所持有的一种态度。这种理论将爱情归为社会心理学的人际吸引，并能使用一般测量方法研究爱情。他假设爱情是可以被测量的独立概念，可视为一个人对特定他人的多面性态度。他从文艺著作、普通常识及人际吸引的文献资料中，寻找拟定叙述感情的题目，经过项目分析、信度、效度考验而建立爱情量表和喜欢量表，他发现爱情与喜欢有质的区别，其爱情量表中包含三种成分：一是亲和与依赖需求；二是帮助对方的倾向；三是排他性与独占性。

(三) 爱情类型理论

加拿大社会学家 Lee(1973)经由文献收集及调查访谈两阶段的研究，将男女之间的爱情分成六种形态：情欲之爱、游戏之爱、友谊之爱、依附之爱、现实之爱及利他之爱。

情欲之爱，建立在理想化的外在美的基础上，并且是罗曼蒂克、激情的爱情。游戏之爱，视爱情为一场让异性青睐的游戏，并不会将真实的情感投入，常更换对象，且重视的是过程而非结果。友谊之爱，是指如青梅竹马般的感情，是一种细水长流型、稳定的爱。依附之爱，对于情感的需求非常大。现实之爱，会考虑对方的现实条件，以期让自己的酬赏增加且减少付出的成本的爱情。利他之爱，带着一种牺牲、奉献的态度，追求爱情且不求对方回报。以上六种形态的爱情并不相互排斥，例如任何一种爱情都会有一定程度的占有成分。只是在一定事情或者某种情境下，人们的爱情可能会以某种形式为主。

另一种对爱情的分类是哈特菲尔德等提出的。他们认为，爱情主要有激情爱和伙伴爱两种形式。激情爱是个体希望和对方融为一体的强烈的情感状态，处于激情爱的人春风沉醉，心无旁骛，不能忍受爱人的冷落和背叛。伙伴爱是对与自己生活在一起的伴侣的一种深刻的卷入感，彼此理解、尊重，互相依赖，像亲人一样。比起容易起伏的激情爱来说，伙伴爱稳定一些。一般来说，恋爱的初期，激情爱的成分多一些，随着彼此关系的稳定，特别是结婚以后，双方的情感会转变为伙伴爱。

【知识拓展 7-1】

爱情荷尔蒙

意大利帕维亚大学研究显示，刚刚坠入爱河中的情侣的大脑会发出指令，使人体分泌一种化学物质，研究人员称这种化学物质为“爱情荷尔蒙”。这种化学物质令恋爱中的人相互吸引，但是它在人体内仅仅能够存在大约一年时间，有科学家认为，爱情荷尔蒙正是产生爱情的原因。

爱情荷尔蒙含有以下成分。

(1) 苯基乙胺：那种“来电”的感觉就是此激素的杰作。苯基乙胺其实是一种兴奋剂，让人感到极度兴奋、有精力、有信心和勇气。

(2) 多巴胺：能让人产生很欢欣的感觉，它刺激后叶催产素的分泌，拥抱时产生的安全感和满足感与其密不可分。

(3) 去甲肾上腺素：血管收缩和神经传导，会引起血压、心跳、血糖升高。

(4) 内啡呔：让人产生安逸、温暖、亲密、平静的感觉。

(5) 后叶加压素：让人感觉平静、安定、温馨。

以上激素受机体自我调节，这种调节总是试图将机体调整回正常状态，导致这些激素在体内的浓度会逐渐降低，一般在高峰持续半年至四年。

(资料来源：https://baike.baidu.com/item/%E7%88%B1%E6%83%85%E8%8D%B7%E5%B0%94%E8%92%99/1221385?fr=aladdin)

四、爱情的特征

(一) 平等性与自愿性

随着社会文明的发展和科技的进步，人们之间的等级之分被打破，人与人之间都是平等的。对于爱情而言亦是如此，恋爱中的男女双方想拥有一个完整与健康的爱情，首先要把对方看作一个独立的个体，而不是把对方当作自己的附属物或私有物品。真正的爱情是以恋爱双方的互爱和自愿为前提的，那种一厢情愿、死缠烂打的爱情不是真正的爱情。

(二) 排他性与专一性

排他性与专一性是爱情与友情、亲情的不同之处。一般情况下，人与人之间建立友谊后，并不排斥另一方再与他人建立友谊。而爱情却只能对一人发生，是排他的。恋人本能上具有抗拒他人以任何方式亲近、接近自己的恋人的心理倾向。

(三) 相互依存性

恋爱中，互相爱慕的男女双方感情上互相眷恋，行动上和生活上互相依靠与支撑，互相依存与吸引，他们把自己和对方看作一个密不可分的整体。

(四) 强烈性与冲动性

恋爱中的男女对爱情的强烈激情，使双方为了彼此的幸福可以冲破世俗的阻碍、父母的反对，甚至愿意牺牲自己的幸福，这就是男女爱情的冲动性使然。

第二节 大学生恋爱及爱的能力的培养

大学生对爱情都有着美好的憧憬，对爱情的渴望和追求随着身心逐渐发育成熟而自然萌发。

一、大学生的恋爱心理

(一) 恋爱发展阶段

(1) 对异性的敏感期。在这一时期，往往男女生界限分明，彼此疏远，互相回避。

(2) 对异性的向往期。这一时期的男女青年，由于其生理和自我意识的不成熟性，对向往的异性对象基本上是泛化的、不稳定的、缺乏专一性的，是一种不成熟的恋爱心理。所以，有人又称此时期为泛爱期。

(3) 恋爱择偶期。这一时期的男女青年，性心理已逐步成熟，社会阅历在不断丰富，恋爱观开始形成，对异性的向往逐渐专一，开始寻求和选择自己的配偶对象，建立和培育双方的爱情，进入成熟的恋爱心理。

(二) 大学生步入恋爱的心理过程

大学生爱情的产生和发展一般经过以下三个阶段。

(1) 好感。好感是指在人际交往中所产生的一种彼此欣赏的情感体验。

(2) 爱慕。男女之间在互有好感的基础上，经过对对方的爱好、志趣、性格、为人等各方面的更多的了解，而产生的更深刻的情感体验，以致这种内在感情使人心旷神怡，萌发了希望与其结合的强烈情感倾向，并在理智支配下，发展成对对方的爱慕之情。

(3) 相爱。男女之间单方面的爱慕还不是爱情，只有互相爱慕，爱情才能建立。

(三) 大学生恋爱心理的发展过程

大学生的恋爱心理并不是一成不变的，不同年级的学生表现出不同的特点。

(1) 大学一年级。此阶段的爱情往往动机单纯，从众心理和理想主义的色彩浓重些，这就使此阶段的恋情呈现不成熟、不稳定和盲目性比较强的特点。同时，恋爱中的男女双方妥善处理恋爱中的情感纠葛的能力有待提升，恋爱过程中感情、思想容易变化，耐挫折的能力比较弱，因此成功率并不高。所以，建议刚刚步入大学校门的青年大学生，不要为了摆脱孤独感而谈恋爱，不要因为别人几句怂恿的话而谈恋爱。两性相爱是人生中重要的经历，应该保持它的神圣与崇高。

(2) 大学二、三年级。经过大学一年级的磨砺与熏陶，大学生身上基本上去掉了中学生的“烙印”，这些变化主要表现在知识、能力、气质、语言、风度、着装等方面。这一阶段的爱情与大学一年级的爱情相比更成熟了，恋爱双方彼此有了较深入的了解，爱情的基础变得深厚起来。

(3) 毕业年级。进入这一阶段，大学生看问题更全面、更现实了，他们的精力多在考研备课、工作单位的落实等现实问题上，所以他们对爱情的思考更加趋于理智和冷静。但这一阶段的爱情实用性和功利性更强了些，毕业之际，有的恋人由于毕业后的去向不同而劳燕分飞，有的大学生则向暗恋的对象吐露爱慕之情，不给自己的青春留下感情上的遗憾。

二、大学生恋爱心理调适

爱情的神圣与庄严、神秘与美好吸引了无数青年男女。有的学者说：“有青年人的地方就会有爱。”但是，大学校园里的恋爱并不都是完满的，恋人并不都是幸福的，并不是每个爱情的渴望者都能品尝到甘甜的爱情之羹。

(一) 单恋

单恋也是人们经常说的单相思，是指一方对另一方的以一厢情愿的倾慕与热爱为特点的畸形爱情。单恋多是一场感情误会，是爱情错觉的产物。爱情错觉是指因受对方言谈举止的迷惑，或自身的各种主观体验的影响而错误地主动涉入爱河，或因自以为某个异性对自己有意而产生的主观感受。单恋是恋爱心理的一种认知，属于情感的判断失误。

【案例 7-1】

小军对班里的小丽有好感，在小丽生日的当天，小军送给小丽一张生日贺卡，小丽出于礼貌收下了，但小军却误认为小丽对自己也是有好感的，并将平时遇到小丽时，小丽打招呼和礼貌性的微笑都当成小丽对自己爱的暗示。于是小军整天魂不守舍，茶不思，饭不想，神志恍惚。

(资料来源：作者临床案例)

案例中的小军对小丽产生了爱情错觉，错把友情当作了爱情。友情与爱情是不同的，它们的不同表现在以下五个方面：第一，前提不同。友情的前提是理解，爱情的前提则是感情。

第二，要求不同。友情的地位是平等的，爱情却要一体化。第三，规则不同。友情是开放的，爱情则是封闭的。第四，基础不同。友情的基础是信赖，爱情则纠缠着“不安”。第五，期望不同。友情充满充足感，爱情则充满欠缺感。

在与异性交往的过程中，可以根据以上五个方面的指标，仔细地观察与分析，从而在友情与爱情之间做出正确的判断。

形成单恋的主要原因是爱幻想、信念误区、认知偏差等。单恋的调适方法主要是认知领悟和心理分析。如果是自己有意但对方不知情，经过分析和观察，判断对方有接受自己爱意的可能时可以大胆向对方表白；如果觉得对方根本不可能接受自己爱的心迹，没有必要向对方表白，有些情况下，适当压抑一下自己的感情对自己和对方都有一定的必要。此外，持久的单恋会给自己的生活、学习带来很大的负面影响，要学会尽快从中解脱出来。

(二) 失恋

所谓失恋，是指恋爱受挫失败。失恋引起的主要情绪反应是痛苦和烦恼。大多数失恋者能正确对待和处理好这种恋爱受挫现象，愉快地走向新生活。然而，也有一些失恋者不能及时排解这种强烈的情绪，导致心理推移，性格反常。对任何人来说，失恋是一种痛苦的情感体验，它会不同程度地对失恋者造成心理的创伤。

(1) 学会说珍重。失恋的情形概括起来有三种：对方对自己不满意，提出了分手；自己对对方不满意，提出分手；互相觉得不满意，不得不分手。无论哪种情况都可以归结为双方彼此不了解、不合适。

有的人害怕失恋，认为失恋后自己失去了全部。其实，恋爱不是生命的全部，它是一个危机，更是一个自我成长的契机。爱情虽然暂时离我们而去，而友情、亲情依然相伴在我们左右。

对于主动提出分手的人，要清楚自己为什么要提出分手，是一时冲动还是经过了深思熟虑做出的决定；在提出分手前，可以提前做一些暗示，用对方能接受的方式提出分手，从而将对对方的伤害降到最低。此外，非常重要的一点就是提出分手后，不能出尔反尔，这种伤害会更大。对于被动分手的人来说，恋爱不是单方的事情，要耐心聆听对方提出的分手的理由，不要冲动地做出过激的举动或者说出过激的言论。既然分手的事实已经发生，不要死缠烂打、乞求爱情，不要自我贬低或者封闭自我，更不要做出伤人或者伤己的举动，这样做结果会让双方都更加痛苦。

(2) 摆脱失恋阴影，重塑阳光心态。面对失恋，人们选择怎样的态度，也就选择了怎样的结果。失恋并非是世界末日的到来，接受这种事实，多与亲朋好友分享、倾诉，反思自己在这段恋情中可能存在的不足，避免谩骂对方或者通过散布谣言的方式进行泄愤。不要急于进入下一段恋情，扩大自己的生活圈，等伤口康复后，再开始新的选择。

① 自我安慰。适当运用“酸葡萄甜柠檬”心理，找出各种理由对自己的心理和行为做出“合理化”的解释，从而达到心理平衡的自救效果，悦纳自己、原谅对方。

② 转移注意力。失恋后如果总是为失恋的结果纠结，那就很难尽快地从失恋的阴影中走出来。这时，要把自己的注意力从失恋这件事情转移到自己比较感兴趣的事情上，如运动、参加社团活动等，以冲淡内心因失恋而造成的挫折感和压抑感。

③ 升华法。把因失恋而产生的挫折感、压抑感升华为奋斗的动力对自身是十分有益的。一旦你全身心地投入一项自己喜欢而且更有意义的事业，你会觉得因失恋而痛苦不堪的往事不值得一提。

④ 失恋不失德，失恋不失命，失恋不失志。失恋不失德，就是要做到不报复、不打击、不伤害，不破坏对方的名誉和人格，不破坏对方重新建立新生活的努力。失恋不失命是指爱情不是人生的全部，不能因为失恋而毁掉自己的生命，爱情虽然离自己而去，事业却永远相伴，只要自己有追求精神，爱情之花迟早会为自己开放。失恋不失志是指不因为失恋丢掉自己奋斗的理想和志向，理想是个人进步的动力，在为理想奋斗的过程中，逐渐平复由失恋而造成的心灵创伤，就会重新获得幸福的爱情。

(三) 多角恋

著名教育家陶行知先生曾经说过：“爱情之酒甜而苦。”有的大学生在寻求爱情的过程中，由于无法区分友情与爱情，同时喜欢上两个人或者同时被两个人喜欢，因此落入多角恋的漩涡里。如果处理不当容易激化矛盾，还会给自己带来无限烦恼。

造成多角恋的主要原因以下有三个。

(1) 择偶标准不明确。大学生由于生活经验不足、心理不成熟等，导致自身没有一个较为明确的择偶标准，从而出现了多角恋的情况。

(2) 择偶动机不良。有的人在择偶中出现了现实与心中标准冲突的情况，在冲突中犹豫不决，从而导致了多角恋。

(3) 虚荣心强。有一部分大学生认为追求者越多，越能证明自身的魅力。

多角恋者实质上是抱着游戏人生、享乐人生的态度挥洒情感，是把自己的幸福建立在不尊重他人情感的基础上的，这既是对他人的不尊重，也是对自己的不负责。多角恋是为社会公德所不容许的。

陷入多角恋的自我调适方法如下。

(1) 分清爱情的选择性与排他性的界限。真挚的爱情是专一的、排他的，不含有选择的意味。多角恋者应对自己的感情进行重新权衡，且有所放弃。

(2) 分析自己与恋爱对象的恋爱关系。在多角恋爱中，总会有人处于失利位置。作为失利的一方，其情感体验是极其痛苦的，这时更需要理性地思考。如果自己的恋人已经移情别恋，则要重新审视这段感情，进行冷静的分析和思考，再与对方坦诚交谈，做出抉择，即使不能挽回，内心也要较为平静地接受。万不可一味要挽回失去的“面子”，感情冲动，做出令自己后悔的傻事。

(3) 明智地退避。如果陷入了这种说不清道不明的关系中，与其在其中耗时费力，不如正视自我与现实，采取退避的策略。

三、理解爱情

爱情让人拥有快乐，也会给人带来痛苦，大学生应当正确理解爱情。

(一) 爱情是给予，不是得到

成熟的爱情是在保留自己完整性和独立性的条件下，也就是在保持自己个性的条件下与恋人的相处。爱情是一种积极的精神力量，这种精神力量可以推动个体创造生命的奇迹，可以推动个体找到人生的目标。

【知识拓展 7-2】

成就马克思的燕妮

马克思的夫人燕妮出身于普鲁士的名门望族。她的父母希望找一个门当户对的女婿，而燕妮却看上了出身于普通家庭的马克思，并不顾父母的反对，在马克思受到反动政府迫害的时候嫁给了他。婚后，她始终与丈夫不离不弃，同甘共苦，从而成就了伟大的马克思，也成就了他们这段美满的婚姻。

(资料来源：章剑锋，陈建伟，周大根. 大学生心理健康教育[M]. 北京：中共中央党校出版社，2017)

(二) 爱是责任

人只有认识对方，才能尊重对方。所有的爱情都包含一份神圣的责任，这份责任不是义务，不是外界强加的，而是出于内心的自觉，即愿意为自己所爱的人承担风霜雨雪，而不仅是得到感官上的愉悦与寂寞时的陪伴。

(三) 爱是尊重

真诚的爱是建立在双方平等与互相理解的基础之上的尊重。只是因为大学生活的孤单与寂寞，或者需要被关爱或展示自己的魅力，这些都不是真正的爱情。

(四) 爱是能力

对自己的生活、幸福、成长及自由的肯定是以爱的能力为基础的。爱的能力不是与生俱来的，也不是随着生理成熟自然形成的，而是在社会生活中逐渐成长起来的。爱的能力包括给予爱的能力、接受爱的能力与自我成长的能力。

(五) 爱是创造

有人说，爱情的魔力能够使人开创一个新的自我。爱情是神奇的，爱情不仅能够创造新的生命，而且对恋爱双方都可以起到鼓舞、激励作用。爱净化人们的灵魂，鼓舞人们为挚爱的人奋斗进取，也创造着两人美好的明天。

四、爱的能力的培养

德裔美国籍心理学家弗洛姆曾在《爱的艺术》中写道：爱情不是一种与人的成熟程度无关，只需要投入身心的感情。如果不努力发展自己的全部人格并以此达到一种创造性、倾向性，那么每种爱的试图都会失败；如果没有爱他人的能力，如果不能真正谦恭地、勇敢地、真诚地和有纪律地爱他人，那么人们在自己的爱情生活中永远得不到满足。

(一) 爱的能力的含义

(1) 爱的能力。爱的能力是指和他人建立亲密关系的能力，它对人的一生发展有着重要的意义。一个人具备了爱的能力就能够真正地爱他人、爱自己，能真正体验到爱给人带来的快乐和幸福。恋爱的过程就是培养爱的能力的过程。

(2) 爱别人之前首先要学会爱自己。《圣经》中有一句话：当一个人爱他人之前，首先要学会的是爱自己。爱自己不是自私，自私和自爱是不同的，它们实际上是对立的。自私的人不是爱自己太多，而是太少。因为他内在的匮乏，总是把目光向外看，看能从其他身上“获取”什么。自爱的人把目光对准自己，对自己内心的成长更感兴趣。爱自己的重要表现就是自信，即对自己有信心，欣赏自己，接纳自己一切的不完美，肯定自己，同时也不会以一次的失败来否定自己。

(二) 培养爱的能力

(1) 学会爱与被爱。爱的能力包括爱与被爱两个方面。一个人心中有了爱，在理智分析之后，要敢于表达、善于表达。同样，面对来自异性的爱，能及时、准确地对爱做出判断，并做出接受、谢绝或再观察的选择，这也是一种爱的能力。大学生要具有爱与被爱的能力，就应该懂得爱是什么，应该有健康的恋爱观，知道自己喜欢什么、需要什么、适合什么。

(2) 培养与异性交往的能力。在大学期间，不要过分强调与异性交往的目的性，注意交往的范围、距离、场合，把握好分寸。如果对某一个异性没有萌发爱意，就不要轻易单独活动，也不可频繁与某一选定对象长期交往，这样容易使对方引起恋爱幻想。

(3) 选择与自己的心理特点相匹配的恋人。心理学家研究表明，恋人双方相互了解、地位背景相配、气质类型相投是爱情和谐的三项保证。大学生恋爱过程中往往对对方有认知偏差、评价偏差，使自身产生单相思和失恋，从而导致严重的心理障碍。因此，大学生应多参加有异性同学参加的集体活动和娱乐活动，在活动过程中了解和观察自己所欣赏的异性同学，同时也认识自己的恋爱期待心理特征，缩短理想我与现实我之间的差距，调整自身恋爱心理的期待。

(4) 讲究中断恋爱的方式。当你发现对方并非自己理想的爱人时，会提出中断恋爱的要求，此时即使有足够的理由也要注意方式。谈恋爱时要真诚，中断恋爱也要真诚。切勿给对方造成你到处损害他的尊严、败坏他的名声的感觉；也不要优柔寡断，让对方产生能复合的幻想。

(5) 提高恋爱挫折承受能力。大学生的恋爱受到多种因素的制约，所以，他们在追求爱情的过程中难免会遇到各种波折，例如单相思、多角恋、失恋等恋爱心理挫折对大学生来说就是一种心理承受能力的考验。如果承受能力强，就能较好地应对挫折，否则可能造成不良后果。因此，提高恋爱挫折承受能力对大学生心理健康非常重要。

【知识拓展 7-3】

习近平如何回应“成长的烦恼”

习近平指出，每一代青年都有自己的际遇和机缘，都要在自己所处的时代条件下谋划人生、创造历史。本文告诉您，总书记如何破解“成长的烦恼”。

1. 德

世界上最难的事情，就是怎样做人、怎样做一个好人。要做一个好人，就要有品德、有知识、有责任，要坚持品德为先。

——2015 年 6 月 1 日，习近平在会见中国少年先锋队第七次全国代表大会代表时寄语全国各族少年儿童

“德者，本也。”蔡元培先生说过：“若无德，则虽体魄智力发达，适足助其为恶。”道德之于个人、之于社会，都具有基础性意义，做人做事第一位的是崇德修身。

修德，既要立意高远，又要立足平实。要立志报效祖国、服务人民，这是大德，养大德

者方可成大业。同时，还得从做好小事、管好小节开始起步，“见善则迁，有过则改”，踏踏实实修好公德、私德，学会劳动、学会勤俭，学会感恩、学会助人，学会谦让、学会宽容，学会自省、学会自律。

——2014 年 5 月 4 日，习近平在北京大学师生座谈会上的讲话

古往今来，大凡很有作为的人，都是在少年时代就能够严格要求自己。

要学习英雄人物、先进人物、美好事物，在学习中养成好的思想品德追求。榜样的力量是无穷的。大家要把他们立为心中的标杆，向他们看齐，像他们那样追求美好的思想品德。这就是孔子讲的：“见贤思齐焉，见不贤而内省也。”

——2014 年 5 月 30 日，习近平在北京市海淀区民族小学主持召开座谈会时的讲话

2. 志

青少年要敢于有梦。从西游记到凡尔纳科幻小说，飞船、潜艇今天不都有了吗？有梦想，还要脚踏实地，好好读书，才能梦想成真。

——2012 年 5 月 21 日，习近平看望四川芦山灾区学生时的讲话

志向是人生的航标。一个人要做出一番成就，就要有自己的志向。一个人可以有很多志向，但人生最重要的志向应该同祖国和人民联系在一起，这是人们各种具体志向的底盘，也是人生的脊梁。

——2015 年 6 月 1 日，习近平在会见中国少年先锋队第七次全国代表大会代表时寄语全国各族少年儿童

3. 学

学习是立身做人的永恒主题，也是报国为民的重要基础。梦想从学习开始，事业从实践起步。当今世界，知识信息快速更新，学习稍有懈怠，就会落伍。有人说，每个人的世界都是一个圆，学习是半径，半径越大，拥有的世界就越广阔。

——2013 年 10 月 21 日，习近平在欧美同学会成立 100 周年庆祝大会上的讲话

想象力、创造力从哪里来？要从刻苦的学习中来。知识越学越多，知识越多越好，你们要像海绵吸水一样学习知识。既勤学书本知识，又多学课外知识，还要勤于思考，多想想，多问问，这样就能培养自己的创造精神。

——2013 年 5 月 29 日，习近平在北京市少年宫参加“快乐童年放飞希望”主题队日活动

要勤学，下得苦功夫，求得真学问。

我国古人说：“非学无以广才，非志无以成学。”大学的青春时光，人生只有一次，应该

好好珍惜。为学之要贵在勤奋、贵在钻研、贵在有恒。鲁迅先生说过："哪里有天才，我是把别人喝咖啡的工夫都用在工作上的。"大学阶段，"恰同学少年，风华正茂"，有老师指点，有同学切磋，有浩瀚的书籍引路，可以心无旁骛求知问学。此时不努力，更待何时？要勤于学习、敏于求知，注重把所学知识内化于心，形成自己的见解，既要专攻博览，又要关心国家、关心人民、关心世界，学会担当社会责任。

——2014 年 5 月 4 日，习近平在北京大学师生座谈会上的讲话

中华文化源远流长、博大精深，如同一座宝藏，一旦探秘其中，就会终生受用。

——2014 年 12 月 20 日，习近平考察澳门大学横琴校区郑裕彤书院

文化软实力是国家综合实力的重要体现，同学们要多背诵一些优秀古诗词，长大以后才能文思泉涌。

中国字是中国文化传承的标志。殷墟甲骨文距离现在 3000 多年，3000 多年来，汉字结构没有变，这种传承是真正的中华基因。书法课必须坚持。

幸福不是毛毛雨，幸福不是免费午餐，幸福不会从天而降。人世间的一切成就、一切幸福都源于劳动和创造。

——2015 年 6 月 1 日，习近平在会见中国少年先锋队第七次全国代表大会代表时寄语全国各族少年儿童

生活靠劳动创造，人生也靠劳动创造。你们从小就要树立劳动光荣的观念，自己的事自己做，他人的事帮着做，公益的事争着做，通过劳动播种希望、收获果实，也通过劳动磨炼意志、锻炼自己。

——2013 年 5 月 29 日，习近平在北京市少年宫参加"快乐童年放飞希望"主题队日活动

少年儿童不可能像大人那样为社会做很多事，但可以从小做起，每天都可以想一想，对祖国热爱吗？对集体热爱吗？学习努力吗？对同学们关心吗？对老师尊敬吗？在家孝敬父母吗？在社会上遵守社会公德吗？对好人好事有敬佩感吗？对坏人坏事有义愤感吗？这样多想一想，就会促使自己多做一做，日积月累，自己身上的好思想、好品德就会越来越多了。

——2014 年 5 月 30 日，习近平在北京海淀区民族小学主持召开座谈会时的讲话

4. 辨

正所谓"玉不琢，不成器；人不学，不知义"。不要嫌父母说得多，不要嫌老师管得严，不要嫌同学们管得宽，首先要想想说得管得对不对、是不是为自己好，对了就要听。有些事没有做好，这不要紧，只要自己意识到、愿意改就是进步。自己没有意识到，父母、老师、同学指出来了，使自己意识到、愿意改也是进步。良药苦口利于病，忠言逆耳利于行。我们

要养成严格要求自己、虚心接受批评帮助的习惯。

——2014 年 5 月 30 日，习近平在北京市海淀区民族小学主持召开座谈会时的讲话

要明辨，善于明辨是非，善于决断选择。“学而不思则罔，思而不学则殆。”是非明，方向清，路子正，人们付出的辛劳才能结出果实。

要学会思考、善于分析、正确抉择，做到稳重自持、从容自信、坚定自励。要树立正确的世界观、人生观、价值观，掌握了这把总钥匙，再来看看社会万象、人生历程，一切是非、正误、主次，一切真假、善恶、美丑，自然就洞若观火、清澈明了，自然就能作出正确判断、作出正确选择。

——2014 年 5 月 4 日，习近平在北京大学师生座谈会上的讲话

5. 体

少年强、青年强则中国强。少年强、青年强是多方面的，既包括思想品德、学习成绩、创新能力、动手能力，也包括身体健康、体魄强壮、体育精神。

——2014 年 8 月 15 日，南京青奥会运动员村，习近平亲切看望参加本届青奥会的中国体育代表团

6. 实

要笃实，扎扎实实干事，踏踏实实做人。道不可坐论，德不能空谈。

《礼记》中说：“博学之，审问之，慎思之，明辨之，笃行之。”有人说：“圣人是肯做工夫的庸人，庸人是不肯做工夫的圣人。”青年有着大好机遇，关键是要迈稳步子、夯实根基、久久为功。心浮气躁，朝三暮四，学一门丢一门，干一行弃一行，无论为学还是创业，都是最忌讳的。“天下难事，必作于易；天下大事，必作于细。”成功的背后，永远是艰辛努力。

——2014 年 5 月 4 日，习近平在北京大学师生座谈会上的讲话

第三节　大学生的性心理

《围城》中说：爱情跟性欲是一胞双生，类而不同，性欲并不是爱情的基本，爱情也不是性欲的升华。因此，恋爱中的男女应该拥有爱情，而不应该只拥有性爱。

大学是充满激情与理想的殿堂，大学生则是殿堂里对人生怀着无限憧憬的守望者。“性”这个带着暧昧色彩的字眼，给大学生带来许多困扰。对大学生进行性心理讲解有助于他们了解自己的性心理，有助于他们以正确的态度和方式来面对自己的性心理问题，促进自身性心理健康。

一、什么是性心理

(一) 什么是性

性是一个涉及学科广、含义多的概念。广义上说，性指男女两性在生物学、心理学和社会学上的特征之和。

(1) 生物学的性。生理意义上的性指男女性别差异。在男女两性形成的过程中，受孕时染色体的决定作用，胚胎发育过程中性腺的主导作用，内外生殖系统和大脑发育过程中性激素的分化作用及性征的表现作用，决定了两性之间的差异，也体现了性在生物学上的特征。在校大学生的平均年龄在 20 岁左右，处于性生理发育的成熟期，绝大多数学生在中学时代就完成了性成熟的关键一步，性心理的成熟为大学生恋爱提供了生理基础。

(2) 心理学的性。性在心理学上的特征一方面反映在性别同一性，或称为性身份认同、性别自认。一般来说，人们的性别同一性与其生物学上的性是一致的，人们悦纳自己的性别生物学的特点。另一方面还反映在性度上。性度是抛开男女生理上的天赋差别，依据其体质、心理、行为表现等区别"男性"和"女性"的概念。从这个角度来说，每个个体都同时具有一定程度的男性特征和女性特征，具有男性特征多的人其男性度就高，女性度则低；反之，亦然。

(3) 社会学上的性。社会学上的性主要表现为性别角色、性别成见和性别歧视。性别角色是社会在男女两性的生物差异基础上，被赋予的两性不同的社会行为模式。性别成见又叫性别刻板印象，是指传统的、被广泛接受的对两性生物属性、心理特质、角色行为的较为固定的看法、期望和要求。性别成见一旦发展成男优女劣、男尊女卑、重男轻女、男女同工不同酬等贬低、排斥和压迫女性现象后，便属于性别歧视了。

从狭义上来说，性即人的性行为。原始的有性生殖生物进化到人类之后，性行为已不仅仅与生殖相联系，而是扩大到性满足的更广泛领域之中，这与人类生理和心理的高度进化有关。

在我国，性是一个难以启齿、欲说还休的事情，是一个不能在公共场合谈论的话题，但不在公共场合谈性，不代表私下不谈性，更不等于没有性生活。大学生就其生理和心理的发展过程来说，已经进入性生理成熟和性心理趋向成熟的阶段。在这个阶段，与性有关的问题，如异性间的交往、性意识、性行为、性压抑、异常性行为、性病或既往的性经历、性伤害等形象和困扰，不同程度地给大学生带来压力和烦恼，给他们的生活、学习、社会活动带来不良影响。大学生需要正确掌握性生理、性心理和性道德知识，用科学、严肃的态度正确对待性问题，形成正确的性观念和性行为，促进身心健康。

(二) 性意识困扰及调适

性意识是关于性心理方面的总称。性意识是伴随性激素水平的提高而逐步产生的，性意识产生后，男女青年会感觉自己与异性有着不同的性别身份和性别角色，对异性开始产生爱慕之情。但性意识也会产生困扰，常见的性意识困扰有性幻想、性梦等。

(1) 与性爱有关的幻想称为性幻想。性幻想通常表现为在某种特定的因素诱导下，自编、自演与异性有关的联想。一般来说，青春期是性幻想的活跃时期。大学生性幻想常常伴随很大的烦恼和不安，特别是在传统家庭中长大的学生，他们对于自己出现的性幻想常常不知所措，或产生一种厌恶心理。有的女孩子可能会担心自己的思想意识不健康，责怪自己为什么会出现这种幻想，甚至误认为自己已经不正经或者已经变坏了，从此背上了沉重的精神负担。这些都对大学生的成长极其不利。性幻想是一种正常的生理、心理现象，是大学生性成熟、性需求的反映，也是性冲动的发泄形式之一。如果一个人的性幻想过于频繁，过分沉溺其中，影响了正常的学习和休息，则应该加以调节。

(2) 性梦是在睡眠状态下所做的与性有关的梦。性梦是在睡眠中与异性发生的性行为，是一种无意识或潜意识的心理活动。性梦的内容十分丰富，像梦一样荒诞、离奇。性梦是一种生理现象，有过性梦体验的大学生，不必为自己的性梦经历而焦虑和羞怯，大学生可以通过转移自己的注意力，尽量不接触有刺激性的色情画面，减少性梦的出现。

(三) 性行为困扰及调适

(1) 性自慰。性自慰在我国一直沿用“手淫”这个名称，是指用手或其他器具、其他方式刺激性器官获得快感，以疏泄性冲动的一种方式。传统观念认为性自慰是“邪淫”，大学生受此观念影响，就会产生种种心理困扰。研究表明，适度的性自慰是正常的生理现象，是对性冲动的一种缓解方式，对他人和社会不会产生危害，对自身的各方面也不会产生严重影响。因此，大学生偶尔发生了性自慰，不会对身心产生大的影响。如果个别大学生频繁进行性自慰，也不要苦恼，要积极、有意识地把注意力转移到其他活动上，以减轻大脑性思维的强度，使性能量通过多种渠道释放出来。这样，就能逐渐淡化性自慰行为，降低性自慰发生率。

(2) 边缘性行为。边缘性行为是除性交以外的性行为，如拉手、拥抱、亲吻、抚摸等延外性行为。边缘性行为是一种初级的性行为，它能给恋爱中的双方带来浪漫的诗意，能使双方情感达到高潮。热恋中的大学生，在合适情境下的接吻、拥抱行为已经很常见了，只要注意场合、举止有度，则完全不必为之羞愧甚至苦恼。

(3) 婚前性行为。婚前性行为是指男女双方在恋爱期间发生的性行为，其特点是双方自愿进行，不存在暴力逼迫，没有法律保障，不存在夫妻之间应有的义务和责任，容易产生一些纠纷和严重后果。大学生虽是人群中的佼佼者，但处于青春期的性旺盛时期，对性持有浓厚的兴趣，但大学生千万要避免“未经准备”而发生的婚前性行为。所谓的“准备”就是指具有良好的性知识。有些人不知道怎么会怀孕、如何避孕或如何预防性病，就有了性行为，在初尝禁果之后必然会有担忧和悔恨，甚至引起生理的变化，这样的经历给今后的人生带来的只有苦涩。

【知识拓展 7-4】

你不可不知的防艾知识

1. 什么是艾滋病

艾滋病的全称是获得性免疫缺陷综合征，是由艾滋病病毒即人类免疫缺陷病毒(HIV)引起的一种病死率极高的恶性传染病。HIV 病毒侵入人体，能破坏人体的免疫系统，令感染者逐渐丧失对各种疾病的抵抗能力，最后导致死亡。

2. 感染了艾滋病病毒的症状

艾滋病病毒携带者往往在感染病毒后最初的几个月感染性最强，但许多人往往到后期才意识到感染状况。在感染病毒后的前几周，人们可能毫无症状，也可能出现发热、头痛、皮疹或咽痛等流感样疾病症状。

随着病毒感染逐渐削弱人体免疫系统，可能会出现其他体征和症状，如淋巴结肿大、体重减轻、发热、腹泻和咳嗽等。若不加治疗，也可能会发生结核病、隐球菌脑膜炎和癌症(如淋巴瘤和卡波西肉瘤)等严重疾病。

3. 艾滋病的传播途径

(1) 性传播：无论是同性还是异性之间的性接触都会导致艾滋病的传播。艾滋病感染者的精液或阴道分泌物中有大量的病毒，在性活动(包括阴道性交、肛门性交和口交)时，由于性交部位的摩擦，很容易造成生殖器黏膜的细微破损，这时病毒就会趁虚而入，进入未感染者的血液中。值得一提的是，由于直肠的肠壁较阴道壁更容易破损，所以肛门性交的危险性比阴道性交的危险性更大。

(2) 血液传播：血液传播是感染艾滋病最直接的途径。输入被病毒污染的血液，使用了被血液污染而又未经严格消毒的注射器、针灸针、拔牙工具，都是十分危险的。另外，如果与艾滋病感染者共用一支未消毒的注射器，也会被留在针头中的病毒所感染。

(3) 母婴传播：如果母亲是艾滋病感染者，那么她很有可能会在怀孕、分娩过程中或者通过母乳喂养使她的孩子受到感染。

注意：艾滋病病毒一旦离开血液和体液，在自然界环境中抵抗力很弱而不具备传染性，高温和许多消毒剂都可以迅速杀灭艾滋病病毒，所以接触粪便、唾液、痰液、汗液、泪液、尿液及呕吐物不会传染艾滋病。因此，艾滋病不会通过人们的日常活动传播，如浅吻、握手、拥抱、共餐、共用办公用品、共用厕所、游泳池、共用电话、打喷嚏、照料 HIV 感染者或艾滋病患者、蚊虫的叮咬等。蚊子是只吸血不吐血的，而且蚊子每次吸入的血液中艾滋病病毒含量很少，不足以感染另外一个人，进入蚊子体内的艾滋病病毒不会继续生长发育和增殖，反而会被蚊子消化掉。所以蚊子不会将艾滋病病毒传染给下一个被叮咬者。

4. 如何预防艾滋病

(1) 避免直接与艾滋病患者的血液、精液、阴道分泌物、乳汁等接触，切断其传播途径。

(2) 洁身自爱，遵守性道德、不卖淫、嫖娼，避免婚前、婚外性行为。

(3) 正确使用避孕套是性生活中最有效的预防性病和艾滋病的措施之一。

(4) 性病可增加感染艾滋病病毒的风险，必须及时到正规医疗机构就诊。

(5) 严禁吸毒，不与他人共用注射器(使用新型毒品会增加经性途径感染艾滋病病毒的风险)。

(6) 不要擅自输血和使用血制品，要在医生的指导下使用。

(7) 不要借用或共用牙刷、剃须刀、刮脸刀等个人用品。

(8) 艾滋病感染者应避免怀孕、哺乳。

(资料来源：https://fengyl.nxu.edu.cn/info/1023/8156.htm)

(四) 几种特殊的性心理障碍及矫治

(1) 露阴癖。露阴癖的主要表现是反复、强烈的，涉及在异性生人面前暴露本人性器官的性渴求和性想象，并付诸于行动，一般至少持续半年，绝大多数见于男性。这种露阴行为是患者缓解性欲的紧张感和取得性满足的主要或唯一来源，患者对受害者没有进一步的性接触。这与强奸犯以露阴作为性挑逗的一种手段，进而实行强奸行为是有明显区别的。露阴的频率因人而异，可有明显差别，少的可数月或一年仅发生数次，多则可数日、数周一次，有的患者可累积发生数百次露阴行为。大多数露阴行为发生于青年早期。从目前对露阴癖患者的治疗情况来看，以心理治疗效果最好。

(2) 窥阴癖。窥阴癖的主要表现是反复的、强烈性渴求和唤起想象，涉及窥视异性裸体或性交行为，并付出行动，至少持续半年，多见于男性。窥阴癖患者多数没有异性恋，少数异性恋者已娶妻生子，但以窥阴等方式作为性满足的主要或唯一的来源。

(3) 恋物癖。恋物癖的主要表现是反复出现以某种非生命性物品或异性躯体某部分作为性满足的刺激物，抚摸、闻嗅这类接触性敏感区的物品，或在性交时患者本人或性对象持此类物品即能取得性满足。此类性渴求、性想象反复出现不少于半年才能诊断为恋物癖。此类物品称为眷恋物，它们都是带有特殊的性刺激意味的东西。患者一般都是男性，眷恋物多为女人的乳罩、内裤等。多数患者是异性恋者。恋物癖患者可以通过认知领悟疗法、暗示疗法、厌恶疗法及系统脱敏疗法等多种心理治疗方法进行治疗。

二、大学生性心理健康

(一) 性心理健康的标准

性心理健康是指个体具有正常的性欲望，能够正确认识性的有关问题，并且具有较强的性适应能力，能和异性进行恰当交往，在免受性问题困扰的同时还能增进自身人格的完善，促进自己身心的健康发展。

根据性心理健康的内涵，性心理健康的标准包括以下几点。

(1) 正确认识和接纳自己的性别。一个性心理健康的人能正视自己的性心理发育和性心理变化，能在所处的社会环境中正确评估自己，能客观地评价自己和他人，并乐于承担相应的性别角色。

(2) 具有正常的欲望。性欲是能够获得性爱和性生活的前提条件。具有正常的性心理首先应具有性欲望，如果没有性欲望就不会有和谐的性生活，就会影响性心理健康。性欲望的对象要指向成熟的异性个体。

(3) 性心理和性行为符合年龄特征，即性生理和性心理保持统一发展。

(4) 正确地对待性变化。个体在生长和发育过程中，性心理因素、性生理因素和社会因素是交互呈现的，个体需建立自我同一性才能保持三者的和谐。

(5) 没有性恐惧。能够把性作为生活的一部分科学对待，不存在对性的恐惧和怀疑。

(6) 与异性保持和谐的人际关系。在交往过程中，保持独立而完整的人格，能够互相尊重、互相信任。

(7) 选择正当、健康的性行为方式，符合社会伦理道德规范。

(二) 科学地掌握性知识

作为大学生，应该对“性”有一个科学的认识。性是一门综合性的科学，包括性生理学、性心理学、性社会学、性伦理学、性美学等，大学生们不应当有性仅仅是生物本能的片面认识。

(三) 培养健康的人格

一个人对待性的态度反映了一个人人格的成熟程度。人自身的尊严感和对他人是否尊重，都会在两性关系中充分体现出来。

(1) 自爱自信。认同自己的性别角色。性别角色意识是一个人社会化成熟与否的重要体现，是心理健康的重要标志。世界是两性的和谐统一。大学生应当接纳和欣赏自己的性别角色，发展出适应时代要求的优秀个性特点。性别角色的认同和胜任是现代人成功适应和发展的重要心理基础。

(2) 对性行为负有社会责任感。如果性行为只停留在手淫、性梦等方式的自我宣泄上，它不会影响他人。但是如果性行为涉及另一个人，那么便涉及许多社会责任。每一个成熟的大学生都应当了解个人性行为给他人、自我和社会带来的后果。尊重他人，尊重自我，对自我的行为负起责任。大学生要增强自己的性道德和性法律意识，用道德和法律规范自己的性行为。

(3) 培养良好的意志品质。大学生自控能力的大小，在一定意义上是由个人意志品质的强弱决定的。意志作为达到既定目的而自觉努力的一种心理状态，具有发动和抑制行为的作用。人不同于动物，人有意志力，人可以抑制和调整自我的冲动，那些放纵自己的人往往缺乏坚强的意志品质。

(四) 积极进行自我调节

每一个大学生都应该懂得：每个人都应该尊重他人的存在价值；每个人都应该以希望他人如何对待自己的方式去对待他人；每个人发展自尊与自重都应该建立于良好的人格基础上。

(1) 正确调控性冲动。对于性冲动，除了给以适度控制外，还可以采取一些积极的、符合社会规范的方式，来取代或转移性欲。比如，通过学习、工作和参加各种文体活动，以及男女正常交往等多种合理途径，提升自我，陶冶情操。大学生们要尽量避免影视、报刊、网络上过强的性信息刺激，抵制黄色书刊的不健康影响。

(2) 克服遗精恐惧和月经焦虑。对于遗精和月经，不必太紧张。男生要正确对待遗精，经常清洗床单、内裤和性器官，保持个人卫生。女生要了解月经周期规律，减少经期中的不良精神刺激，努力调控自己的情绪，愉快度过经期。

(3) 正确对待手淫、白日梦和性梦。通过性知识的学习，克服手淫引起的心理困扰。大学生不必因为手淫而自责，但是，过分沉溺于手淫，只靠频繁的手淫来缓解性紧张是不健康的表现，应当通过丰富多彩的精神生活和恰当的异性交往来平衡自己的性心理。对于白日梦和性梦不必担心，青年人应当通过追求高层次的需要来缓解自己的性欲望，减少白日梦和性梦。

(4) 正确对待性游戏带来的心理冲突。恰当的异性交往，可以满足部分心理的需要，缓解性压抑。良好的异性交往有益于扩大信心、完善自我，对个人的恋爱婚姻及成才发展具有重要的作用。但大学生在异性交往时要把握分寸，注意场合，规范行为，处理好友情与爱情的关系。

(5) 对性骚扰的自我保护。首先，大学生应当维护好自尊、自重、自爱的自我形象，做到举止大方、行为得体、作风正派、衣着打扮不轻浮。其次，大学生应当学会自我保护。女生尽量晚上不要单独外出，更不要单独在男性家中或住所长时间停留。面对异性的非分要求，不要畏惧，要勇敢地说“不”。要以严厉的态度制止和反抗性骚扰，必要时向别人呼救或向公安部门寻求帮助。对于性骚扰事件的经历，不要过分恐惧和自责，因为你是无辜者。为了更快地排除自己的心理困扰，可以向父母、老师、知心朋友宣泄自己的情绪，也可以寻求心理咨询师的帮助。

(6) 寻求心理咨询。在心理咨询室中，性不再是一个难于启齿的问题，同学们可以尽情地宣泄心中的郁闷。据不完全统计，在大学生们前来咨询的问题中，与异性交往的问题占了一半以上，其中的大部分都或多或少地涉及有关性的困惑。当遇到性困扰时，大学生可以坦然寻求心理咨询。

课堂活动

活动一　我的理想伴侣

活动目标：帮助大学生了解自己寻找伴侣的标准。

活动步骤：

(1) 写出自己心中理想伴侣的标准，可以是形容词或句子。

第一条：________________________________

第二条：________________________________

第三条：________________________________

第四条：________________________________

第五条：________________________________

(2) 小组讨论并总结大家列出的最相近的几条标准，表达自身感受。

活动二　失恋教会我的

活动目标：失恋是大学生中比较常见的情感挫折，也是危害较大的一种挫折。通过活动帮助学生澄清失恋的感受，进行理性的分析和总结，帮助学生从失恋中获得成长。

活动步骤：

(1) 虽然失恋是痛苦的，但在某种意义上对大学生的成长是有益的，因此请同学们以小组为单位进行讨论，分别列举失恋后的好处。完成之后，同学们共同选出最合理、最可行的几条。

① 因为我失恋了，所以我获得了______________________。

② 因为我失恋了，所以我获得了______________________。

③ 因为我失恋了，所以我获得了______________________。

④ 因为我失恋了，所以我获得了______________________。

⑤ 因为我失恋了，所以我获得了______________________。

(2) 分析失恋的原因。

① 这一次我在_________方面没有做好，以后我将__________去改进。

② 这一次我在_________方面没有做好，以后我将__________去改进。

③ 这一次我在_________方面没有做好，以后我将__________去改进。

思考练习

1. 大学生如何调适恋爱心理？
2. 培养爱的能力对大学生的人生发展有什么意义？
3. 作为当代大学生，你是如何看待婚前性行为的？

第八章

无畏挫折 积极抗压

【本章导读】

张海迪的故事

张海迪，当代著名作家，5 岁时因患血管瘤导致高位截瘫。从那时起，张海迪开始了她独特的人生。15 岁时，张海迪跟随父母下放到农村，给孩子当起了老师。她自学针灸医术，为乡亲们无偿治疗。她虽然没有机会走进校园，却发奋学习，学完了小学、中学的全部课程，自学了大学英语、日语、德语及世界语，并攻读了大学和硕士研究生的课程。1983 年，张海迪开始从事文学创作，先后翻译了数十万字的英语小说，编著了《向天空敞开的窗口》《生命的追问》《轮椅上的梦》等书籍。其中，《生命的追问》出版不到半年，已重印 4 次，获得了全国“五个一工程”图书奖。1983 年，《中国青年报》发表《是颗流星，就要把光留给人间》，张海迪名噪中华。她获得两个美誉：其一是“八十年代新雷锋”，其二是“当代保尔”。随后，张海迪成为道德力量。2019 年 9 月 25 日，张海迪被授予“最美奋斗者”荣誉称号。

张海迪以非凡的毅力学习和工作，唱出了一首生命的赞歌。人的一生难免会遇到挫折，只要保持乐观、坚强的心态，意志坚定，就一定能克服困难，到达胜利的彼岸。

(资料来源：作者搜集整理)

巴尔扎克曾说：“世上的事情，永远不是绝对的，结果完全因人而异。苦难对于天才来说是一块垫脚石，对于能干的人是一笔财富，而对于弱者是一个万丈深渊。”挫折与压力存在于每个人的生活中，贯穿人的一生。挫折和压力的产生既是必然的，又是偶然的。在人生旅途中，人们总是或多或少地遇到各种不同的挫折和压力，如何正确面对挫折与压力是每个人都必须面对的人生课题。

第一节 挫折概述

“人生逆境，十有八九。”在人的一生中，只要有追求、有欲望、有需求，就会有失败、有失望、有失落。每个人都享受过成功的喜悦，也都品尝过失败的沮丧。挫折与成功一样，是一个人成长与发展中不可缺少的，是人一生的伴侣。大学生不仅要有迎接成功的准备，也要有面对挫折的勇气。当自己的奋斗目标遇到阻碍或遭遇重大挫折时，冷静地分析情况，及时调整应对策略和方式，设法摆脱困境，使自己避免心理和行为失常，对每个大学生的健康成长都是至关重要的。

一、挫折的含义

所谓挫折，就是人们在某种动机的推动下，在实现目标的活动过程中，遇到了无法克服或自以为无法克服的障碍和干扰，使其动机不能实现、需要不能满足时，所产生的紧张状态和情绪反应。例如大学生张某在表白被拒绝后就产生了失眠、注意力不集中等紧张状态和懊悔、焦虑等情绪反应。心理学中，将挫折的研究着重于人们的体验和反应，认为挫折是意志行为过程中由于不可预知的因素对目标有所阻碍，从而在主体身上引起的一种情感体验和行为反应。

挫折一般包括三个方面的要素，即挫折情境、挫折认知和挫折反应。挫折情景是指引起个人挫折的具体环境，如自然灾害、社会事件等。挫折认知是指人们对挫折情境的知觉、认识和评价。例如有的人总是怀疑别人在议论自己，虽然事实并非如此，但他在心理上因此而产生与他人关系不和睦。挫折反应是应激反应的一种，指个体陷入挫折状态后启动的一系列心理、生理和行为上的反应，常见的有焦虑、紧张、愤怒、躲避或攻击等。要掌握挫折的含义，需要把握以下几点。

(一) 挫折针对意志行为

人的大多数行为是具有明确目标的意志行为。人之所以常常有苦恼、焦虑、愤怒这些负性情绪体验，就是因为行为目标遇阻和受挫。如果人没有明确的目标，行为没有意志性，挫折就无从产生。即便遇到障碍，也不会把它看作挫折。例如，如果你只是抱着试一试的心态去参加研究生入学考试，读不读研究生对你来说都没有重要的意义，也就是说，你根本没把研究生当作你的目标，那么，即使你考试失利了，这对你来说根本不是一种挫折。

(二) 挫折是主体的情绪体验

人在遭受挫折后会马上引起复杂的情绪体验和情感反应。个体会有自尊心的损伤感、自信心的丧失感、行为的失败感、达不到目的的愧疚感等一系列纠结的情绪情感，之后会形成一种紧张、不安、忧虑、恐惧等情绪体验所交织成的复杂心情，概括为焦虑。

正是因为挫折能够引起人的这种巨大的负性情感反应，使人痛苦，所以人们才不愿意面对挫折。即便遇到了挫折，有的人还可能采取一些防御性心理反应，从而避免陷入痛苦的泥潭。

(三) 挫折是主体的认识

引起挫折的刺激是客观存在的，一般不受个人支配与控制。但是对于同样的刺激是否会引起同样的反应，却存在个体差异。这就是说，人对于刺激情境是否会引起挫折反应，还在于主体自己怎么认识这种刺激情境。我国古代寓言故事“杯弓蛇影”便生动地说明了这个道理：同样的情境，不同的诠释，导致不同的结果。

(四) 挫折是不可预知的

传统的科学观总幻想着人类能够完全掌握事物的发展过程，控制行为结果。对于火箭发射、机械运行这类物理事件，科学家已经实现了精确控制。但是对于由人参与的社会性活动呢？对世界的完全控制只是人类的美好愿望，永远不可能达到，尤其是社会历史进程。因此，对于日常的意志行为过程，我们可以大概估计会遇到哪些困难，但要精确到会是什么困难，以及如何发生、何时发生目前还无法做到。尤其大学生社会经验不够丰富，更缺乏对挫折的预测与准备。

大学生自迈入大学校门之日起，便要真正开始自己独立思考和独立解决问题，也就会越来越多地遇到人生发展过程中比较大的课题和可能由此带来的比较大的挫折，特别是要越来越多地依靠自己独立地面对挫折、承受挫折和化解挫折。

二、大学生常遇到的挫折

大学生活虽然如诗歌般浪漫美好，但是挫折也常常不期而遇。当代大学生常遭遇如下挫折。

(一) 学习挫折

学习挫折几乎是所有挫折中最常遇到的。由于我国的应试教育导向，往往将分数作为衡量学生学习效果的主要标准，所以大学生的学习挫折通常表现为某学科的成绩不够理想。学习挫折直接削弱大学生的主观幸福感，一项调查显示，大学生遭受学习挫折后的反应中，“难过”占 41.6%，“担忧”占 31.7%，“不安”占 26.2%，“紧张”占 19.2%，“难堪”占 16.4%，“气愤”占 16.4%，“无所谓”仅占 6.1%。

【案例 8-1】

某大学一年级女生杨某，在中学时学习成绩优异，备受同学的羡慕以及老师和家长的称赞。上大学后，她学习勤奋刻苦，决心保持一流的学习成绩。由于大学的学习与中学的学习相比，在学习内容和学习方法上都存在较大的差别，而杨某却一味地以曾经取得优异成绩的中学学习方法对待大学的学业，所以，尽管她非常努力，仍不能取得好的学习效果，致使在第一学期期终考试时就出现了一门课不及格。杨某万万没有想到，进入大学第一次考试就出现了不及格，这对从来没有考试不及格的她来说是不可想象的结果。得知考试结果后，杨某回到宿舍独自哭了许久。想到今后还有那么多的课程要考试，杨某感到非常紧张，也感到非常羞愧。在强大的心理压力下，杨某不想去上课，想办理休学。

(资料来源：作者搜集整理)

像案例中的杨某这样，对大学的学习一时不能适应，出现考试不及格的情况，在大学生中是常有的事情，也很正常，只要积极应对，找到有效的学习方法，类似问题便能解决。

(二) 人际交往挫折

人际交往对大学生而言是仅次于学业发展的一项重要的社会需要，大学生都希望获得更广泛的良好人际关系，从而获得良好的个人发展。但是，由于性格或者个人经历的影响，在人际交往中，往往难以达到理想效果。要么难以抛开自尊、自傲和矜持的面具，要么以错误的方式伸出橄榄枝，反而引起别人的误解，导致人际交往挫折。

(三) 恋爱挫折

对爱情的渴望也常常折磨着大学生。应该说，爱情对大学生而言是非常正常的需求，但是，由于现实因素的限制，很多大学生往往难以得到爱神的垂青。例如，在大学中，女生选择男朋友的标准往往是“阳光帅气”，而男生择友的标准也往往是外表美丽、性格温柔。不可否认，近年来大学生的恋爱现象越来越具有追求感性和物质化的倾向，加上大学生恋爱动机的差异、恋爱过程中交流沟通技能的欠缺、维持恋爱需要的物质条件的欠缺等，部分大学生也会遭遇恋爱挫折。

(四) 择业挫折

逐年加大的就业压力给大学生带来的隐性压力不言而喻。对即将毕业的大学生来说，择业更是一种现实的挫折。根据调查，无论是就业岗位、地点，还是薪酬福利等，大学生的期望一般都高于社会提供的范围。所以，在整个就业过程中，大学生都会感到失望、焦虑。

三、对挫折的反应

影响挫折反应的因素大体上可以分为主体因素和客体因素，或者内部因素和外部因素两大类。人们在日常的学习生活中，由于主客观条件各不一样，因此挫折反应也各不相同。

人们的挫折反应包括生理、心理和行为三方面。需要强调的是，心理与行为反应有积极的也有消极的，是人们在生活经验中习得的结果，没有对错之分。

(一) 生理反应

个体遭受挫折以后，机体内部的自我调节机制将会最大限度地调动机体的潜在能量，以有效地应付外界环境的变化。比如，受挫后交感神经系统的兴奋性会增强，消耗大量的能量，于是神经末梢释放生物信息，刺激心肌收缩力增强，以促进血液循环加快，血压升高；刺激呼吸加快，以保证氧气供应；刺激各种激素分泌增加，促进蛋白质、脂肪、糖原分解。

体内潜能大量消耗的同时，机体内部那些与情绪反应无直接联系的器官或系统则因得不到必要的能量而不能维持正常功能，如消化道蠕动减慢、胃肠液分泌减少等。如果长期处于挫折情境而不得到消解，上述生理变化将会进一步增强，从而引起身心病变，出现皮肤和面色苍白、四肢发冷、心悸、气急、腹胀、尿少等一系列症状。

(二) 心理反应

挫折情境中的心理反应包括情绪反应和较为复杂的防御性心理反应。

(1) 愤怒和敌意。如果受挫者意识到挫折情境来自人而不是自然因素，会产生愤怒和敌意的情绪体验。所谓“怒从心头起，恶向胆边生”，愤怒之后可能还会有进一步的极端行为反应。

(2) 焦虑与担忧。通常情况下，人们不知道挫折的原因或者仅知道挫折来源，但是却无法解决，这时往往会产生焦虑与担忧的情绪反应。焦虑是挫折后常见的一种心理反应。适度焦虑，如考试前适度紧张，对提高活动效率、发挥潜能有一定的积极作用。而过度的焦虑是有害的，严重的会导致心理疾病，甚至会发展成焦虑症。焦虑之外，往往还有对于事情进展能否顺利、目标能否达到的担忧。

(3) 冷漠。当人遇到挫折以后，表现出无动于衷、漠不关心的态度，好像没有什么情绪反应，这就是受挫后的冷漠反应。冷漠并不是没有情绪反应，相反，冷漠是一种压抑极深的痛苦情绪反应。当个人面对亲人、朋友带给自己的伤害，或者面对无法摆脱的挫折情境时，通常会表现出冷漠的反应。

(4) 压抑。当人们无法对挫折情境表达愤怒与不满时，需要暂时将消极情绪压抑起来。压抑并不意味着问题的解决，按照精神分析理论，被压抑的情绪进入潜意识，会通过其他途径变相表露出来。

(5) 升华。以积极的心态看待挫折，将挫折转化为一种激励的力量。所谓“屡战屡败，屡败屡战”和“愈挫愈勇”就是这种在挫折面前自我激励的情绪状态。

(6) 向下比较。当人们遇到挫折时，有时候有必要和那些命运比自己更差的人去比较，以消除消极情绪，让自己心理获得一种平衡感。

(三) 行为反应

人在挫折情境下除了有情绪反应，可能还伴随某种行为反应。

(1) 报复与攻击。对于人为造成的挫折，如他人的恶意阻挠，会激起当事人强烈的反应，可能会直接激发报复和攻击行为。受网络暴力文化的影响，很多青少年面对挫折具有暴力倾向，甚至导致犯罪。

(2) 退行。所谓退行，是指遇到挫折时，心理活动和反应退回个体早期发展水平，以幼稚的、不成熟的方式应对当前情境。比如，大学生的活动计划如果受到家长或者老师的反对，可能就会采取赌气、咒骂、暴食、疯狂购物、砸物甚至出走等非积极、非成熟的方式去应对。

(3) 习得性无助。所谓习得性无助，是指个人面对挫折情境，经多次尝试也无法避免失败的经验，使得个体在挫折面前完全失去任何意志努力的现象。这是心理学家进行动物实验时发现的现象。在现实生活中，由于人们遭受多次挫折和打击，却不能克服困难、战胜挫折，久而久之就会沮丧，从而倾向于放弃意志努力，听从命运摆布。

(4) 补偿。所谓补偿，是指遇到一个因某方面的缺陷而无法达到期望的目标时，以其他方面的成功来弥补先前的遗憾与自卑的现象。例如，大学生因为家庭经济条件或者自身的相貌条件在恋爱问题上受挫，那么他就可以发奋学习，通过学习的成功增加自信心。

(5) 幽默。遇到挫折，以看似轻松发笑的语言对挫折的原因或者遭受挫折以后的后果进行解说，使人的心理紧张或愤怒感暂时消失的艺术，就是幽默。幽默反映个人对待挫折与失败的一种超然心态和智慧。幽默日渐成为大学生释放学习挫折和压力的一种手段。

(6) 宣泄。宣泄是指采用道德法律许可的方式发泄心中的不满、愤怒等极端情绪，从而避免发生直接人际冲突和心理郁积的一种方式。常见的宣泄方式有在空旷空间大吼大叫、摔打物品、打出气袋、跳舞、唱歌等。大学生遇到挫折很容易产生强烈的情绪反应，宣泄是一种很好的挫折应对方式。

四、挫折承受力的含义

关于挫折承受力的概念，国内外还没有一个统一的定义。最早提出“挫折承受力”这一概念的是美国心理测验专家罗森茨威格(Rosenzweig)，他给挫折承受力下的定义是抵抗挫折而没有不良反应的能力，即个体适应挫折、抗御和对付挫折的能力。简单地说，就是个体受到挫折后免于行为失常的能力。

国内有学者认为，挫折承受力是指个体在遭遇挫折情境时，经得起打击和压力，有较好地排解困境而使自己避免心理与行为失常的一种能力，即个体适应挫折、抵抗和应对挫折的一种能力，故又称挫折容忍力。每个人遇到挫折时的表现都不同，有的人能够乐观面对挫折，有的人因此自信心丧失或自尊受损，妨碍正常的生活，因此挫折承受力是对挫折的适应，也就是一个人对挫折情绪的忍受程度。

结合上述学者对挫折承受力定义的界定，挫折承受力可定义为个体对挫折感的适应能力，即个体在遭遇挫折情境或失败时(有挫折感时)，能够经受住打击从而不产生不良心理和行为的耐受能力，也就是个体适应挫折、抵御挫折和应对挫折的能力。由挫折承受力的定义可以看出，可以根据个人对挫折的态度和反应来判断个体对挫折的承受力，主要包括个体对挫折的情绪反应和行为反应，而个体对挫折情境做出何种反应主要是由自己对挫折的认知来决定的。

第二节　应对挫折的策略

挫折的发生无可避免，但是，这并不意味着人们面对挫折无能为力。相反，能否正确看待挫折，并有意识地锻炼自己的挫折承受力，关系着大学生今后的人生幸福和事业发展。因此，采取积极态度应对挫折是必要的。对于人生的挫折，人们自古就有充分的体验和认识，并总结了许多锻炼挫折承受力的方法。对于个人来说，要从心理学知识和前人行之有效的经验中学习应对挫折的方法。

一、端正认识，直面人生挫折

(一) 挫折不会仰人鼻息

一个人进入大学，就进入了一个“准社会”。当代大学生独生子女居多，按照中国传统的家庭教养方法，一般都会得到父母的格外照顾和宠爱，也容易让大学生滋生一种盲目的优越感，形成一种“自己永远是生活的宠儿，世界应该围绕我而转”的错觉。这种态度在大学生的人际交往中表现得尤其明显。但是，挫折不会因人而异，更不会仰人鼻息。真实的社会中，别人不会迁就某一个人，也不会以某一个人为中心，人生道路不可能永远由自己的父母去铺平。对于从小生活条件优越且较少经历挫折的大学生，正确地面对并深刻地体会社会的复杂和人生的曲折是首要任务。

（二）挫折是人生的宝贵财富

任何事物都具有两面性。挫折尽管让人们难受，使人们的学习和发展受阻，但是它同时也是人生的宝贵财富，是促使人成长的必要条件。认识到这一点，人们会更有勇气和信心去勇敢地面对挫折。古谚云：宝剑锋从磨砺出，梅花香自苦寒来。不经一番寒彻骨，哪得梅花扑鼻香。没有挫折的人生是苍白虚幻的人生，不经历挫折，也就没有成功的喜悦和人生的幸福。快乐不是平坦笔直的康庄大道，也不是无忧无虑的锦衣玉食，而是经过奋力攀登后踏在脚下的高峰，用自己的坚韧和勤劳换来的硕果。任何人都不可能避免挫折，挫折是促进大学生成长的积极因素，它可以磨砺意志、丰富经验、增长能力。

（三）挫折是可以克服和战胜的

挫折是不可预知的，也是必然的。但是，挫折却是可战胜的。古今中外，无数杰出的人先后以他们的人生经验诠释了人类意志的力量。我国古代统治者为了维护剥削和压迫，鼓吹天命观，但荀子提出了“人定胜天”的思想。人类祖先敢于和大自然抗争，所以人类才能逐渐成为地球上的主宰。劳动人民敢于抗争，才能发起一次又一次的革命战争，争取社会进步和人民的解放。科学家、艺术家勇于探索科学和艺术的真谛，才创造出灿烂的文化。历史长河中，无数人以他们坚强不屈的精神改变了自己的命运，也改变了人类的命运。

二、修身养性，提高心理素质

除了对挫折要有正确的认识，大学生还必须具备良好的心理素质，面对挫折能够泰然处之。这种心理素质只能靠修炼而得。

（一）适应与调整

外界环境和条件的变化不以个人的主观意愿而转移。原来设想好的目标，往往因为客观条件的改变，变成了“镜中花”“水中月”。面对意外情况，个人必须及时调整自己的心态和目标，以适应这种改变。这种适应和调整主要通过降低自我期望和改变行为目标而实现。研究表明，挫折感的强度与自我期望相关。较高的自我期望导致较强的挫折感，较低的自我期望形成较弱的挫折感。

(二) 忍耐和控制

遇到挫折有情绪和行为反应，这本是人之常情，但是并不是任何反应都有利于事情的发展，尤其当人们面对的挫折情境是自己不能马上控制和解决的时候，忍耐就成为一种必要的策略。所谓“小不忍则乱大谋”说的就是这个道理。凡事业取得成功的人，无不在逆境和挫折情境中善于忍耐。以下两种情况，需要大学生学会忍耐：一是，还不清楚事情的前因后果，没有充分掌握相关信息的时候，冲动很可能造成误会和不可弥补的伤害；二是，挫折源的力量强大，尚不能控制的时候，不满和愤怒的反应不利于事情的解决。

(三) 放松训练

忍耐和控制并没有消除内在的紧张，因此还需要对消极情绪进行疏导和宣泄，如采取心理学的放松训练法等。放松训练可以通过呼吸放松、肌肉放松等方法消除紧张状态，达到心理上的松弛。

三、平心静气，改善社会关系

如果说前几个方面是从人自身着手应对挫折，后面几个方面则强调从外部着手，以应对挫折。人总是生活在现实的社会关系网络之中的，遇到挫折的时候，既要充分利用社会关系，寻求社会支持，也要主动改变不利的社会关系，以克服困难，战胜挫折。

(一) 处理好理想、期望与现实的关系

目标挫折来源于理想、期望与现实的差距。大学生所遇到的挫折，如学习、爱情、就业等，很大程度上是由于目标和预期过高导致的。当现实条件不能满足预期的时候，挫折就不可避免了。因此，大学生在制定行为目标的时候，要尽可能地遵循现实的原则，不可好高骛远。当挫折出现的时候，也不要怨天尤人，宜及时调整目标、降低期望，从而避免强烈的心理失衡。

(二) 处理好自我与他人的关系

很多挫折，如阻碍性挫折，都源于自我和他人的关系问题。如果自己的目标直接或间接损害了他人的利益，或者在实施过程中与他人的利益发生冲突，阻碍性挫折便不可避免。为了顺利达成自己的行为目标，大学生在制定自己的目标时，首先需要考虑的是必须兼顾他人的权益，至少以不损害他人利益为前提。然后围绕行为目标，尽可能地考虑涉及的所有关系，事前处理好各种关系，尤其是不友好的关系，以保证目标的顺利实现。

(三) 处理好友情与爱情的关系

友情与爱情是大学生生活中极为重要的社会需要。很多大学生感到孤独、寂寞，与他们不善于经营有很大的关系。当代大学生的独立性增强，但往往混淆了独立性与自我性之间的关系。需要友情却不知道如何获得，于是干脆独来独往，或者过早涉足二人世界，结果友情没有得到，爱情也相当脆弱。处理不好友情与爱情的关系，大学生很容易体验到匮乏性情感挫折。

(四) 处理好兴趣、爱好与专业学习的关系

大学生的兴趣、爱好随着求知欲的增强而具有易变和广泛的特点，这往往和专业课程的学习发生冲突，简单地说就是课程设置里面没有自己喜欢的学科。而作为必修课的专业课程，常常是自己不喜欢的。而学习评价往往是围绕课程设置而展开的，如果不能学好专业课，势必形成学习挫折。因此，大学生应谨慎处理好兴趣、爱好与专业学习的关系。

四、积极奋斗，改变客观条件

环境对人们心理和行为的影响作用是相当大的。对挫折情境的理解，既不能否认人们认知上的差异，更不能否认和无视外部环境的作用。大学生除了要正确地看待挫折，学会自我调适，更重要的是要充分发挥自己的创造力和能动性，主动创造条件，为意志行为目标的顺利实现营造良好的外部环境。

(一) 系统分析，科学决策

在确定行动目标的时候，全面考虑各方面的条件是保证行动目标顺利实现的必要条件。如果不系统地分析目标达成所经过的阶段，以及各阶段所需要的条件，以便事先予以安排和开展必要的工作，则可能会遇到障碍，遭受挫折。大学生行动之前往往缺乏系统的考虑，所以也往往容易遇到预想不到的困难。这就需要大学生学会系统思维，尽可能详尽地考虑各方面的因素，并做出周密安排。

(二) 善于争取，敢于抗争

挫折的人性本质在于意志不自由。因此，面对挫折，应积极争取自己的合理权利，摆脱一些不合理的束缚，或者与不利的环境条件抗争，这也是人本主义心理学所一贯倡导和主张的立场。面对各种挫折，大学生需要具有与命运抗争的勇气和精神，自觉改善自身发展的环境条件。

【案例 8-2】

人生没有放弃努力的借口

有一个人，一生遭受两次惨痛的意外事故，他就是米切尔，一位生活的强者，百万富翁、企业家、演说家。

第一次不幸发生在 46 岁，由于飞机意外事故，他全身 65%以上的皮肤被烧坏，经过 16 次手术，脸变成彩色板，手指没了，双腿特别细，无法行走，只能瘫在轮椅上。然而 6 个月后，他亲自驾驶飞机飞上了蓝天。

第二次不幸发生在 50 岁，他驾驶的飞机起飞时突然摔在跑道上，12 块脊椎骨全部被压得粉碎，腰部以下永远瘫痪。但他没有将灾难当作消沉的理由。他说："瘫痪之前我可以做 10 000 件事，现在我只能做 9000 件，我还可以把注意力和目光放在能做的 9000 件事上。"

(资料来源：作者搜集整理)

第三节　压力概述

目前大学生所承受的压力也不可忽视，如考试压力、学习压力、就业压力、人际压力等。大学生承受的压力越来越重，会导致一系列的心理健康问题，危害大学生健康。因此，大学生必须学会管理和释放自己的心理压力，才能拥有快乐和健康的生活。

一、压力的内涵

压力是指人们在社会适应过程中，对各种刺激做出生理和行为反应时所产生的一种紧张的心理体验和感受。压力在西方也称为应激，压力是一般意义上使用的概念，应激则是临床使用的概念。

(一) 压力是一种心理感受和体验

本书所说的压力不同于力学范畴中的压力。力学中的压力是实实在在的直接作用，可以测量，并且也容易控制和消除。而心理压力则是一种心理感受，同时存在个体差异。压力是心理失衡的结果，来源于内心冲突。心理作为现实的反应，指将人们日常生活中遇到的各种各样的矛盾，如理想与现实、自我与社会等冲突，引入自己的内心世界，从而引发焦虑、苦恼等情绪体验和感受。

(二) 压力是压力源作用的结果

压力虽然是一种体验，但离不开客观刺激——压力源。压力源是指引起心理压力的事件。生活费超支、即将到来的期末考试、毕业后的就业问题等，成为大学生压力的来源。

(三) 对压力的反应

压力并不直接导致人们的感受和体验，人们对压力的认识、反应或主观评价决定了自身的感受和体验。对压力的反应包括生理、心理和行为三个方面。

(1) 压力的生理反应。当个体处于压力之下时，身体上会出现一些生理信号，如头疼的频率可能会增加，肌肉紧张，消化系统会出现胃痛、消化不良或溃疡扩散，心悸，胸痛等。

(2) 压力的心理反应。在压力情境下，个体的感知功能被激活，注意力集中，记忆力增强，思维也变得活跃。个体的认知反应既有积极的一面，也可能具有消极的作用。积极的一面是认知活动增强，有利于应对压力情境，迎接威胁与挑战。但也可能产生如“灾难化”的消极认知反应，即对负性压力源的潜在后果估计得过分严重。消极认知反应还包括自我评价降低，使个体的自主感知自信心丧失。例如，一个长期得到师生称赞的学生，突然遭遇一次考试失利，很可能就会一蹶不振，变得怀疑自己。

个体的心理反应还集中在情绪方面。面对压力，个体最常见的情绪反应包括焦虑、恐惧、愤怒、怨恨、抑郁等。

(3) 压力的行为反应。压力条件下的行为反应与生理和心理反应密切相关，也可以将其视为生理和心理过程的外显反应。行为反应主要涉及面部表情、目光、身姿和动作，也包括声调、音高、语速和节奏等副语言线索。当压力超过当事人承受能力的时候，个体的行为反应可能会显得惊慌失措，以致身体的协调能力和灵活性下降，动作刻板或运动性不安，搓手顿足，或者运动减少而呆滞木僵。

(四) 对压力的认知和评价

个体对压力的反应是不同的，不同的人面临同样的压力事件会有不同的反应。因此，对压力的反应不直接受到压力事件的影响，而是要受到中介机制——认知和评价的影响。对压力的认知和评价，决定个体如何看待刺激的性质与压力的大小。当人们能够正确看待压力时，就会积极应对；不能正确看待压力时，会产生消极、被动的态度。压力的认知与评价机制主要取决于以下因素。

(1) 压力源本身的性质与特点。即压力是单一性的还是复合性的，是一般性的还是破坏性的。

(2) 社会支持系统。当个体具有较强的社会支持系统时，则个体可能对压力知觉不大，因为自己可以得到帮助；相反，社会支持系统薄弱的人会很沮丧，会产生独自面对困难的悲伤。

(3) 当事人自身的身心特点。当事人自身的身心特点主要包括三个方面：性别、年龄、受教育程度、经济状况、婚姻状况等人口统计学状况；体魄强壮与否的生理状况；认知与归因风格、性格倾向、情绪状态、应对能力与应对风格、人格动力特征、自我概念等心理因素。

【知识拓展 8-1】

对压力再认识

压力在精神上的表现：消沉、思维混乱、失眠、思想消极、大喊大叫、过度亢奋、神经衰弱、喜怒无常。

什么人耐压力？同样的事情对一个人是压力，对另一个人却不是，这是因为性格的不同。不同性格的人对事情有不同的认知，所以对压力的看法和理解也是不同的。比如，升职对有些人来说是压力，有些人却认为这是理所当然的事情。

有学者提出，一般来说，有较高耐压力的人有三个特征：敢于承担义务；期待变化，勇于挑战；有控制感。

以下任何一种症状都表明个体正因为压力而遭受痛苦：心跳过快、掌心冰冷或出汗、持续头痛、呼吸短促、胃部不适、腹部疼痛、健忘、脾气不好、大喊大叫、肌肉刺痛。

(资料来源：作者搜集整理)

压力普遍存在于人生的各个阶段。压力是一把双刃剑，既可使人走向成熟、取得成就，也可能破坏个人的前途，关键在于个体如何正确看待压力和应对压力。

二、压力的作用

压力对人的作用通常具有双重性。一方面，压力过大且持续时间过长会损害人的身心健康；另一方面，适度的压力可以激发人的潜能，有助于个人成长。

(一) 压力对健康的积极影响

一般单一性社会压力有益于健康，它使人生活得充实，使人生变得有意义，这类压力称为良性压力。事实上，完全没有压力的生活是不可想象的，也是不真实的。

心理学的研究表明，早年的心理压力是促进儿童成长和发展的必要条件。经受过生活压力的青少年在以后的生活和工作中更容易适应环境，更容易取得成功；反之，早年生活条件太好，没经历过挫折和压力，则犹如温室里成长的花朵，经不起生活的风吹雨打。对于大学生而言，适度的压力是维持正常身心功能活动，激发大学生的积极性和主动性，锻炼和培养良好意志力品质的必要条件。

(二) 压力对健康的消极影响

继时性压力和破坏性压力成为人们健康的杀手。继时性压力使人处于慢性心理应激状态，时间一久便容易引发一系列的身心症状。患者会产生呼吸困难、易疲劳、心悸和胸痛等生理症状。此外，还有紧张性头痛、焦虑、抑郁、强迫行为等心理症状，属于慢性应激障碍。

破坏性压力，如地震、战争等，则容易使人患上创伤后压力失调或创伤后应激障碍，造成感知、情绪、行为等方面的系列问题，属于急性应激障碍。比如，女性被强暴后会变得呆滞、心因性记忆丧失、回避社会活动、失去安全感等。遭遇强大自然灾害的心理反应则比创伤后压力失调更为严重，可能会产生产生灾难症候群。

三、压力反应的阶段

压力作用于个体之后，会引发一系列的变化，如心跳加快加强，血液循环加快，血压升高；内脏血管收缩，骨骼肌血管舒张，血流量重新分布；呼吸加深加快，肺通气量增多；汗腺分泌迅速；代谢活动加强，为肌肉活动提供充分的能量等。这一系列活动均有利于机体动员各器官的储备力，尽力应对环境的变化。根据内分泌学家和生化学家塞利的研究，适应压力的过程可根据个体的生理、心理及行为特点分为三个不同的阶段。

(一) 警觉阶段

警觉阶段又叫唤醒期或准备期，发现事件并引起警觉，同时准备应付。交感神经支配肾上腺分泌肾上腺素和副肾上腺素，这些激素促进人体的新陈代谢，释放储存的能量，于是主要器官的活动处于兴奋状态，包括呼吸、心跳加快，汗腺分泌加速，血压、体温上升，骨骼肌紧张等。

(二) 搏击阶段

搏击阶段又叫战斗期或反抗期。警觉之后，人体全身心投入战斗，或消除压力，或适应压力，或退却。这一阶段，人体会表现出以下生理、心理和行为特征。

(1) 警觉阶段的生理生化指标表面恢复正常，外在行为平复，实则处于意识控制之下的抑制状态。

(2) 个体内部的生理资源、心理资源及能量被大量耗费。

(3) 此时个体变得极为敏感和脆弱，即便是微小的刺激，也能引发个体强烈的情绪反应。比如，爱人的唠叨、孩子的纠缠都会让一个刚下班的精疲力竭的丈夫或者妻子勃然大怒，找对方“出气”。

(三) 衰竭阶段

衰竭阶段又叫枯竭期或倦怠期。由于抗击压力的能量已经消耗殆尽，此时个体在短时间内难以继续承受压力。如果一个压力反应周期之后外在的压力消失了，经过一定时间的调理和休息，个体很快就能恢复正常的体征。如果压力源持续存在，个体仍不能适应，那么一个能量已经消耗殆尽的人必然会发生危险，此时，疾病、死亡都是极有可能的。长期处于叠加性压力和破坏性压力状态下的人容易出现身心疾病，就是这个道理。

第四节　压力管理的策略

压力无处不在，无可逃避。为了能很好地适应大学乃至今后的学习、生活和工作，大学生应进行有效的压力管理，提高自己的压力适应能力。所谓压力管理，是指针对可预见的压力源进行必要的干预，维护身心健康，提高处理问题的效率，保证学习生活目标顺利实现的管理活动。压力应对具有事后性和被动性特征，而压力管理则带有一定程度的主动性和积极性特征，压力管理包含压力应对。大学生可以从以下几个方面着手进行压力管理。

一、构建自己的社会支持系统

当一个人独自面对压力的时候，其应激反应的消极作用远远大于社会支持的效果。因此，要想不在压力面前孤立无助，最好构建自己的社会支持系统，包括自己的亲人、朋友、同学、老师等。社会支持系统可以在你需要的时候给你情感安慰、行动建议，帮助你渡过难关。强大的社会支持可以让你不再感到孤立无援，迅速恢复你的信心和勇气，面对挑战，解决问题。构建社会支持系统可从以下几方面入手。

(1) 学会尊重他人。因为只有尊重他人的人才能获得他人的友谊，也才可能获得帮助。

(2) 扩大社会交往面，结识更多的朋友。首先，让同学成为最亲密的朋友；其次，你需要一位人生的导师，可以在你遇到困难的时候客观地分析和提供有益的观点，老师或者其他长者就是最佳的选择。

(3) 需要向亲人、朋友和老师敞开心扉。一个人可能会基于自尊或面子的考虑而拒绝他人的帮助，但是在自己确实无法解决的时候，将自己面临的压力说给他人听，让其他人帮助自己分析并提供建议。请相信这样做不会招致嘲笑，只会让他人感到被信任，因此自己也能得到最大可能的帮助。

二、觉知和调整自己的生理状态

生理状态是压力最直接的指标。要想有效管理压力，首先要有压力意识，要能觉察压力的信号。人在应激状态下，本能会驱动机体的防御机制，这是自发的。有效的压力管理，需要个体建立一个对付压力，尤其是那些慢性压力的预警机制。

(1) 有意识地觉知自身的紧张、焦虑等情绪状态。当个体处于应激状态时，自己的生理和情绪上会有什么不适反应？记录自己的这些压力反应，然后锁定这些反应指标，以后每当产生这些不适反应时，便对自己发出警告。压力预警就像战争中的雷达一样，可以让人保持必要的警惕。

(2) 学会控制自己的不良生理指标。当压力知觉性提高时，个体也需要提高生理指标控制力，如心跳、呼吸、血压等。这实际上就是生物反馈过程，当然，提供反馈的不是机器而是自己的觉知能力。

三、减轻和消除自己的心理负累

应激，即便是本能反应，也足以使个体身心疲惫，必须在适当的时候消除由压力带来的紧张和焦虑。否则，持续性的压力累积效应会给人的身心健康带来极大影响。消除心理负累的方法如下。

(1) 理性辨析和积极归因。找来纸和笔，将你面临的核心问题写下来，然后围绕这个问题逐一回答：这个问题是如何产生的？这个问题真的与我有关吗？这个问题真的是一种威胁吗？这个问题真的不能解决吗？通过反复、逐层深入的自我辨析，厘清问题症结所在，从而减轻由于对压力情景的模糊认识或者夸大威胁而产生的焦虑。人们在受到压力时，往往习惯性地把所有问题都归咎于别人，全盘放弃对事情的控制，认为自己再也无法改善情况；或者是独揽所有过错，感到自己很没用。有效缓解压力最重要的就是认清自己，看看有没有出现谬误，同时以积极的心态来应对。

(2) 经常进行放松训练。放松训练是通过一定的练习程序，有意识地控制和调节自己的身心活动，以达到降低机体唤醒水平、调整因紧张而紊乱的身心功能，从而使机体内环境保持平衡与稳定的过程。

四、进行有效的时间管理

人们日常学习、生活和工作中的许多压力都来源于事情和任务本身。因此，对压力源进行管理也是压力管理的重要策略。压力源管理常常与时间管理相关联。所谓时间管理，简单地说就是为了提高时间的利用率和有效性，而对时间进行合理的计划和控制，有效安排和管理日常事务的管理活动。大学生的时间管理是大学生采用科学的手段，围绕学习生活事务及其进程，对大学生活时间(包括学习时间和闲暇时间)进行系统的、有计划的控制与调节，最终达到有效利用时间来实现自我发展的目的的管理活动。大学生可以参考以下时间管理法进行时间管理。

(1) ABC 时间管理法。最初由美国管理学家莱金提出，他建议为了提高时间的利用率，每个人确定今后 5 年、今后半年及现阶段要达到的目标。人们应该将其各阶段目标分为 A、B、C 三个等级，A 级为最重要且必须完成的目标，B 级为较重要、很想完成的目标，C 级为不太重要、可以暂时搁置的目标。具体实施步骤如下：列出“日学习清单”，对学习目标进行分类；然后按照重要性和紧急程度确定 A、B、C 等级；确定工作日程及时间分配；开始实施计划；记录花费的时间；总结经验。

(2) 四象限时间管理法。按照重要性和紧迫性把工作分成两个维度：一是按重要性排序，二是按紧迫性排序。然后，把所有工作纳入四个象限，按照重要性和紧迫性灵活而有序地安排工作。

(3) 记录统计法。通过记录和总结每日的时间消耗情况，判断时间耗费的整体情况，分析时间浪费的原因，采取适当的措施节约时间。

【知识拓展 8-2】

减压小技巧

面对压力，积极的、富有建设性的减压方式是相对破坏性的减压方式而言的。下面列举几个积极的、富有建设性的减压小技巧。

(1) 直面问题，解决问题。直接面对问题，而不是逃避、压抑、转嫁或迁怒于无关的人或事；理性地评价、选择解决问题的方案；解决问题的策略要与现实相符，其出发点是对问题的真实估计，而不是自我欺骗或自暴自弃。

(2) 管理自己的情绪和行为。学会认识和抑制毁灭性的或潜在危害性的各种负面情绪，即学会情绪管理；学会控制自己具有危害性的习惯性行为；努力保证自己的身体不遭受酒精、药物的伤害，加强锻炼，保证睡眠。

(3) 坚持适当和必要的体育锻炼。尤其是感到有压力的时候，需要做的不是坐在那里发愁或者抱怨，走出去，全身心投入运动中。体育运动是非常有效的减压方式，它基本不产生额外花费，但是却可以迅速改善人的某些生理功能，让人充满生命活力，找回控制感，从而有效地减轻心理负累。

(4) 置身于文艺世界。感到有压力时，可以通过看电影、听音乐、欣赏书画作品等缓解。在欣赏和感受美的过程中，可以让人找到人性的光辉、世界的美好和生活的希望。

(5) 郊游或者远足。感到有压力时，还可以根据时间表和经济条件，把自己交给大自然。请记住：大自然永远是人类最宽宏、最慈爱的母亲！任何人面对她的时候，都可以完全抛开在工作和生活中因为防御需要带上的层层面具，重新思考过去没有考虑到的东西，面对真实的自己。

(6) 户外体验或者拓展训练。参加或者组织同学、朋友进行一次户外体验或者拓展训练，也可以让人放松减压。

(7) 阅读书籍，吸取榜样力量。当一个人面对压力感到不知所措的时候，可以从榜样身上寻找力量。杰出人物毫无疑问经历了无数的挫折与压力，他们是怎么做的呢？去看看人物传记吧。

(8) 寻求专业人士的帮助。如果上述方式都无济于事，那么应该寻求专业人士的帮助了。

压力并不可怕，只要积极准备，勇敢地去面对它、应对它，压力就可能变成动力，而且当压力解除时，带给个人的将是成长的喜悦，它将使你的精神生活更加充实与美好。

(资料来源：作者搜集整理)

课堂活动

活动一　耐挫能力测试

每个人在生活中都会遭受不同程度的挫折，但每个人受挫后的恢复能力却各不相同。有些人受挫后仍自信满满，有些人受挫后一蹶不振，而大多数人则介于两者之间。下列问题可以帮助你检测自己应付困境的能力。在回答这些问题时，请你用“同意”或“不同意”作答。回答越坦白，越能检测出你的受挫弹性。同意标注“√”，不同意标注“×”。

1. 胜利就是一切。（　）
2. 我基本是个幸运儿。（　）
3. 白天工作不顺利，会影响我整晚的心境。（　）
4. 一个连续两年都名列最后的球队，应退出比赛。（　）
5. 我喜欢雨天，因为雨后常常阳光普照。（　）

6. 如果某人擅自动用我的东西，我会很生气。 ( )
7. 汽车经过时溅了我一身泥水，我虽然生气但一会儿就过去了。 ( )
8. 只要我继续努力，我便会得到应有的补偿。 ( )
9. 如果有感冒流行，我常是第一个被感染的人。 ( )
10. 如果不是因几次霉运，我一定比现在更有成就。 ( )
11. 失败并不可耻。 ( )
12. 我是有自信心的人。 ( )
13. 落在最后，常叫人提不起竞争心。 ( )
14. 我喜欢冒险。 ( )
15. 假期过后，我需要平静一天才能恢复常态。 ( )
16. 遭遇到的每一个否定都使我更进一步接近肯定。 ( )
17. 我想我一定受不了被解雇的羞辱。 ( )
18. 如果向我所爱的人求婚被拒绝，我一定会精神崩溃。 ( )
19. 我总不忘过去的错误。 ( )
20. 我的生活中，常有些令人沮丧气馁的日子。 ( )
21. 负债累累的光景叫我寒心。 ( )
22. 我觉得要建立新的人际关系相当容易。 ( )
23. 如果周末不愉快，星期一便很难集中精力学习和工作。 ( )
24. 在我生命中，我已有过失败的教训。 ( )
25. 我对侮辱很在意。 ( )
26. 如果应聘职务失败，我会愿意再次尝试。 ( )
27. 遗失了钥匙会让我整个星期都感到不安。 ( )
28. 我已达到能够不介意大多数事情的地步。 ( )
29. 想到可能无法完成某项重要的事情，我会感到不寒而栗。 ( )
30. 我很少为昨天发生的事情烦心。 ( )
31. 我不易心灰意冷。 ( )
32. 必须要有50%以上的把握，我才敢冒险把时间投资在某件事上。 ( )
33. 命运对我不公平。 ( )
34. 对他人的恨会维持很久。 ( )
35. 聪明的人知道什么时候该放弃。 ( )
36. 偶尔做个败北者，我也能坦然接受。 ( )
37. 新闻报道中的大灾难使我无法专心工作。 ( )

38. 任何一件事遭到否决，我都会寻求报复的机会。 ( )

统计与解释：上述问题中，1、3、4、6、9、10、15、17、18、19、20、21、23、24、25、27、28、29、32、33、34、35、36、37 题回答“同意”记 1 分，回答“不同意”记 0 分；其余各题回答“同意”记 0 分，回答“不同意”记 1 分。

总分 10 分或者更少：易被逆境、失望或挫折所左右，易于把逆境看得太严重，一旦跌倒，要很久才能站起来。不相信“胜利在望”，只承认“见风转舵”。

总分 11～25 分：遇到某些灾祸或逆境的时候，往往需要相当长的时间才能振作起来，不过往往能找到很多的技巧和策略来获取个人的利益。

总分高于 25 分：应对逆境的弹性极佳。不理想的境遇虽然会造成伤害，但不会持久。这类人在情感上通常相当成熟，对生活也充满热爱，他们不承认有失败，即使一时失败，仍坚信有“东山再起”的一天。

活动二　认识自己的压力

活动规则：将学生分成若干小组，每组 5～8 名成员，小组成员各自填写压力圈圈图，组员之间相互分享各自的压力是什么，压力是如何产生的，自己是如何抗压的。并尽可能列出所有压力和减压方式，讨论如何正确认识压力。

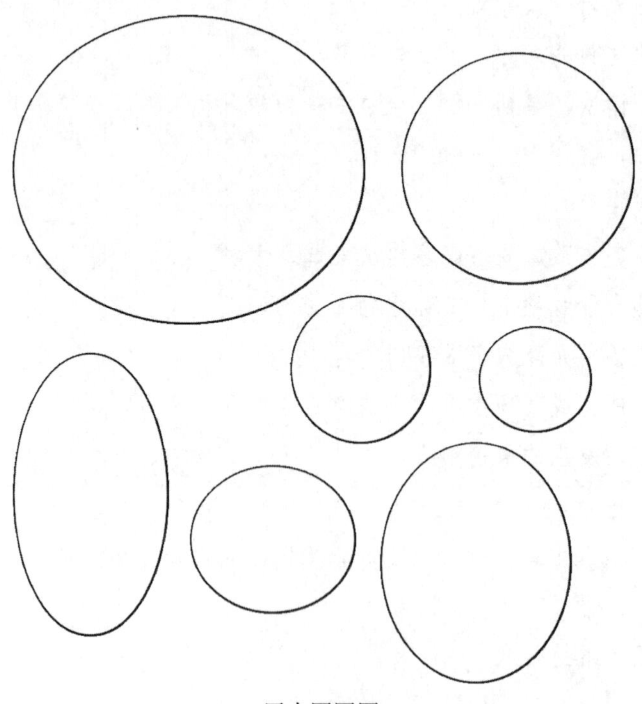

压力圈圈图

思考练习

1. 你认为挫折对个人成长的意义有哪些。
2. 请评估一下自己的耐挫能力。
3. 在日常生活中，你是如何应对压力的，说一说你认为最有效的方法。

第九章

放飞职业生涯

【本章导读】

马拉松运动员的故事

山田本一是日本 20 世纪 80 年代的一名马拉松运动员。1984 年，在东京国际马拉松邀请赛中，名不见经传的日本选手山田本一出人意料地夺得了世界冠军。当时许多人都认为这个跑到前面的矮个子选手是偶然为之。马拉松是考验体力和耐力的运动，只要身体素质好又有耐力就有望夺冠。两年后，意大利国际马拉松邀请赛在意大利北部城市米兰举行，山田本一代表日本参加比赛。这一次，他又获得了世界冠军。

十年后，山田本一在他的自传中这么说："每次比赛之前，我都要乘车把比赛的线路仔细看一遍，并把沿途比较醒目的标志画下来，比如第一个标志是银行，第二个标志是一棵大树，第三个标志是一座红房子，这样一直画到赛程的终点。比赛开始后，我就奋力向第一个目标冲去，等到达第一个目标，我又以同样的速度向第二个目标冲去。四十几公里的赛程，就被我分解成这么几个小目标轻松地跑完了。"

(资料来源：https://www.sohu.com/a/114882040_446894)

这个故事告诉人们将大目标分解成一个个小目标的重要性。每个人都有美好的理想，但往往可能因为遥不可及而渐渐失去为之努力奋斗的动力和激情。如果把最终想要达成的目标分成若干切实可行的小目标之后，再通过不断完成这些小目标来逐渐接近它，你将会发现成功的峰顶并不是那么高不可攀。同样，对于大学生来说，职业生涯也需要一步步去规划！

第一节 大学生择业心理概述

择业是大学毕业生职业生涯中的第一次重大选择，同时，也是对大学生的思想、知识、能力及心理素质等多方面的检验。因此，了解心理素质的有关知识，培养良好的择业心理素质，是大学毕业生走好人生重要一步的关键所在。心理素质直接影响个体的自身发展、活动效率及对各种环境变化的适应程度。我国目前推行的素质教育也将心理素质列为重要内容，这些足可以说明心理素质在大学生健康成长过程中的重要性。

一、大学生择业心理的含义

大学生择业心理是指大学生在考虑择业问题时为获得职业做准备以及在寻求职业的过程中产生的各种心理现象。择业是大学生生活的重要内容，很多大学生从进校起就会考虑自己的前途问题，并为未来的择业做准备，因此，择业心理贯穿整个大学的学习和生活。同时，择业心理也与大学生的其他心理特点如人格、需要、学习心理等紧密相关。例如大学生学习中的“辅修热”、大学生课外活动中的“打工热”等都或多或少与未来的择业有关。因此，大学生的择业心理是以择业为中心，在其他心理的共同作用下形成的，它的产生、变化、发展过程较为复杂，大体可以归纳为择业心理倾向、择业心理素质、择业心态三个方面。也就是说，这三个方面构成了大学生的择业心理。

二、大学生择业心理倾向存在的误区

大学生择业心理是一个涉及多个层面的复杂心理活动，择业心理倾向性是其中最重要、最突出的一个方面。心理倾向性是个性中较为活跃的因素，是人类行为的动力基础，是由需要、动机、兴趣和价值观所构成的。择业心理倾向性反映了一个人的择业目标、对自我的认识和定位，最终指向侧重面不同的职业目标，如需要目标、动机目标、兴趣目标和价值观目标等。

大学生由于受社会、家庭、自身心理与生理素质等诸多因素的限制和影响，在择业过程中往往不自觉地陷入一些心理误区，因此大学生应适时调整择业心理和择业行为。择业心理倾向性的偏差将直接影响择业结果，倾向性将给大学生顺利地择业带来切实的帮助。

(一) 需要目标方面的误区

需要是个体活动的基本动力源泉。马斯洛的需要层次理论指出，人在基本的生存问题得到解决后，还有更高层次的追求，希望为社会发展做出更大的贡献，得到社会的认同与尊重，实现自我发展与自我完善，体现自我的价值。经历了十年寒窗苦读之后，几乎每一个大学生都为自己的前途描绘了一幅美丽的蓝图，导致许多大学生不能理智而现实地面对择业问题。在需要目标方面，大学生往往陷入以下几个误区。

(1) 过高地追求个人成就。期望有伯乐识千里马，能在选择的职业中发挥专业特长，成就一番大事业，而没有做好从基层做起、从小事做起的心理准备。

(2) 过早地考虑自我实现，期望短时间内见成效。急于求成的心理使一些学生对成就的时限期望过高，那些需要较长时间甚至可能一辈子也无法有大作为的职业，往往难以让大学生列入选择范围。

(3) 过分地期望稳定与安全。期望能选择稳定的职业，从一而终或一劳永逸，再无择业压力，把职业的稳定性作为重要考虑因素。于是，机关、党政部门成了大学生择业的最佳选择。其实，随着人事制度的改革，人们期望的从一而终的稳定与安全的“铁饭碗”将不复存在。

(二) 动机目标方面的误区

动机强度对活动效率有着直接的影响。一般来说，较强的动机可以促使活动顺利完成，提高解决问题的效率。但过强的动机则会适得其反，产生欲速则不达的负面效应。大学生的择业动机受到社会、学校、家庭、个人等方面因素的影响。大学生在择业过程中出现了两种动机失度倾向。

(1) 择业动机过强及目标过高。部分学生把择业看成上大学的唯一目标，把未来事业成就、个人幸福与否全都寄托于择业的成败上，整日忧心忡忡，担心自己的理想能否实现，专业是否对口，甚至某一门课成绩不理想是否影响择业……尤其是一些家庭条件差、自身条件不佳的学生表现得更为突出，致使部分学生因此而产生焦虑、失眠、神经衰弱等心理障碍，不同程度地干扰了学生正常的学习与生活。

(2) 择业动机过弱，目标不明确。部分学生在择业问题上存在依赖和盲目乐观的心理，认为择业是一个水到渠成的过程，无须自己费心，从而导致学习动力不足，竞争意识缺乏，对择业缺乏充分的知识准备及心理准备，临近毕业时，真正在择业现实中受到了挫折才发现悔之晚矣。

(三) 兴趣目标方面的误区

职业兴趣是劳动者择业的重要因素，兴趣与职业成功的概率呈明显的正相关性，充分利用这种正相关性是获取职业成功的捷径。不同的职业也需要不同的兴趣特征，如果能将专业、兴趣爱好与职业相匹配则是最佳的职业选择。学有所用，无可厚非，但是有相当一部分大学生过于强调专业对口，认为择业必须专业对口才能才尽其用，才能实现自我价值，缺乏对当今社会高等教育已由精英教育向大众教育转化的认识，不可能做到每位毕业生都专业对口(尤其是一些局限性十分突出的专业)，致使许多学生对于非本专业但只需稍做努力和调整就能够胜任的职业或岗位视而不见，人为地使择业渠道变得狭窄。

(四) 价值观目标方面的误区

随着市场经济的不断深入，大学生的人生观、价值观发生了很大的变化，相当一部分大学生对择业目标定位过高。特别是近年来，受拜金主义、享乐主义、实用主义、功利主义等不良社会思潮的影响，大学生择业的出发点往往是我想做什么，而不是我能做什么或我该做什么，表现在地域选择上，以沿海发达地区和大中城市为目标，不愿到西部不发达地区、小城镇和农村地区；在单位选择上，热衷于进入行政机关、事业单位、大型企业、高薪企业，轻视中小企业和条件相对艰苦的单位；在岗位选择上，要求体面、待遇高、专业对口，不愿意从基层做起，不愿意从事艰苦的工作。过高估计自己的能力，追求最佳职业选择，认为自己应从事收入多、工作闲、环境优之类的工作，致使自己的择业目标和实际社会需求之间存在巨大的差距。

三、择业心理素质

什么是心理素质？心理素质是以人的自我意识发展为核心，由积极地与社会发展相统一的，价值观所导向的，由认知、能力、需要、兴趣、动机、情感、意志、性格等智力和非智力因素有机结合的复杂整体。心理素质是个体在活动中表现出来的各种内在的、深层次心理特征的总和，是以个体的生理条件和已有知识经验为基础，将获得的外在刺激内化成稳定的、基本的、衍生的并与人的适应行为和创造行为密切联系的心理品质。择业心理素质是指对大学生择业有重要影响的心理能力、活动水平及人格特点，它涉及的内容非常广泛，主要包括择业能力、择业成熟度、择业人格特点三个部分。择业心理素质是当代大学生在大学四年的择业准备及其他活动如学习、社会实践影响下形成的比较稳定的择业心理特点，是大学生顺利择业、应对择业挫折、实现择业适应及各种择业心态形成的心理基础。

(一) 择业能力相对稳定

择业能力是指个体选择、获得适合自己的职业所需的能力，包括准确自知、收集择业信息、目标定向、制订计划、解决问题五个方面。个体要实现成功择业，首先必须对自身的职业能力、职业需求、职业兴趣、职业价值观等有正确、客观的认识，对各种职业的工作内容、工作环境、所需能力等职业信息也有所了解，然后将两者进行合理匹配，确定职业目标，制订求职计划，运用求职策略和技能，克服择业过程中的障碍与问题，从而顺利获得适合自己的职业。大学生择业能力的获得是一个长期的过程，主要是通过学习、训练与实践得到的，而且一旦形成就比较稳定，它与人的智商、动手能力等心理因素密切相关。

(二) 择业成熟度有起伏

择业成熟度是指个人随着年龄的增长、学习的深入及身心的发展，择业领域日趋发展完善的过程或状态。择业成熟度可以衡量个体在择业领域的成熟程度。择业成熟度受到个体心理发展因素的影响，也受到环境因素的影响。

个体身心发展及成长过程中与职业有关的各种环境的变化，形成了个体择业成熟的不同阶段。因此，个体职业发展是一个连贯的并具有阶段性的过程，每个阶段都有各自的任务需要个体去完成。美国著名职业指导专家 Super 将个体职业发展划分为成长阶段、探索阶段、建立阶段、维持阶段、衰退阶段。每个阶段都有不同的发展目标，对个体能力有不同的要求，因此对发展目标实现状况及择业成熟度做出评估自然要参照不同的标准。例如，一个人在择业前的择业发展水平可以用与择业选择相关的心理活动发展水平来衡量，但在择业后，虽然也存在择业发展水平问题，但这些问题并不只与职业选择有关，还与如何适应择业所在的组织，如何保住自己的职位，如何晋升等有关。总之，大学生的择业成熟度主要是指与择业密切相关的择业心理能力与活动的发展水平。如果当代大学生能清醒地认识自己的心理特点，并对自己的心理特点及自己对职业的要求进行合理而科学的匹配，做出择业选择，并采取可行的措施去择业，那么其择业成熟度就高；反之，就低。

(三) 择业人格特点表现不一

择业人格主要包括择业个性倾向性和择业人格特征。择业个性倾向性是指对个体择业活动具有推动和定向作用的动力性个性心理因素，主要包括个体的职业需要、动机、期望、兴趣、价值观等成分。其中择业价值观是择业个性倾向性的主要内容与核心。择业人格特征是指与个体择业活动相关的人格因素，是个体人格特征在择业活动中的具体表现，主要包括挫折承受力、压力应对方式、自信心、竞争性、合作性、进取精神、冒险精神、创新精神等方面。这些人格特征不仅会影响个体择业能力的发挥和个体在择业活动中的表现，还会影响个体在择业过程中的心理健康水平，是择业心理素质中不容忽视的一个因素。而每个个体的择业个性倾向性和择业人格特征是不可能完全一致的，所以他们的就业人格特点表现不一。心理素质是指人的心理过程及个性心理结构中所具有的状态、品质与能力的总和，其中包括智力因素与非智力因素。在智力方面，是指获得知识的量，也指先天遗传的智力潜能，但一般主要强调心理潜能的自我开发与有效的利用；在非智力方面，主要指心理健康状况、个性心理品质、心理能力，以及所体现的行为习惯与社会适应状况。

四、择业心态

择业心态是指大学生求职择业时的心理活动状态，如焦虑、情绪高涨、失落、缺乏信心、犹豫不决等。大学生的择业心态既与他们的个性品质、个人能力、择业价值观等较稳定的心理特征有关，也与择业时所遇到的情景有关。例如，择业顺利与遭受挫折的大学生心理状态是不一样的。择业心态是了解大学生择业心理倾向、择业心理素质的重要方式。大学生择业中产生的各种心理健康问题常常是通过各种不正常的择业心态表现出来的。当代大学生的择业心态表现出以下特点。

(一) 盼望竞争，但缺少勇气

在社会主义市场经济体制下，当代大学生对双向选择、自主择业、走向人才市场基本形成共识，产生了自主择业的意识。然而，毕业生面对竞争时，又显得顾虑重重、优柔寡断：有的怕自己条件不行，竞争失败丢了面子；有的怕因竞争而伤了和气；有的怕不正之风干扰太大，自己只能在竞争中做牺牲者。这些毕业生对择业缺乏应有的自信心，总是害怕失败和受挫，既影响了他们正常水平的发挥，也给学习和生活带来消极的影响。

(二) 对公平竞争机制持怀疑态度

实行毕业生双向选择的就业制度，充分体现了竞争机制，大学毕业生应当珍惜这个机会，要勇于竞争和善于竞争，在竞争中实现自己的理想。但是许多毕业生对公平竞争机制持怀疑态度，甚至干脆放弃竞争。客观地讲，我国的公平竞争机制确实在某些环节上不够完善，但是总体上能达到基本公平。毕业生因担心自己没有社会关系而悲观，从而怀疑甚至否定公平竞争机制，其实是一种错误的择业心理。

(三) 有远大理想，但又害怕面对现实

大部分毕业生能接受从基层做起的观点，愿意将自己的前途与国家、民族的命运连接在一起，有着强烈的报国之志。然而，在现实中，真正愿意到基层就业的人较少。

(四) 择业心理期望高，但缺乏较强的竞争力

当代大学生大都希望选择赚钱多、层次高的职业，有利于自我的发展，择业心理期望值很高。但是，他们往往对自己的实力缺乏正确的认识，不能正确认识自己的竞争力以至于在择业中存在高不成、低不就的心态。

(五) 实现自我价值愿望强，但缺乏艰苦奋斗的心理准备

大学生择业十分重视自我价值，追求自我实现，愿意根据自己的专业到祖国需要的地方去，到他们认为能实现自己价值的单位去。他们有实现自身价值的雄心壮志，但平时在家中娇生惯养，缺少实践和锻炼，还没有充分做好艰苦奋斗的心理准备。

(六) 全面素质重要性意识强，但自身培养不够

就业制度的改革为大学生择业提供了公开、平等的竞争环境，这种竞争是十分激烈的，体现在创新能力、社交能力、外语、计算机水平、心理素质、知识面和口才等方面，这些正是大学四年中所要学习和培养的素质，部分当代大学毕业生对这些素质的培养还不到位。

雅典有一座阿波罗神殿，神殿的石柱上面刻了两句话，其中一句广为人知，就是“认识你自己”。苏格拉底经常以此自省，同时也借此激励别人。对择业而言，“认识自己”尤为重要。在择业过程中，每个人首先要做到认识自己，要正确、客观地评价自己，了解自身的兴趣、气质、性格和能力，对自己的所学专业、工作能力、爱好特长、优势与劣势有一个整体的把握，明白自己能干什么和不能干什么，这就是所谓“知人者智，自知者明”。这样在择业过程中才能对自己合理定位。

能够准确自我认知并非一件容易的事，很多大学生择业时就存在不够准确的自我认知和评价。对于自我认知的不准确，当代大学生要么怀有一定的自卑心理，对自身素质和择业竞争力评价过低，不敢主动参与择业竞争；要么非常自负，自命不凡，认为自己各方面能力都很强。大学生大都血气方刚，喜欢争强好胜，虚荣心较强，容易引发攀比心理，形成了较高的心理期望值，表现在求职择业过程中就是忽视自身特点，对自我缺乏客观、正确的评价，不从自身实际出发，不考虑所选单位是否适合自己，而是盲目攀比，总想找到一份超过别人的工作。这种攀比心理使得不少毕业生在择业过程中迟迟不愿签约，与择业职位擦肩而过。

第二节 大学生择业中的心理问题及调适方法

近些年来，大学生的择业意识普遍增强，他们在大学入学时就开始关心毕业后的就业问题，年级越高，关注程度越强烈。青年大学生由于涉世不深、经验不足、自我调节能力较弱等，面对日益激烈的市场竞争与复杂的择业环境，不可避免地表现出困惑和不适应。

一、大学生择业中表现出的消极心态

(一) 焦虑

焦虑是一种紧张不安并带有恐惧体验的情绪状态，多半是由于不能实现目标或不能避免某些威胁而引起的。毕业前，绝大多数当代大学生的心理问题表现为过度焦虑。对大学生择业前景的调查结果显示，很有信心的占 5.8%，没有信心的占 14.5%。面对就业，整日忧心忡忡、无所适从，表现出焦虑情绪。这种焦虑使当代大学生毕业时精神负担沉重、紧张烦躁、心神不宁、萎靡不振；学习上得过且过、只是应付、反应迟钝；生活中长吁短叹、食不甘味、卧不安席。特别是一些基础学科专业的、学习成绩不佳的、学历层次不高的大学生，表现得更为焦虑。他们往往会表现为心神不宁、意志消沉、萎靡不振，严重影响正常的学习和生活，影响顺利就业。我国传统教育模式决定了当代大学生在从毕业走向社会择业时的心理准备不足，不知如何去面对择业竞争，对现实与将来的一系列问题感到束手无策，无能为力，不知如何获取用人信息，如何进行自我设计，如何推销自己。成绩优秀的学生担心找不到自己理想的工作，难以实现他们的人生价值；成绩不佳的学生担心没有单位选中自己；女同学担心择业中的性别歧视等。大多数当代大学毕业生表现焦虑的程度较轻，多是由于过分担心某些问题引起的心理失衡。在竞争激烈的社会，理想的职业并不是很容易得到的，需要自己做出合理定位和不懈努力，用人单位在选择人才时往往需要经过多方面的了解和考察，有时需要有一个等待的过程，这种等待极易造成大学生就业的焦虑与恐惧心理。

(二) 自卑

自卑是一种缺乏自尊心、自信心的表现。一些大学生过低地估计自己，总是自己看不起自己。在求职择业中，他们往往缺乏自信心，缺乏勇气，不敢竞争。这种现象多见于自我意识发展不健全以及性格内向或有生理缺陷的大学生。在屡遭挫折之后，一些大学生容易产生强烈的自卑心理，胆小、畏缩、觉得自己处处不如人。过度自卑，会使大学生产生精神不振、消极厌世、沮丧、失望、脆弱等心理现象，久而久之还可能导致自卑型人格问题发生。

据调查，对自己充满自信的大学生占 45%。某些大学毕业生因自己不是名牌学校毕业、专业不热门、人又长相一般，既没有社会关系可利用，又没有金钱的支持，总之，别人具有的先天优势自己都没有，自卑感油然而生。在择业中，他们往往缺乏自信和勇气，看不到自己的优势，害怕竞争。有这种心理的学生往往表现为对自己的能力评价过低，看不到自己的长处和优势。部分学生因择业时屡屡受挫，或者所学专业不景气，或者自己的专业知识、技能及综合素质不如其他同学，或者性格内向不善言辞，从而面对择业市场产生了强烈的自卑感。他们特别在乎别人对自己的态度，敏感、多疑、自闭，没有信心与人交往，没有勇气面对用人单位，表现为过于拘谨，不能适当地向用人单位展示自己的长处和优势，有的甚至把自己的长处变成了短处，因而影响了自己的求职择业。

(三) 怯懦

怯懦者害怕冲突，害怕别人不高兴，害怕丢面子，这样的大学生在择业时常常退避三尺、畏首畏尾、不敢自荐。在用人单位面前，他们唯唯诺诺，不是语无伦次，就是面红耳赤、张口结舌。他们谨小慎微，生怕说错话，害怕问题回答不对而影响自己在面试官面前的形象。在公平的竞争机遇面前，由于怯懦心理，他们常常不能展现自己的真实水平，以至于屡战屡败，错失良机，从而产生了悲观、失望的情绪，导致自我评价和自信心的下降，不敢再去尝试新的竞争与挑战。

(四) 冷漠

有些大学生因在择业中受到失败或挫折而感到无能为力、失去信心时，会出现不思进取、情绪低落、情感淡漠、沮丧失落、萎靡不振、意志麻木等反应。他们已经决定听天由命，凭自然发落。冷漠是遇到挫折后的一种消极的心理反应，是逃避现实、缺乏斗志的表现，这种心理是与就业的竞争机制不相适应的。

(五) 自负

有部分毕业生自认为很有才华，各方面条件都不错，应该有一个好的归宿，因而傲气十足。据调查，过度自信的大学生占 18%。过度自信就是自负，大学生一旦产生自负心理，很容易脱离实际，以幻想代替现实，使自己的择业目标与现实产生很大反差，如果不能如愿，他们的情绪就会一落千丈，从而产生孤独、失落、烦躁、抑郁的心理。与自卑心理相反，有的大学生因为自己所学的专业热门，或者自身的条件比较优秀，或者生活经历过于顺畅、很少甚至从未经受过挫折和逆境等，在心理上产生了一种自命不凡、高人一等、胜人一筹的自负心理，觉得自己学有所成、满腹经纶、“皇帝的女儿不愁嫁”，找份比较理想的工作应是“小菜一碟”。有这种自负心理，在求职择业时往往会好高骛远，自命不凡，眼高手低，给用人单位留下浮躁、不踏实的印象，不受用人单位的欢迎；怕吃苦、讲实惠，不愿到基层和艰苦地区等需要人才的地方工作，择业目标与现实之间存在很大的反差，使双向选择变成了单向选择，不切实际地挑选用人单位。

(六) 依赖

大学生择业的依赖心理往往表现为缺乏主动参与的意识，把择业的希望寄托在他人身上，把自己的命运交由别人来决定。在就业过程中，父母代替子女、朋友代替自己与用人单位洽谈的场面屡见不鲜，好像不是大学生自己求职，而是父母和亲属在求职。这些大学生缺乏自我决策能力，不能积极、主动地去竞争和推销自己。依赖心理是大学生普遍存在的一种心理现象，但社会并没有给予足够的重视。

(七) 攀比

攀比是指大学生在择业过程中不从实际出发，不量力而行，与他人攀比的心理，表现为主观性很强的不切实际的自我欣赏，理想成分居多的求职期望过高，容易导致不能积极地对自己进行正确、客观、公正的分析，相互攀比。

据调查，择业时很注重与他人进行比较，结果不如他人会感到痛苦的大学生占16.8%。有这种心理的大学生，在择业活动中往往显得缺乏主见，极易受别人干扰。他们把注意力过多地集中到别人的择业取向中，即使有的单位非常适合自身发展，但因为某个方面比不上同学选择的择业单位，也会放弃选择。在择业时，由于每个人生活的环境、家庭背景、能力和性格、机遇是不尽相同的，因而在择业目标、择业选择上不具有可比性。

二、大学生择业心理问题自我调适常用的方法

(一) 自我激励法

大学生在择业过程中，要相信自己的实力，通过自我激励，增强自信心，消除自卑感，保持良好的情绪和心态。

(二) 注意力转移法

把注意力从消极情绪转移到积极情绪上，如听音乐、参加体育运动、接受大自然的熏陶等，以求得心态平和。

(三) 适度宣泄法

向好朋友、师长倾诉自己的忧愁、苦闷，使不良情绪得到疏导。在倾诉烦恼的过程中，获得更多情感支持和理解，获得认同和解决问题的思路，增强克服困难的信心。

(四) 自我安慰法

自我安慰法又称自我慰藉法，关键是自我忍耐。大学生在择业过程中常常会遇到挫折，

当经过主观努力仍无法改变时，可适当地进行自我安慰，以缓解内心的矛盾冲突，解除焦虑、抑郁、烦恼和失望情绪，这样有助于保持心理稳定。在因受挫折而有情绪困扰时，可用“亡羊补牢，犹未晚矣”“塞翁失马，焉知非福”等话语来做自我安慰，摆脱烦恼。

(五) 合理情绪疗法

合理情绪疗法认为，人们的情绪困扰是不正确的认知即非理性信念所造成的，因此，通过认知纠正，以合理的思维方式代替不合理的思维方式，就可以最大限度地减少不合理的信念给人们的情绪带来的不良影响。例如，有的大学生择业不顺利就怨天尤人，认为人才市场提供的岗位太少、用人单位要求太高，其原因就在于他只从客观上找原因，认为大学生择业应当是顺利的、社会应该为大学生提供充足的岗位等。正是由于这些不正确的认知信念，造成了他的不良情绪，而这种不良情绪恰恰来自于他自己。所以，如果能改变这些不合理的观念，调整认知结构，不良情绪就能得到克服。大学生运用合理情绪疗法时要把握三点：一是要认识到不良情绪不是源于外界，而是自己的非理性信念所造成的；二是情绪困扰得不到缓解是因为自己仍保持过去的非理性信念；三是只有改变自己的非理性信念，才能消除情绪困扰。

自我调适的方法还有很多，如环境调节法、自我静思法、广交朋友法、松弛练习法、幽默疗法等。这些都是心理问题的自我调适方法，但要从根本上解决大学生择业心理问题需要大学生树立正确的择业观，对择业充满信心，注意磨炼自己的意志，培养乐观、豁达的态度，不惧怕困难、挫折，始终保持积极向上的精神状态和健康的心理。

总之，在择业求职过程中，大学生应提高自我调适的自觉性，立足于自身的努力，使自己保持一种良好的心态。

三、大学生择业应遵循的原则

大学生在择业过程中要遵循以下四个原则。

(一) 顾全大局的原则

在双向选择、自主择业的就业制度下，大学毕业生不应狭隘地将择业理解为可以随心所欲而不受限制地选择个人喜欢的职业，而应该把个人的择业标准与社会用人单位的需求标准结合在一起统筹考虑。

(二) 以现实为基础的原则

大学毕业生要顺利实现自己的就业愿望，应对自己进行客观、准确的评价，同时，结合个人当前的就业环境为自己做出符合实际的职业选择。

(三) 积极选择的原则

大学毕业生要充分利用学校、家长、朋友、同学等资源，积极了解和掌握用人单位的招聘信息，主动获取符合个人择业要求的有用信息，不轻易放过任何一次就业机会。

(四) 主次分明的原则

职业无好坏，每个人的择业标准不同，大学生在择业时要明确个人求职的择业标准，从适合个人职业发展的角度去衡量一个职业并进行取舍。

第三节　职业生涯规划与发展理论

“职业生涯”一词来源于英文“career”(生涯)一词。生涯即一个人一生所经历的职业与角色的总称。职业生涯也就是一个人一生的工作经历，是指一个人一生的职业、职务、职位的变动及工作理想实现的整个过程。职业生涯不仅包括职业活动，还包括与职业有关的行为和态度等内容。

一、职业生涯规划的含义与特性

(一) 职业生涯规划的含义

职业生涯规划指的是一个人一生工作经历中所包括的一系列活动和行为，是指个人在生涯发展历程中，对个人的特质或职业与教育环境资料进行生涯探索，掌握环境资源，逐渐发展个人的生涯认同，并建立生涯目标；在面对各种生涯选择事件时，针对各种生涯资料和机会进行生涯评估，以形成生涯选择或生涯决定；进而以择其所爱、爱其选择的心情，投入其生涯选择，承担生涯角色，以获得生涯适应与自我实现。

职业生涯规划主要回答人生发展的 6 个问题。

(1) 我想要去哪里(what)。即个人职业和人生发展的目标定位是什么，一个人最终希望自己成为什么样的人，过一种什么样的生活。

(2) 我现在在哪里(where)。客观分析个人的现状，包括价值观、知识技能、行为习惯、所获成绩，以及与自身密切相关的生存环境和人际关系等。

(3) 用什么方法从这里到那里(how)。即实现职业或人生目标的具体途径的设计和选择。

(4) 我想要去那里的理由(why)。充分思考和分析目标确定的依据与可实现性，增强目标实现的信心。

(5) 我的时间安排(when)。总目标实现过程中，各个阶段任务的分解和时间期限的安排。对已经确定的目标，人们的态度和行动是“到时……”或“以后……”，还是“现在就……”，往往预示目标能否达到。

(6) 可以协助我的人(who)。即能够帮助自己达成目标的人，也就是为实现目标而建立和可利用的各种人脉关系。

(二) 职业生涯规划的特性

良好的职业生涯规划应具备如下特性：

(1) 可行性。规划要有事实依据，并非是美好的幻想或不着边际的梦想，否则将会延误生涯良机。

(2) 适时性。规划是预测未来的行动，确定将来的目标，因此各项主要活动何时实施、何时完成，都应有时间和时序上的妥善安排，以作为检查行动的依据。

(3) 适应性。规划未来的职业生涯目标，涉及多种可变因素，因此规划应有弹性，以增加其适应性。

(4) 持续性。人生每个发展阶段应能持续、连贯地衔接。

二、舒伯的职业生涯发展的理论

(一) 舒伯的职业生涯发展理论的内容

从 20 世纪 50 年代初开始，许多学者开始研究职业和生涯发展的问题，形成了一系列的理论学说，其中舒伯的职业生涯发展理论是最有代表性的理论之一。

舒伯把生涯定义为生活中各种事件的演进方向和历程，它统合了人一生中的各种职业和生活角色，由此表现出个人独特的自我发展形态；生涯也是人生自青春期至退休后所有有酬和无酬的职位的综合，除了职位还包括与工作有关的各种角色。

根据布尔赫勒的生命周期和列文基斯特的发展阶段论，舒伯发展出一个新的诠释职业和生涯的发展概念模式。他在 1953 年提出了 10 个基本主张，在之后出版的《职业发展：研究的架构》和他与巴克拉奇合著的《科学的生涯和职业发展》中，又进一步发展为 12 个基本主张，这些主张如下。

(1) 生涯是一个连续不断、循序渐进且不可逆转的过程。

(2) 生涯发展是一个有秩序、有固定形态且可以预测的过程。

(3) 生涯发展是一个动态的过程。

(4) 自我观念在儿童期就开始发展，至青春期逐渐明朗，并于成年期转化为职业生涯的概念。

(5) 自青少年期至成人期，随着时间及年龄的渐长，现实因素如人格特质及社会因素，对个人职业的选择更加重要。

(6) 对父母的认同会影响个人正确角色的发展和各个角色间的一致及协调，以及对职业生涯计划及结果的解释。

(7) 职业升迁的方向和速度与父母的社会经济地位，个人的聪明才智、地位需求、价值观、兴趣、人际技巧，以及经济社会中的供需情况有关。

(8) 个人的兴趣、价值观、需求、对父母的认同、社会资源的利用、学历，以及所处社会的职业结构、趋势、态度等均会影响个人的生涯选择。

(9) 虽然每种职业均对能力、兴趣、人格特质有特定要求，但却颇具弹性，以致允许不同类型的人从事相同的职业，或一个人从事多种不同类型的工作。

(10) 工作满意度取决于个人能力、兴趣、价值观及人格特质是否能在其工作中适当发挥。

(11) 工作满意的程度与个人在工作中实现自我观念的程度有关。

(12) 对大部分人而言，工作及职业是个人人格完整的重心。对少数人而言，这种机会是不重要的，甚至是不存在的，社会活动及家庭才是他们人格完整的中心。

(二) 生涯的阶段

舒伯认为，人的每一个年龄阶段都与职业发展有着相互配合的关系，人的生涯发展会伴随着年龄的成长而递进，每个年龄阶段各有其生涯发展的任务。他将人的生涯发展分为成长(growth，儿童期)、探索(exploration，青春期)、建立(establishment，成年前期)、维持(maintenance，中年期)、衰退(decline，老年期)五个阶段，每一阶段又分别包含几个子阶段。

(1) 成长阶段(出生至 14 岁)的主要任务是：经由与家庭、学校中重要人物的认同，而发展出自我概念。此阶段的重点是身体与心理的成长。通过经验可以了解周围环境，尤其是工作世界，并以此作为试探选择的依据。成长阶段的三个子阶段如下。

① 幻想(0～10 岁)：以需求为主，角色扮演在此阶段很重要。

② 兴趣(11～12 岁)：喜欢是抱负与所从事活动的主因。

③ 能力(13～14 岁)：占的比重较大，也会考虑工作要求的条件。

(2) 探索阶段(15～24 岁)的主要任务有：自我概念与职业概念的形成、自我检视、角色尝试、学校中的职业探索、休闲活动与兼职工作。探索阶段的三个子阶段如下。

① 试探(15～17 岁)：会考虑自己的需求、兴趣、能力、价值与机会，并通过幻想、讨论、课程、工作等尝试做试探性的选择。此时的选择会缩小范围，但因仍对自己的能力、未来的

学习与就业机会不是很确定，所以现在的一些选择以后并不会采用。

② 过渡(18～21 岁)：更加考虑现实的状况，并试图实施自我的概念。

③ 尝试(22～24 岁)：已确定了一个较适当的领域，找到一份入门的工作，并尝试将它作为维持生活的工作。此阶段所选择的工作范围会继续缩小，只选择可能提供重要机会的工作。

(3) 建立阶段(25～44 岁)的主要任务是：凭借尝试错误确定前一阶段的职业选择与决定是否正确。若自觉决定正确，就会努力经营，打算在此领域久留。但也有一些专业的领域，还未尝试就已开始了建立阶段。建立阶段的子阶段如下。

① 尝试(25～30 岁)：原本以为适合的工作，后来可能发现不太令人满意，于是会有一些改变，此阶段的尝试是定向后的尝试，不同于探索阶段的尝试。

② 稳定(31～44 岁)：当职业的形态都明确后，便力图稳定，努力在工作中谋取一个安定的位置。

(4) 维持阶段(45～65 岁)的主要任务是：守住这份工作，继续将它做好，并为退休做计划。

(5) 衰退阶段(65 岁至死亡)的主要任务是：在体力与心理能力逐渐衰退时，工作活动将改变，必须发展出新的角色，先是变成选择性的参与者，然后成为完全的观察者。衰退阶段的子阶段如下。

① 减速(60～70 岁)：工作速度变慢，工作责任或性质亦改变，以适应逐渐衰退的体力与心理。许多人也会找一份代替全职的兼职工作。

② 退休(71 岁至死亡)：有些人能很愉快地适应完全停止工作；有些人则适应困难、郁郁寡欢；有些人则是老迈而死。

在这些不同的阶段，人所扮演的角色也不同，且通常要同时扮演几个角色，如子女、学生、工作者、配偶、家长等，舒伯设计了生涯彩虹图来表示不同角色在人生各个阶段的地位。

舒伯把人生发展分为三个层面：一是时间层面，即一个人的年龄或生命的历程；二是广度层面，即一个人终其一生所扮演的各种角色；三是深度层面，即一个人在扮演每个角色时投入的程度，比如，有的人在工作角色上投入程度多一些，有的人则在家庭角色上投入程度多一些等。

三、霍兰德的个性职业匹配理论

霍兰德是美国霍普金斯大学的心理学教授，长期从事职业咨询工作并成为该领域的里程碑式人物。他的个性职业匹配理论又称为职业人格类型理论、人业互择理论等，主要体现在《职业选择》一书中。他认为，一个人选择某职业领域，基本上受到其兴趣和人格的影响，生涯选择是个人在对特定职业类型进行认同后，个人人格在工作世界中的表露或延伸。自我和职业认知的比较，及后续的接纳或排斥是生涯选择中主要的决定因素。

霍兰德依据美国文化背景，提出了以下假设：大多数人属于六种人格类型，即现实型(realistic)、研究型(investigative)、艺术型(artistic)、社会型(social)、企业型(enterprising)、常规型(conventional)；有六种环境模式与这六种人格类型相对应；人们寻找的是能够施展他们的技能并能同时表现他们的态度、价值观和人格的职业；人们的职业行为是由其人格和环境特征的相互作用所决定的。霍兰德指出，当个体的职业兴趣类型与环境类型一致和相容时，个体会产生较高的满意感、较多的工作投入和较少的工作转换，而不相容的则相反。六种人格类型的特点和其适合的工作如下。

(1) 现实型(R 型)。现实型的人性格特征表现为坦率、正直、诚实、谦逊，是注重实际的唯物主义者。他们通常具备机械操作能力或一定的体力，适合与机械、工具、动植物等具体事物打交道，相适应的职业主要是熟练的手工工作和技术工作，运用手工工具或机器进行工作。其职业倾向为机械自动化、飞行员、测量师、电气专家或农场主。

(2) 研究型(I 型)。研究型的人性格特征表现为谨慎、严格、严肃、内向、谦虚，独立性强。他们通常喜欢做统计分析，具备从事调查、观察、评价、推理等方面活动的能力，相匹配的职业类型主要是科学研究和实验工作，研究自然界和人类社会的构成与变化，比较容易成为生物学家、化学家、物理学家、地理学家、人类学家、医学技术人员等。

(3) 艺术型(A 型)。艺术型的人通常内心活动比较复杂、敏感、无序，善于表达且富有想象力，却相对缺乏实际性，他们具备艺术性的、独创性的表达和直觉能力，不喜欢结构性强的活动。他们富于情绪性，适合从事艺术创作，其职业倾向为作曲家、音乐家、舞台指导、舞蹈家、演员、作家、室内设计师等艺术类的职业。

(4) 社会型(S 型)。社会型的人通常善良、热情、灵活而有耐心，慷慨大度，善于劝说。他们喜欢从事与人打交道的活动，避免过分理性地解决问题，他们通常会从事社会型的职业，通过说服、教育、培训、咨询等方式来帮助人、服务人、教育人，如教师、演说家、临床心理师、咨询顾问、护士、宗教工作者等。

(5) 企业型(E 型)。企业型的人通常乐于冒险，雄心勃勃，具有外向、易冲动、乐观、自信的个性特征，有一定的集权性倾向，具备劝说、管理、监督、组织和领导等能力，并以此来获得政治、经济和社会利益。企业型的人适合从事劝说、指派他人去做事情的各级各类管理工作和组织领导工作，以及一些影响他人的职业，如商人、运动推广商、电视节目制作、销售、高级管理人员等。

(6) 常规型(C 型)。常规型又称传统型，常规型的人注重细节，讲求良心和精确性，通常体现出有序、有恒心、有效率、服从安排的个性特征，具备记录和归档能力，适合从事办公室工作和一般事务性工作。其适合的职业包括会计、金融分析师、银行家、秘书、税法专家等。

个人可以通过自我测定来发现自己的个性类型并依据个性类型来选择相应的职业。霍兰德编制了自我职业倾向测定量表作为人格类型和职业倾向测定的工具，具有较强的实用性。霍兰德的个性职业匹配理论和自我职业倾向测定量表可以作为职业咨询与职业选择的初步依据。

四、关于生涯规划的其他理论

(一) 帕森斯的生涯辅导理论

早在霍兰德提出个性职业匹配理论之前，波士顿大学帕森斯教授已经提出了人格特性和职业因素匹配的生涯辅导理论。帕森斯被称为职业生涯辅导之父，其思想主要体现在他的《职业生涯》一书中，“职业规划”这个概念也在此书中最早提出。帕森斯概括了职业生涯规划的三个要素。

(1) 清楚地了解自己的态度、能力、兴趣、智谋、局限和其他特性。

(2) 提供职业的知识和信息，即成功的条件及所需知识，在不同工作岗位上所占有的优势、不足和补偿、机会和前途。

(3) 上述两个条件的平衡，即根据自身条件及职业信息恰当地判定职业方向。

(二) 职业锚理论

1978 年，美国 E. H. 施恩教授提出的职业锚理论包括五种类型：技术/职能型职业锚、管理型职业锚、自主/独立型职业锚、安全/稳定型职业锚。职业锚的研究价值被发现后，越来越多的人加入了研究行列。20 世纪 90 年代，又发现了三种类型的职业锚：服务型职业锚、挑战型职业锚、生活型职业锚。

(1) 技术/职能型。技术/职能型的人追求在技术/职能领域的成长和技能的不断提高，以及应用这种技术/职能的机会。他们对自己的认可来自他们的专业水平，他们喜欢面对来自专业领域的挑战。他们一般不喜欢从事一般的管理工作，因为这将意味着他们放弃在技术/职能领域的成就。

(2) 管理型。管理型的人追求并致力于工作晋升，倾心于全面管理，独自负责一个部分，可以跨部门整合其他人的努力成果，他们想去承担整个部分的责任，并将公司的成功与否看成自己的责任。具体的技术/功能工作仅仅被看作通向更高、更全面管理层的必经之路。

(3) 自主/独立型。自主/独立型的人希望随心所欲地安排自己的工作方式、工作习惯和生活方式。追求能施展个人能力的工作环境，最大限度地摆脱组织的限制和制约。他们宁愿放弃提升或工作扩展机会，也不愿意放弃自由与独立。

(4) 安全/稳定型。安全/稳定型的人追求工作中的安全与稳定感。他们因为可以预测将来的成功而感到放松。他们关心与财务安全有关的问题，如退休金和退休计划。尽管有时他们可以达到一个较高的职位，但他们并不关心具体的职位和具体的工作内容。

(5) 创造型。创造型的人希望通过自己的能力去创建属于自己的公司或创建完全属于自己的产品(或服务)，而且愿意去冒风险，并克服面临的障碍。他们想向世界证明公司是他们靠自己的努力创建的。他们可能正在别人的公司工作，但同时他们也在学习并评估将来的机会。一旦他们感觉时机到了，便会自己走出去创建自己的事业。

(6) 服务型。服务型的人一直追求他们认可的核心价值，例如帮助他人，改善人们的安全，通过新的产品消除疾病。他们一直追寻这种机会，这意味着即使变换公司，他们也不会接受不允许他们实现这种价值的工作变换或工作提升。

(7) 挑战型。挑战型的人喜欢解决看上去无法解决的问题，战胜强硬的对手，克服无法克服的困难和障碍等。对他们而言，参加工作或职业的原因是工作允许他们去战胜各种不可能。新奇、变化和困难是他们的终极目标。如果事情非常容易，就马上变得非常令人厌烦。

(8) 生活型。生活型的人喜欢允许他们平衡并结合个人需要、家庭需要和职业需要的工作环境。他们希望将生活的各个主要方面整合为一个整体，因此，他们需要一个能够提供足够的弹性让他们实现这一目标的职业环境，甚至可以牺牲他们职业的一些方面，他们将成功定义得比职业成功更广泛。他们认为自己在如何生活，在哪里居住，如何处理家庭事务，以及在组织中的发展前景等方面是与众不同的。

五、职业生涯规划对大学生的意义

生涯规划可以帮助人们设计未来的人生道路。有目标，生活才不会盲目；有追求，生活才有前进的方向。规划自己的生涯就是要将理想变为现实。卢梭说过：“选择职业是人生的大事，因为职业决定一个人的未来。”

【案例 9-1】

驴子和马的故事

唐太宗贞观年间，有一匹马和一头驴子，它们是好朋友。贞观三年，这匹马被玄奘选中，出发前往印度取经。17 年后，这匹马驮着经书回到长安，重回到磨坊见驴子朋友。老马谈起这次旅途经历，浩瀚无边的沙漠，高耸云霄的山岭，凌云的冰雪……神话般的一切，让驴子听了大为惊异、好生羡慕！

驴子惊叹："你有多么丰富的见闻呀！那么遥远的道路，我连想都不敢想。"

"其实，"老马说："我们跨过的距离是大体相等的，当我向西域前进的时候，你一步也没停止。不同的是，我同玄奘大师有一个遥远的目标，按照始终如一的方向前进，所以我们走进了一个广阔的世界，而你被蒙住了眼睛，一生就围着磨盘打转，所以永远也走不出这个狭隘的天地。"

(资料来源：https://www.meipian.cn/15mf1mbk)

想一想：为什么驴子和马这些年走过的是差不多的距离，但驴子却对取经的遥远路途"想都不敢想"？在大学校园里，有多少学生在"玄奘大师"的指引下"取得真经"，又有多少学生碌碌无为、颓废而过？

职业生涯规划有助于提高大学生的综合素质，避免学习的盲目性；规划个人的职业生涯，可以使职业目标和实施策略成竹在胸，做到未雨绸缪，能让大学生在职业探索和发展中少走一些弯路、错路；同时，职业生涯规划还能激发大学生学习、实践的内部动力，不断引导自己为实现各阶段目标和终极目标而进取。因此，职业生涯规划具有非常重要的意义，具体可以体现在以下几个方面。

(一) 积极思考人生价值

职业生涯规划有助于促进大学生对人为什么活着、怎样活着、什么样的工作是有意义的等人生价值问题的积极思考。好的计划是成功的开始。只有明确了目标，人们才有奋斗的方向，才会积极地创造条件实现目标。职业生涯规划可以帮助大学生增强发展的目的性与计划性，提升成功的机会。

(二) 了解自我

专业的职业生涯规划可以帮助大学生评估自己的个性特质、职业倾向、职业兴趣，帮助大学生寻找现在和潜在的职业发展资源优势。通过对自己的优势和劣势进行对比与分析，发现自己的优势，着力培养某些职业特质。客观地评估自己的个人目标与现实之间的距离，运用科学的方法，采取切实可行的步骤和措施，不断增强职业竞争能力，实现自己的职业目标与理想。

(三) 开发自我潜能

每个人在心理和能力上都有优势与缺陷，进行职业生涯规划可以激发个体的内驱力，使每一位大学生先天获得的遗传因素得到充分发展，获得当今社会所需要的各种品质。同时也能使某些本来不具备的素质或心理和能力上有缺陷的方面得到弥补和完善。社会的多元化发展给人们提供了自由选择职业的机会，人们可以根据自己的兴趣爱好、动机需要、价值取向和创造潜能为自己规划职业方向，使每个个体的价值得到尊重和体现，个性得以发展，潜能得以开发。

总之，职业生涯规划的意义就在于寻找适合自身发展的职业方向，实现人职匹配，体现个体价值的最大化。

六、大学生职业生涯规划的基本原则

(一) 择己所爱

职业生涯规划设计要考虑自己的兴趣与爱好。一个人从事一项自己感兴趣的工作，就会激发出高度的自觉性和积极性。相反地，一个人从事一项自己不感兴趣的工作，就不可能把全部精力投入工作中，也就很难取得成功了。虽然兴趣是最好的老师，但它有时起到分散精力的作用，并不是总能起到正向的作用。比如，有的大学生兴趣广泛，涉猎面极广，导致自己对什么都感兴趣，没有形成自己的特色；有的大学生的兴趣与所学专业有冲突，使他们在职业生涯规划设计时产生困惑；还有的大学生兴趣面比较窄，不能形成独特优势等。这就要求大学生对自身进行全面的分析，对兴趣、爱好进行调整或重新培养。

(二) 择己所长

任何职业都要求从业者掌握一定的技能，具备一定的能力和条件。而一个人一生中不可掌握全部技能。所以必须在进行职业选择时择己所长，从而充分发挥自己的优势。运用比较优势原理充分认识自己，尽量选择冲突较少的优势行业。

(三) 择世所需

社会的需求不断发生变化，旧的需求不断消失，新的需求不断产生，新的职业也不断产生。所以在设计自己的职业生涯规划时，一定要分析社会需求，择世所需。最重要的是，目光要长远，要在准确预测未来行业或者职业发展方向的基础上做出选择。不仅要考虑社会需求的紧迫性，还要考虑社会需求的长远性。

(四) 择己所利

职业是个人谋生的手段，其目的在于追求个人幸福。在择业时，首先要考虑自己的预期收益——个人幸福最大化。明智的选择是在由收入、社会地位、成就感和工作付出等变量组成的函数中找出一个最大值。这就是职业生涯中的收益最大化原则。

七、如何进行职业生涯规划

大学生职业规划是一个动态且漫长的过程。一个完整的职业生涯规划大致需要三个步骤来完成。

(一) 自我认识与评价

正确的自我认识与评价是大学生探索其职业倾向的基础，有助于大学生培养健康的自我意识，树立稳定的自信心，评价内容主要包括个人的兴趣、个性、能力、特长、学识等。

(1) 认识自己掌握的技能以及自己的优势和劣势。职业生涯规划成功的基础就是认识到自己掌握的技能，以及自己的兴趣和爱好。具体介绍两种分析方法。

① 橱窗分析法。所谓橱窗分析法，是一种借助直角坐标不同象限来表示公开我、隐私我、潜在我和背脊我的分析方法，它以别人知道或不知道为横坐标，以自己知道或不知道为纵坐标，橱窗分析法也是进行自我认知的一种常用方法。

坐标橱窗如图 9-1 所示。

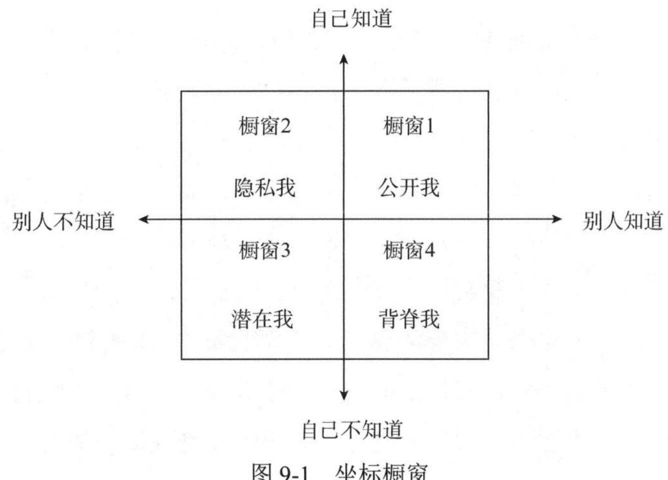

图 9-1　坐标橱窗

- 橱窗1：自己知道、别人知道的部分，称为公开我，属于个人展现在外、无所隐藏的部分。
- 橱窗 2：自己知道、别人不知道的部分，称为隐私我，属于个人内在的私有秘密部分。
- 橱窗 3：自己不知道、别人也不知道的部分，称为潜在我，是有待开发的部分。
- 橱窗4：自己不知道、别人知道的部分，称为背脊我，犹如一个人的背部，自己看不到，别人却看得很清楚。

通过坐标橱窗可知，须加强了解的是橱窗 3 和橱窗 4。如果自己诚恳地、真心实意地征询他人的意见和看法，就不难了解背脊我。人们可以采取与自己的家人、朋友、老师、同学等交流的方式，借助录音、录像设备，尽量开诚布公。要做到这一点，需要开阔的胸怀，正确面对自己，有则改之，无则加勉，否则，别人是不会说实话的。

人们可以采取撰写自传或24小时日记的方式来了解潜在我。撰写自传，可以了解自身成长的大致经历和自我计划情况等，而通过24小时日记对一个工作日和一个非工作日的经历进行对比，也可以了解一些侧面的信息。职场新人需要对此予以重视，尽管大学生还年轻，不需要自传，但这是了解自我的一种比较不错的途径。

② SWOT 分析法。SWOT 分析法是用来确定企业自身的优势、劣势、机会和威胁，从而将企业的战略与企业内部资源、外部环境有机地结合起来的一种科学的分析方法。此方法还可以运用于个人职业生涯规划。

S(strengths)表示优势，W(weaknesses)表示劣势，O(opportunities)表示机会，T(threats)表示威胁。其中，S、W 是内部因素，O、T 是外部因素。

大学生在职业生涯规划中可以采用 SWOT 分析法对自己进行分析，它是分析自己的技能、能力、职业、喜好和职业机会的有用工具。

- 优势分析：在几年的大学学习生活中，你从学校开设的课程中学到了什么有价值的东西，社会实践活动提高和升华了你哪方面的知识和能力；总结在学校期间担任的学生职务，参加过的社会实践活动，工作经验的积累程度等，要提高个人经历的丰富性和突出性，应该有针对性地选择与职业目标相一致的工作项目，坚持不懈地努力工作，这样才会使自己的经历有说服力；自己做过的事情中最成功的是什么，如何成功的。通过分析，可以发现自己的长处，以此作为个人深层次挖掘的动力之源和魅力闪光点，形成职业设计的有力支撑。
- 劣势分析：要分析自己的劣势和自己最不喜欢做的事情，找到自己的短处，努力去改正自己常犯的错误，提高自己的技能，放弃那些对自己不擅长的技能要求很高的职业；人天生都有弱点，与别人好好聊聊，看看别人眼中的自己是什么样子，与自己的看法是否一样，这有助于自我提高；找到经验或经历中欠缺的方面，欠缺并不可怕，怕的是自己没有认识到或认识到了而一味地不懂装懂，针对欠缺，要认真对待、善于发现，努力克服和提高；自己做过的事情中最失败的是什么，如何失败的，如何避免在以后的职业中再次失败，防止在跌倒的地方再次跌倒。
- 机会分析：环境为每个人提供了活动的空间、发展的条件和成功的机遇。个人如果能较好地利用外部环境，就会有助于个人发展的成功；否则，将处处碰壁，寸步难行。大学生面对种种机遇，有的能够创造机会，有的能寻找机会，有的则是等待机会，甚至有的错过机会、漠视机会。如果不能创造机会，至少要主动寻找机会，不让机会从指尖溜走。

● 威胁分析：除了机会，在这个社会中，人们也会面对各种挑战和威胁，这些是人们无法控制的外部因素。对于这些外部因素，大学生不能采取回避的态度或自怨自艾，而应该积极改变自己，提高自己适应社会的能力，通过努力把挑战转化为内在动力。这样，才能避免不利影响，在困境中脱颖而出，寻求发展和成功。

(二) 寻求职业生涯咨询师的帮助

专业的职业咨询师可以帮助大学生更好地了解自己与工作世界的关系，他们会借助大量的测试及面谈来帮助大学生做出合理的职业生涯规划。当然，任何一种测试结果都无法告诉人们应做何种选择，测试的目的是提供有用的线索，而不是给予明确的答案。

(三) 了解自己的生活方式偏好与兴趣

从理想化的角度来看，人们应寻求一份能为自己在工作、休闲和与人互动之间保持平衡的职业。当然，现实生活中是需要一定的妥协的。兴趣对职业选择的重要性可能是大学生始料未及的，因为，一开始决定选择的往往是薪水，随着工作年限的增长，大家会慢慢发现兴趣的重要性。

第四节 培养良好的择业心态

大学生择业问题一直受到社会各界的广泛关注。当前社会，高校毕业生的就业形势日趋严峻，大学生培养健康、良好的择业心态则显得尤为重要。良好的择业心态不仅可以帮助大学生顺利找到自己乐于从事的职业，而且会影响个人职业生涯发展。培养良好的择业心态可以从以下几个方面入手。

一、客观评价自我，树立正确的职业观

自我评价是个体对自己的生理、心理和社会特征，以及行为的某一方面或整体进行评价的过程。正确的自我评价是当代大学生择业的基础。客观、全面地分析自己的实力，做出对自己实事求是的评价非常重要。大学生应该全面、恰当地认识和了解自己的理想、价值观、素质、气质、性格、兴趣爱好、能力、知识，甚至身高、外貌等，不要以己之长比他人之短而自大，也不要以己之短比他人之长而自卑，要在实事求是地肯定自己长处的同时，正视自己的不足，通过努力逐步克服缺点。以社会需求标准来衡量自己，把个人客观性与社会客观性统一起来，注重个人服从社会。认真分析用人单位的录用条件，看看自己具备了哪些，不

能把择业理想建立在不切实际的幻想之上。每一个当代大学毕业生首先要认清自己，有一个适当的自我定位，客观评价自己，明白自己能干什么和不能干什么；其次要认清当前就业形势的严峻性，同时树立择业的社会意识和长远意识，在求职和择业的过程中，既有对自己正确的评价，也有对社会长远的认识和判断，从而准确定位自己的职业坐标，设计好自己的职业生涯，把自己的理想和现实结合起来，将国家利益和个人利益结合起来，形成开放的职业观。

毕业生要客观地认识和评价自我，首先要进行自我反省。面对择业中的各种矛盾和问题，应当明确自己今后的职业发展方向、自己的性格气质、自己最适合的工作、自己的优势和劣势。其次要进行社会比较：一是要通过与自己条件、情况类似的人比较来认识自己，避免孤立地认识和评价自己；二是要通过他人的评价和态度来认识自己，看看别人是怎样评价自己的；三是要通过参加社会活动，如参加社会实践、毕业实习等，从活动的结果来评价和认识自己，在客观上寻找评价的参照尺度来认识自己；四是进行心理测验，通过测验明确自己的个性特点，找出适合自己的职业方向，从而减少择业的盲目性，避免承受不必要的心理挫折。

二、客观认识竞争，保持良好心态

良好的心态在竞争激烈的社会中是不可缺少的，因为每个人都有自己的优点和缺点，同时作为社会的一分子，每个人都有自己相应的位置和不同的分工，在求职择业中遇到挫折是正常的，切不可因此自卑。面对求职失败，应该认真反思，吸取经验教训，努力争取新的机会。在对部分成功就业的毕业生进行调查进行，绝大多数成功就业的毕业生都谈到自己在择业过程中，注重发现自身的优点或长处，并设法在应聘中突出自己的优点，最终达到目的。

当前“双向选择、自主择业”的就业制度为毕业生提供了难得的契机，同时也给当代大学毕业生带来了前所未有的挑战。大学生纷纷加入竞争的行列中，在竞争中寻找自己的位置，在竞争中实现自己的抱负。但是，竞争遵循的是优胜劣汰的原则，成功与失败是同时存在的。参与竞争就难免遇到挫折，毕业生应当对择业中的挫折有充分的思想准备，敢于面对现实，把挫折看成锻炼意志、增强能力、提高心理素质的一场考验。要及时减轻思想负担，消除急躁情绪；要积极总结经验、教训，冷静、理智地分析择业挫折产生的原因，找出不足之处，加以改进，将消极因素转化为积极因素；要根据客观实际调整自己的心态和择业目标，使之适应社会的需要，然后为实现这个目标做出努力，绝不能一遇到挫折就灰心丧气，怨天尤人，一蹶不振。

三、树立艰苦创业、立志成才的意识

一个人的事业有时会由于良好的机遇而变得一帆风顺，但是绝大多数都需要当事人付出艰苦努力。艰苦创业、自强不息、立志成才不仅是社会主义现代化建设事业对青年一代的要求，也是大学生实现自我价值、实现理想抱负、获得幸福的良方，大学生只有不断努力、不断进取、不断付出才能获得丰厚的回报；只有从小事做起、从具体事做起、从基层做起才能最终取得辉煌的成就和业绩。因此在大学时代，大学生要加强共产主义、集体主义、爱国主义教育和世界观、人生观、价值观的教育，倡导艰苦奋斗、无私奉献的精神，树立正确的成才意识，找到正确的成才途径。树立科学的世界观、人生观、价值观和正确的择业观，既有个人远大理想，又有为国家、为民族、为社会、为集体奉献的精神；既要有正确的成才意识，又要有正确的成才途径；既要追求个人的自我价值实现，又要为社会做贡献。

四、做好择业技能准备，增强择业竞争实力

大学生一进校门就要自觉把自己的专业与以后的择业联系起来，认真学习、刻苦钻研，建立合理的知识结构，掌握扎实的专业理论知识，培养自己的实践操作能力、科学思维能力、组织协调能力等，只有如此，才能在激烈的竞争中占据有利位置。在客观条件一定的前提下，毕业生自身综合素质直接决定了毕业生的择业心理和调适水平，因此，强化自身素质就成为大学生主观调适的核心内容。

(1) 要有正确的人生观、价值观和成才观。

(2) 要掌握担任现代社会职业岗位所必需的科学文化知识和合理的知识结构。

(3) 要具备社会上各类职业岗位所需的基本能力，主要包括决策能力、创造能力、交际能力、实际操作能力等。

(4) 要具备健康的心理素质，能够正确面对择业过程中的困难和挫折，并有信心和能力调控自己的心理状态。

(5) 要有较完善的自我意识，这需要大学生从入学起就进行不懈努力。

在择业求职过程中，社会、学校和家庭各方面应给大学生提供热忱的关注和积极的引导，帮助他们面对现实，排除心理困扰，缓解不必要的心理压力，促使他们尽快实现角色转换，顺利走向工作岗位。而对于大学毕业生自身来讲，应提高自我调适的自觉性，不断完善自己的人格和心理状态，立足于自身的努力，使自己始终以积极、乐观的心态看待择业这个问题。

课堂活动

活动一　跳跃联想法

活动内容：根据老师说出的词汇快速写出联想到的词汇，词汇越多越好。

活动目的：强化训练跳跃联想的能力。

活动步骤：

(1) 老师说指导语："下面我们来做一个思维游戏，测试一下大家的创新思维素质。游戏的规则是这样，我先说出一个词，请大家在纸上快速写出联想到的词汇，如大海—鱼—渔船—天空。"

(2) 老师说出第一个词"电"，大家由此快速展开联想，在三分钟内联想到的词汇越多越好。每个人把自己的答案写在纸上。

(3) 全体同学点评上述答案哪个属于思维跳跃度比较大的，哪个属于思维跳跃度比较小的，得出比较统一的意见。

(4) 请写出这组联想词的同学为大家解释。

(5) 总结。跳跃联想是创新思维的翅膀，这种大跨度跳跃式的思维方式不仅思考速度快，而且更容易激发大脑中的灵感。

课后作业：

(1) 自由联想训练：杯子—(　　) —(　　)……(15 个联想词/1 分钟)

(2) 强制联想训练：分析鸡蛋和宇宙有哪些联系?(10 个联系/3 分钟)

活动二　决策风格测试

你平时是如何做决定的呢？表 9-1 所示题目表达了一般人在处理日常事务时的态度、习惯及行为方式。根据自己的真实情况填表 9-1。计分方法：选择符合的记 1 分，不符合的计 0 分。

表 9-1　决策风格测试表

序号	题　目	记　分
1	我时常草率地做出判断	
2	我做事时不太喜欢自己出主意	
3	遇到难做决定的事情，我通常会把它先放一放	
4	做决定时，我会多方收集所必需的一些个人及环境的资料	
5	我常凭第一感觉就做出决定	

(续表)

序号	题　　目	记　　分
6	做事时，我喜欢有人在旁边，好随时商量	
7	遇到需要做决定的时候，我就紧张不安	
8	我会将收集到的资料加以比较、分析，列出可选择的方案	
9	我经常会改变自己所做的决定	
10	发现别人的看法与我不同，我常常会不知该怎么办	
11	我做事老爱东想西想，下不了决心	
12	做决定时，我会认真权衡各项可选择方案的利弊得失，判断此时最好的选择	
13	做决定之前，我一般不做什么准备，临时看着办	
14	我很容易受别人意见的影响	
15	我觉得做决定是一件痛苦的事	
16	做决定时我会参考其他人的意见，再斟酌自己的情况，来做出最适合自己的决定	
17	我常不经慎重思考就做决定	
18	我常常在父母、家人、老师、同事或朋友催促下才做出决定	
19	为了避免做决定的痛苦，我现在不想做决定	
20	做决定时，我会经过深思熟虑之后，明确选择一项最佳的方案	
21	我喜欢凭直觉做事	
22	我喜欢让父母、家人、老师、同事或朋友为我做决定	
23	我处理事情时常会犹豫不决	
24	当已经决定了所选择的方案，我会展开必要的行动准备，并全力以赴去执行	

测试结果：

1、5、9、13、17、21：直觉/冲动型

2、6、10、14、18、22：依赖/被动型

3、7、11、15、19、23：逃避/犹豫型

4、8、12、16、20、24：理性型

根据上述每一种决策类型对应题号分别计算总分，哪一种类型总分最高，个人就最符合哪一种决策类型。

直觉/冲动型：以自己在特定情境中的感受或情绪反应做出决定。这种类型的人做决定时全凭感觉，较为冲动，较少系统地收集其他相关信息，但他们能为自己的抉择负责。

依赖/被动型：等待或依赖他人为自己收集信息并替自己做决定，有的甚至求神问卜。决

策较为被动与顺从，十分关注他人的意见和期望。对于此类人而言，社会赞许、社会评价、社会规范是他们决定的标准。他们的口头禅是“爸妈叫我去……“我男朋友/女朋友希望……”“他们认为我很合适”。

逃避/犹豫型：此类型的人虽然收集很多相关信息，问东问西，但却常常处于挣扎、难以做决定的状态中。

理性型：决策符合逻辑，系统地收集充分的相关信息，分析各个选项的利弊得失，按部就班，做出最佳的决定。

(资料来源：https://wenku.baidu.com/view/d86ac1c902020740bf1e9b14.html)

思考练习

1. 你目前为自己设定未来的择业目标了吗？
2. 你认为自己属于霍兰德个性职业匹配理论中的哪一种人格类型？
3. 尝试通过 SWOT 分析法了解自身的优势、劣势、机会和威胁。

第十章

爱生命 爱自己

【本章导读】

要强的小杨

小杨是一个非常要强的女孩子，成绩在班级中排名第一，又是学习委员，对班级活动非常热心，各方面都很优秀。在同学们眼里不可思议的是，她找了他们班上成绩最差的男生小斌做男朋友。小斌的成绩几乎排名倒数第一，平时总是翘课。成天在宿舍玩网游，就连小斌舍友也说小杨怎么喜欢上了他。有一天，小杨的舍友接到小杨的电话，说她现在心情很不好，想离开学校。后来才得知，原来小杨前阵子竞选学生会主席落选，昨天男友又提出分手，在双重打击下觉得实在是没面子，实在没法在学校待下去。一方面自己心情特别差，另一方面又怕同学们会嘲笑她，居然被这么差劲的一个人抛弃了。于是她想到了离校出走，在出走前给舍友打了个电话。

(资料来源：作者搜集整理)

第一节　大学生生命教育

生命教育，顾名思义，就是关于生命的教育。广义的生命教育使人们对自己的内心有更深刻的认识，所有教育活动的开展都必须以健康的生命作为前提，生命的健康也是人类一切活动的保障。所以，广义的生命教育就是教育人们要有健康的身体和心理。狭义的生命教育是指学校应从小培养学生的生命意识和生存能力，旨在让学生感悟到生命的有限性、唯一性，从而进一步思考生命的存在价值，最后在实践中实现其生命价值。

一、生命教育的本质

“生命教育”一词最早起源于美国，由死亡教育演变而来，教育人们正确看待生死，学习体会生活的美好，珍爱生命、远离死亡。澳大利亚的生命教育中心是世界首个生命教育机构，侧重于教育青少年远离毒品和校园暴力。日本的生命教育讲求学生应从与自然的接触中，感受生命的美好。我国自开展生命教育工作以来，许多专家学者也对生命教育的本质做出了定义：袁程艳在《教育的起点是人的生命》一文中指出，生命教育的本质是提升人类的生命本性，通过教育的手段，激发生命本质的觉醒；刘济良则将生命教育与现代社会相关联，注重培养学生的生命价值观，形成坚定的理想信念，最终实现追求；还有学者从自己、他人到全社会，甚至整个自然界与宇宙之间的关联等更广阔的角度来看待生命。

不同的教育阶段，生命教育的侧重方向与开展方式也有所区别。幼儿时期，应该构建孩子与大自然中其他生命的联系，激发孩子的爱心，培养他们对小动物的爱、对父母朋友的爱。小学时期，生命教育应教育他们有一颗感恩的心，孝顺父母、关爱自己。进入发育期后，应该帮助他们对自己的身体和心理发育给予更多的关注。初中和高中，孩子正式进入青春期，学校和家庭应确保孩子身心的发展是同步的，提升他们的生命安全意识，树立正确的价值观。进入大学后，生命教育的地位更加凸显，大学生活其实是一个人成长过程中传统的校园生活与社会生命的重要过渡。生理上已经完全成熟，但情感与心理层面的问题更加突出。所以大学期间需要对生命教育重视起来，一是要回顾之前生命教育的内容，二是帮助大学生形成完整的生命教育体系，进行内容的丰富。生命教育是每个人终生的课程，伴随生命的存在而存在，不断对生命有着更深的认识和理解，不断追寻生命的本质。

虽然各学者对于生命教育的表述不尽相同，但通过总结不难发现其本质是相同的，当代生命教育的本质是：认识到生命的可贵，培养生命意识；培养生存技能，确保生命安全；树立理想信念，体现生命价值；提升人文情怀，将生命价值与社会、自然联系起来。生命教育就是教育人们要热爱生命、珍惜生命、完成生命目标，并将自己的生命与社会融为一体，培养积极、健康的生命观。珍惜生命、敬畏生命，才能以博大的胸怀和坚韧的毅力去实现每个人的生命价值，同时为社会创造财富。

二、生命教育的内涵

所谓大学生生命教育，就是针对大学生这一群体所开展的生命教育活动。在高校中开展大学生生命教育，不能把生命教育局限在教育学生获得生命知识这一狭小的范围内，而应该从高等教育的本质“培养人”入手，把高校生命教育与当代大学生的特点结合起来，制订具有针对性、切实可行的教学计划。因此，高校生命教育应该涵盖多方面的内容，包括生命意识教育、生命责任教育、生命价值教育、生命创新超越教育等。以期通过生命教育课程和相关活动的开展，让大学生了解生命的整个过程，对生命有更深刻的认识和更清醒的思考。

许多专家、学者对大学生生命教育都进行了深入的研究，大致把大学生生命教育分为三个方面：一是大学生对生命的认识应进一步完善。接受生命教育之前，大学生对于生命的体会仅仅停留在日常自身对生命的认识中，并没有形成条理清晰的认识系统，所以应该帮助大学生将日常的行为与生命教育对照起来，例如，在一些突发的危险情况下，有保护自己的能力，这属于生命安全教育中的内容；时刻用一颗感恩的心来对待他人，孝敬长辈、尊老爱幼，对自己和他人负责，这属于生命责任教育的内容；树立正确的世界观、人生观、价值观，具备分辨善恶的能力，这属于生命价值教育的内容等。条理清晰的认识能帮助大学生更加合理地规划自己的生命。二是大学生对情感问题的处理方式。大学生在生理上已经成熟，对情感的懵懂和性的未知，使他们很容易陷入感情中无法自拔，从而走向极端。培养他们对情感的正确认识，如果遭遇失恋等状况能合理转移注意力，对生命保持积极、乐观。三是要培养人生价值的观念。走上社会后会面临诸多挑战和现实问题，树立正确的生命价值观对于大学生是至关重要的，无论在学习、工作上还是在生活上，都应珍爱生命，展现生命价值，从而走向成功。这三个方面是大学生生命教育需要着重强调的内容。

大学时代是大学生身心成长最为关键的时期，同样也是较为特殊的一段时期。大学生在这一时期逐步走向生理成熟，心理活动变得活跃且更加敏感，随着周围环境的改变，拥有更独立的社会地位与复杂的人际关系，对于生命的认识与感悟也进入一个崭新的阶段。大学生生命教育正是要激发大学生自主探寻生命的真谛，遵循以人为本的准则，关爱自己，关心他人，做到人与自然和谐相处，为社会做出奉献。

综上所述，大学生生命教育的内涵可概括为以下几类：一是注重大学生基本生存教育，保证大学生生命安全，以杜绝轻生、暴力等事件的发生；二是关注大学生成长，提倡、鼓励大学生探究生命意义，发挥生命价值；三是提倡大学生关注社会、关注生态、关注自然，寻求世界的和平与和谐发展，为构建和谐社会打好基础，把生命的意义扩大化。在此基础上，各高校应将当代大学生生命教育所有内容进行整合、梳理，形成一套针对性强、效果好的教育体系。

三、生命教育的特征

在我国经济发展的背景下，社会整体物质生活水平和精神生活水平不断提高，为学生全面发展提供了良好的社会环境。大学生这一特殊群体因为思想活跃，容易接受新思想、新事物，但同时也带来了许多新问题。例如，有的大学生对待生命问题不够慎重有时显得草率，所以生命教育急需围绕大学生这一特殊群体进行更有针对性的教育。

(一) 主体的特殊性

大学生所处的人生阶段是走向成熟的一个关键时期，身体已经成熟，但有些大学生的心理却不能同步成长，加之面临许多压力与困惑，如陌生的环境、学习与生活上的压力、情感的青涩与迷茫等现象的存在，使得他们的生命价值观出现了偏差。所以，大学生主体的特殊性主要体现在以下几点。

(1) 外部因素对大学生的影响。进入大学后，面临的不再是单纯的学习环境，大学成为步入社会的一块过渡踏板，大学生需要面对更加复杂的人际关系和独立的社会人格及社会地位。面对这些，一些大学生往往表现出不适应、不自信，心理成长不足以匹配这一系列外部变化的发生，这时他们对于生命和生命价值的认识就易出现偏差。

(2) 大学生自身的影响。大学期间，大学生容易产生自卑、偏激、矛盾等过激情绪。大学生生命教育的目的就在于舒缓他们的情绪，排解他们的苦闷。

(3) 学业、就业等方面带来的影响。大学生们进入不同的领域学习，竞争变得更为激烈，加之现在就业形势严峻，无形中带给他们较大的压力。近年来，大学生因为考试作弊、不及格、毕不了业而自杀的人数一直在增加，轻视生命的案例时有发生，针对大学生的生命教育迫在眉睫。

上述内容讨论的是大学生的共性特征，实际上每个大学生都是不同的生命个体，所以每个人都有自己鲜明的个性。在生命教育的过程中，除了要关注大学生这一特殊群体普遍存在的问题，更应该对每一名学生各自遇到的问题予以解答，教育者应该对每一名大学生的性格都有一定程度的了解，从而进行分析，提出具有针对性的教育内容。

(二) 内容的广博性

大学生所处的生命时期是人生中一个重要的过渡时期，所以面临的问题也更加多样和复杂，这就使大学生生命教育的内容范围特别广泛，通过对课题的研究和现阶段大学生生命教育开展情况的了解，大学生生命教育内容的广博性主要体现在以下层面。

(1) 从认识层面来看，大学生生命教育主要包括生命历程的了解、科学认识生命和树立生命安全意识。如果生命只是得过且过，过一天算一天，很难看出到底经历过怎样的过程，但大学只是大学生真正实现生命价值的开端，只有正视生命，这段历程才能走向成功。孔子说过："吾十有五而志于学，三十而立，四十而不惑，五十而知天命，六十而耳顺，七十而从心所欲，不逾矩。"古之圣贤对于生命历程都有如此深刻的见解。人从一出生就会面临生老病死，生的过程最为宝贵，所以没有理由不受到重视。作为一名大学生，更应该拥有长远的目光，求学、工作、结婚、生子、照顾父母、抚育下一代，大学生应该认识到生命历程的艰辛与短暂，才能保持积极、乐观的心态去迎接其中的挑战。对生命有了整体的认知后，应该从更科学的角度来认识生命的本质，生命究竟是什么，这是大学生需要不断思考的问题。大学生思想逐渐成熟，对事物有了自己的看法与见解，这时向他们抛出生命的本质问题，可以达到抛砖引玉的效果，只有大学生从内心真正重视生命问题，生命教育才能更好地展开。同时，还应加强大学生的生命安全教育，只有健康的生命才能全面发展，这也是生命教育在精神层面开展的基础保证。

(2) 从精神层面来看，大学生生命教育包含的内容更加丰富，有生命审美教育、生命价值教育、和谐生命教育、幸福生命教育等。生命审美教育是一种正面、积极的教育方式，引导大学生欣赏美好的事物并欣赏自己，在对自己的不断肯定与被美好事物的感染下对生命有更积极的态度。生命价值教育是大学生生命教育体系最重要、最核心的内容，也是贯穿整个教育体系的主脉络。大学生只有掌握好生命价值的相关内容，才能更好地实现自我价值，奉献社会价值。和谐生命教育的主要内容是大学生自身、与他人、与社会、与自然之间如何构建和谐融洽的关系，在当今全球化的背景下与各民族文化融合的氛围下，用更大的视野去看待生命是非常必要的。幸福生命教育的主要目标是帮助大学生感受真正的幸福，我们的生活质量在不断提高，但幸福指数却还有待考究。大学生这一特殊群体虽然备受呵护，但幸福指数却并不高，主要与他们面临的社会问题有关，如金钱至上、崇尚名利地位，忽视了人与人之间的情感等，所以应该在教育中体现出什么才是真正的幸福。

【知识拓展 10-1】

格式塔心理学——柯勒的故事

沃尔夫冈·柯勒(Wolfgang Kohler)，生于 1887 年 1 月 21 日，逝于 1967 年 6 月 11 日。德裔美籍心理学家，格式塔心理学派创始人之一，也是认知心理学、实验心理学、灵长类行为研究的先驱。

柯勒出生于爱沙尼亚雷弗尔，病逝于美国新罕布什尔州恩菲尔德。柯勒曾任美国国家科学院院士和美国心理学会主席，获得美国心理学会杰出科学贡献奖。

柯勒的父母都是德国人，父亲是德语健身教练，曾在 1865 年取得语言学博士学位。柯勒有两个姐姐和一个哥哥。柯勒 6 岁时，全家迁居德国北部的沃芬巴特尔，他在那里长大。除了对科学感兴趣之外，柯勒还喜欢音乐、钢琴和户外运动。作为格式塔心理学派代表人物之一，柯勒在其《人猿的智慧》和《格式塔心理学》两本著作中确立了该学派的基本观点。在柯勒的著作中，这两本书的出版量最大。

柯勒在《人猿的智慧》中描述了黑猩猩在各种迂回情境中解决问题的方式。他所设计的实验具有创造性，超过了前人水平。他仔细观察并记录猩猩在解决问题的过程中的各种表现和行为，由此提出猩猩能够考察情境中事物之间的关系，从而导致学习的成功。

《格式塔心理学》是柯勒 1925—1926 年应邀到英国克拉克大学和哈佛大学所做讲座的讲稿，后来翻译成英文综合而成。此书对格式塔心理学进行梳理和讲解，也对行为主义和内省主义进行了批判，提出了动力系统理论并论述了感知觉的组织因素，对顿悟学习进行了论述。

(资料来源：https://baike.baidu.com/item/沃尔夫冈・柯勒/6486904?fr=aladdin)

第二节　大学生生命教育的基本原则、目标和主要内容

在大学生生命教育的实施过程中，应以一定的原则与目标为准则，才能提出更加有效的对策，以加强大学生生命教育的科学性、系统性、针对性和有效性。

一、生命教育的基本原则

(一) 坚持以人为本的原则

科学发展观的第一要义是发展，核心是以人为本，基本要求是全面协调可持续，根本方法是统筹兼顾。以人为本作为科学发展观的核心，提倡的是在一切工作当中把人当作根本，体现为人民服务的精神。在针对大学生进行生命教育的过程中，“以人为本”同样是一项重要的原则，这里的“人”指的就是大学生，生命教育的一切活动都应该为大学生的身心发展而服务。具体内容包括以下两方面：一是在教育过程中，关注每一个人。每一名学生都有其特殊性，生命教育不能一概而论，而应该充分认识大学生的主体性，根据不同的情况解决不同的问题。二是加强对学生的人文关怀，社会、学校和家庭对学生成长的关注，往往局限于身体的健康、学业的进步，以人为本强调的是重视学生精神世界的丰满，用人文情怀去感染学生，让他们形成热爱生命的品质。生命教育从某种意义来说追求的是一种全人教育。所谓全人教育，就是以“人”为中心，各方面的发展同步进行，帮助学生将对生命的认识贯穿人生的整个过程当中，最终实现生命意义，创造生命辉煌。时代在变，学生不再仅仅是教学的对象、学习的工具，他们在社会、学校、家庭中都享有平等的地位、自主的权利，以个体的“人”的形式存在与被认可。

(二) 坚持情感渗透的原则

渗透是一项漫长、持续的过程，这一过程应存在于学生的生活当中，不仅在学校的课程

学习中要有意识地渗透正确的生命观念，还应该包括学科间的相互渗透，将生命教育渗透到专业知识的教学过程中。除此之外，还应该将生命教育的内容穿插在思想政治课和生活的细枝末节中，生活中的各种际遇也能引发对生命的思考。情感存在每个人的心中，大学生对自己的情感有时不能很好地控制和把握，容易出现情感爆发，做出一些不理智的行为，此时以情感来感化往往会有出其不意的效果。在固有的生命教育模式中，加强情感渗透的原则，建立互相关爱、互相帮助、关心自然、关注社会的学习氛围。情感渗透的原则是一项需要长期坚持的原则。

(三) 坚持体验感悟的原则

马克思说过，实践是检验真理的唯一标准，认识的最终目的是实践，表明了唯物主义中实践的重要性。对于大学生生命教育来说，通过亲身体验让大学生感悟人生是要遵循的重要原则之一。单纯地通过书本上的文字叙述和听取他人的案例，来认识生命的本质、体会生命的意义是远远不够的。每个人的生命轨迹大有不同，只有通过历练自己的人生，并且在过程中体会生命带来的感触，才能发掘生命的价值，形成正确的生命价值观，对于生命教育才能起到真正的促进作用。所以，体验和感悟的过程必须与自身的生活紧密相连，才能体验到生命变化的过程。大学生除了需要体验感悟自己的人生，也要注重与社会、与自然之间的关联，在社会中体验人与人之间的关系，在社会环境中寻求自身的发展，体现个人生命的价值，为社会贡献力量。在自然中，体验与环境、动物等之间的关联，感悟生命的神奇、自然的伟大，引发敬畏生命的情感。

二、生命教育的目标

当代大学生生命教育旨在帮助大学生深入地了解生命内涵、重视生命安全、正确对待生命挫折、创造生命价值、实现生命创新和超越。下面将主要从知、情、意、行四个维度来阐述大学生生命教育的目标。

(一) 形成正确的生命认识

当代大学生生命教育的认知目标是让大学生理性、透彻地认识生命，并形成自己的生命认识。正确认识生命是生命教育的基础和前提。首先，要从生理学的角度，认识到人的生理构成、身体的构造；其次，从心理上对生命形成认识，尊重、爱护每一个生命，珍爱自己的生命，同时关爱他人的生命，用心感悟生命的奇妙与变化；最后，要将理性认识和感性认识相结合，达到生命认知的目标，即认识生命的本质、了解生命的内涵、形成正确的生命观。高校思想政治教育的根本目标是让大学生对生命形成正确的认识，引导大学生从内心深思到底什么是“人”。生命为人们带来的是生物与非生物的区别，但作为个“人”，更应该体会到人与其他生物之间的区别，使身体与心灵和谐，还应对生命怀有感恩之心，对自然界抱有感恩的心。从宏观的角度思考人生、人类世界以及人类今后的发展及存亡等问题。

(二) 拥有丰富的生命情感

生命教育的目标应该是循序渐进的，认识到生命的构造与本质后，如何将其上升到情感的高度，更加感性地感悟生命就是生命教育要达到的情感目标。首先，要珍爱生命，生命需要依靠人们的感情沟通才能延续。生命是脆弱的，应该对生命抱着悉心呵护的心态，不能随意伤害和结束自己的生命，还应平等地对待他人的生命。其次，要用爱的情感去对待生命，对待他人，也就是说，应该有一颗感恩的心。大学生遇到困难与挫折时，抱怨与轻生并不能解决问题，用爱的态度面对，才能从正面化解问题。最后，要用自己的“正能量”去感染身边的人，将生命的力量传递给每一个人，在帮助他人的同时，自己对于生命的认识也会更加广泛与深入。能够正确对待生命、积极处理问题、善待身边每一个人是当代大学生应该在生命教育的过程中所实现的情感方面的进步。

(三) 锻炼顽强的生命意志

从意志方面来说，生命教育的目标是培养大学生具备较强的心理承受能力和抵抗挫折的能力。第一，顽强的意志和坚持不懈的品质是帮助大学生走出困境的一剂强心针。第二，坚定的意志可以帮助大学生拥有更长远的未来。当代大学生具有一些特定时代下个性鲜明的特点，如以自我为中心、功利意识强、责任感缺失等问题，这些都与他们的生命意志目标不明确有着紧密的联系。坚定的生命信念就是无论在何种情况下都能坚定地保护好自己的生命，生与死是生命的起点与终点，不以人的意志为转移，更提醒人们应该注重当下，对于有限的生命进行合理安排。帕拉多所著的《我不会死在这里》，描写的正是他在 23 岁那年遭遇安第斯空难，最后艰难活下来的一段经历。正是凭借近乎神奇的意志力，27 位劫后余生的年轻人最终有 16 人获救，创造了生命的奇迹，顽强地坚持了 72 天，活着，成为他们唯一的目标。这些年轻人坚强的生命意志力令所有人震撼。

(四) 培养端正的生命行为

生命教育知、情、意、行四个方面的目标是一个由浅入深的教育过程，并且在教育过程中能够相辅相成，从而共同构建大学生生命教育的目标体系。将乐观、积极的生命态度实践到现实生活当中，能更好地解决生命的困惑，体现生命的价值，同时做到将自己与自己、自己与他人、自己与社会，甚至自己与自然之间的关系处理得当。在学习中，高校更多地强调学生的自觉性，所学的课程也越来越专业与深入，与高中的课程体系存在很大的差异，有的学生一时适应不了，会导致多门课程不及格需要重修。因此，大学生在上课学习的过程中，就应该抱着端正、认真的态度，踏实掌握基础知识。在考试失利的情况下，更应该体现生命教育的实践功能，不断努力。生活中，要体现出对他人的关爱，对世界的友好，处理好人际关系。在家庭中，学着多体谅、孝顺父母，承担起应有的生命责任，真正将所学的知识用在实处。

三、生命教育的主要内容

当代大学生生命教育内容丰富，主要涉及心理学、伦理学、社会学等领域，通过知、情、意、行四个目标层次，传授给当代大学生必要的心理知识、行为准则、伦理规范、交往技巧及应对挫折的策略等。生命教育的内容主要包括生命安全教育、死亡意识教育、生命价值教育和生命责任教育。

(一) 生命安全教育

安全的生命是一切教育展开的前提，所以首先应该确保的就是生命的存在与安全，通过生命安全教育来使学生掌握一些基本的生存常识与技能，使他们在大多数情况下确保自身的安全。通过关于生命安全的问卷调查可以看出，一些学生自救和他救的意识非常薄弱。在当代大学生中，独生子女占到了不小的比例，从小在父母的庇佑下长大，更是养成了他们过分依赖他人、无法独立的性格。温室中成长的青少年很少经历挫折和磨难，当置身于社会大环境中会无所适从。为了改变这样的情况，高校生命安全教育必须加强，一是使学生真正重视生命安全，二是让学生掌握生存技能并且能够运用在生活中。例如，邀请消防人员为大学生开展消防知识讲座，教导大学生如何控制火势蔓延、逃离现场、正确使用灭火器、开启警报等，以便学生更好地维护自己的生命安全。

(二) 死亡意识教育

美国最早的生命教育正是建立在死亡教育的基础上，实际上是“由死看生”。黑格尔曾经说过：“生命本身就含有死亡的种子”，生与死都是客观存在的，不以个人的意志为转移，这说明死亡的问题不可回避。但对于死亡人们应该有清醒的认识。死亡教育作为生命教育的重要组成部分，必须加以重视，使大学生分清生死的差异，从死亡带给人的绝望中体会生命的宝贵，真正认识到生命的价值与美好，用感恩的心来面对每一天的太阳；对死亡的态度也不应仅停留在恐惧，而应该正视和敬畏。研究死亡其实是在研究生命。

大学生轻生事件时有发生，追其缘由正是死亡意识薄弱。大学期间，学生正处于青春期结束的阶段，思想还不成熟，容易受到情绪波动的影响，觉得自己有着年轻的资本，很难体会到生命的有限和宝贵，对生命不甚珍惜。近年来，大学生自杀与伤害他人的现象在各个高校时有发生，很多大学生在面对困难时，选择了极端的方式结束自己的生命；也有一些学生由于人际关系紧张，对他人产生嫉妒和矛盾，伤害别人的生命，也用自己的生命付出了代价。一件件血的教训让死亡教育变得更加重要，高校生命教育，一方面要转变学生对死亡的看法，树立正确、科学的死亡观。死亡不仅代表着传统意义的毁灭，在生活中，面对死亡可以激发自己生命中的美好。很多学校组织为身患重病的学生募捐的活动，对于这些脆弱的生命，大学生愿意展示爱心，为他们出一份力，来挽救一个年轻美好的生命，对于他们同样是一种从正面来与死亡抗争的感悟。另一方面，可以借鉴美国死亡体验式教育的经验，电影《非诚勿扰 2》的开场就是主角自己为自己策划的葬礼，还亲身出席。大学生愿意接触时髦、新鲜的事物，看电影也成了他们消磨课余时间的一种方式，在娱乐的同时，也可以将生命教育与死亡教育联系起来，当人们回顾自己的一生，尽量不留遗憾，才能坦然接受死亡。

(三) 生命价值教育

生命价值教育是精神教育的一种提升与升华，是对于人生价值的追求，也是人生品质提升的关键。生命价值教育可以帮助大学生树立坚定的理想信念，使自己的品格得到不断提升。一个人的生命价值对于生命是至关重要的，同样，一个人的生命本身也就是最宝贵的财富与价值所在。因此，需要大学生通过不断实践来真正实现自己的生命价值。当代大学生生命价值教育的功能就是帮助大学生认识和发现自己的生命价值，并且去追求、实现自己生命的价值，这是生命带给每个人的责任，也是每个人的义务。如果教育缺失对价值的正确引导，那么将是一种迷茫的教育。

(1) 要引导大学生对自身的生命价值形成正确的认识。每个人的性格特征、成长和生活经历都不同，每个人所能够体现的生命价值也都不同，所以大学生应对自己的生命价值保持清醒的认识，从而在现实的基础上不断提升。

(2) 创造性地践行生命价值。大学生应该充分发挥主观能动性，在行动中实现自身价值。高校在开展生命教育的过程中，要多为学生有目的地开展宣扬生命价值的讲座和活动，并且鼓励他们走出校门，走入社会，通过发挥自身生命价值来为他人、为社会创造价值。

(3) 不断提升精神生命的价值，只有从精神和灵魂当中认识到生命的价值，才能在行动中更好地体现，重视自己的灵魂归宿。

(四) 生命责任教育

生命责任教育有利于帮助当代大学生明确自己的责任。虽然生命的过程是由我们自己支配的，但生命是父母赋予我们的，同时，生命的发展过程还离不开家庭、学校、社会、自然这些大的环境。生命教育就是要大学生明白生命不仅属于自己。因此，大学生应该改正时刻以自我为中心的习惯，多为他人着想，承担起对自己、对他人的责任，做到对自己的生命负责，同样也是对父母、家庭、社会负责的一种表现。大学生如果自身情商较高、人际和谐，在各种集体中都会更受欢迎，从而更快地适应，面临更少的压力，对他人有更多正面的看法，用宽容的心与人相处，可以避免很多矛盾。另外，应培养大学生的人文情怀，与集体、社会构建和谐的关系，学会团队合作，最大可能地发挥个人特长，为个人的生命增添光彩，也为社会做出大的贡献。最后，大学生要做到人与自然的和谐。自然作为全人类生存和发展的基础，人们要呵护自然、尊重自然。

高校教育应多引导学生贴近自然，组织一些保护珍稀动植物的活动。近年来，海啸、地震等自然灾害的发生，对人类社会造成了巨大的危害。大学生作为先进的群体，应该提升自身的主观能动性，倡导社会珍惜资源，杜绝浪费，合理利用，在加快经济发展的同时与自然和谐相处。对人类所处的环境负责，是每一个生存在地球上的人应该担负起的责任。所以，生命责任教育应该教导大学生对自己负责、对他人负责、对社会负责、对自然负责。

第三节　大学生生命教育的方法

大学生生命教育对于大学生健康成长和生活是十分有必要的。通过调查，对当今大学生生命教育的现状有了一定的了解，总结出其中的问题，并对其中的原因进行了剖析。各高校应通过分析寻找解决问题的有效方法，使大学生生命教育真正发挥正面引导的作用。大学生生命教育的主阵地是学校，家庭环境的熏陶也十分重要，同样离不开社会大环境的影响。大学生还应从自身出发，不断加强生命教育。这些措施是加强大学生生命教育的主要对策。

一、学校生命教育

(一) 加强师资队伍建设

教师是开展各项教育工作的灵魂人物，在高校开展生命教育的过程中，必须要加强师资队伍的建设，才能保证生命教育工作的顺利推进。目前高校中，生命教育的专业教师团队规模还比较小，辅导员不具备相关知识。为了使生命教育开展得更有效、更顺利，应该建设一批专业的教师团队，指引大学生对生命的认识和感悟更进一层。

(1) 培养一批生命教育专业教师。近年来，生命教育在高校越来越受重视，但开展状况和取得的成效却不显著，这与教师的专业性密切相关。很多高校中，都是负责心理咨询的教师和辅导员来充当生命教育教师的角色。实际上，心理辅导与生命教育还是有些不同的，生命教育更专注于大学生生命健康、生命价值、生命责任的教育，在面对一些特殊的案例时，心理辅导往往不能准确把握问题的本质。所以，可以从心理咨询教师和辅导员中挑选一些人进行专业、系统的学习培训，将生命教育带入高校课堂。

(2) 教师队伍不应仅包括生命教师，所有高校教师身都应该保持积极的生命观。学生与教师的交流不仅停留在学术问题上，教师在课堂中、在生活中，都应该充当良师益友的角色，成为学生学习的榜样。不仅在课堂上把专业知识给学生讲解透彻，教师的一言一行都是教育的过程，应该向学生传递积极乐观的心态、正面的价值观，帮助大学生树立理想信念，将对生命的热爱与赤诚传递给学生。同时，教师应该避免将负面情绪带入课堂，更有的教师宣扬一些错误的价值观念，这些都是应该杜绝的。课堂氛围的带动与影响是潜移默化的，需要所有高校教师持之以恒。

(3) 完善教师考核与评价机制。在大学生生命教育工作中，应对表现良好的教师予以表扬与奖励；对工作不认真负责的教师予以批评与教育。因为生命教育的专业教师队伍是一个新成立的教师群体，教师对于教学计划、教学方案、教学内容都不是特别熟悉，所以及时创立考核与评价机制，有利于督促他们不断学习。在生命教育教师评价机制中，应当着重学生评价，调查学生对教师的满意程度和提出一些建议以供教师参考。

(二) 加强课程实践体验

在实施生命教育的过程中，可以带领学生走出课堂，走入社会，通过进行社会实践来获得更好的效果。各大学应依托于本校、本地的资源优势，组织学生参观当地的博物馆、名胜古迹等，还可以组织学生到当地的抗日纪念馆去参观，感受当年抗日英雄的事迹，他们虽然牺牲了生命却也发挥了生命的价值。通过这一系列的参观与教育，让学生明白人类生存、发展的轨迹和生命的奇妙与力量。

在高校生命教育开展过程中，应该为学生提供活动的平台。一是组织学生走进敬老院、走进残疾人学校、进入社区和农村。二是邀请警察、消防队员来组织学生进行消防演练和学习危急情况下的自救手段。三是可以邀请“劫后余生”或是曾有过抑郁自杀倾向但如今热爱生命的人士来校，组织学生和他们开展座谈会，近距离地交流一路走来的心路历程，为大学生排忧解难。四是推选学生代表，与同学分享自己的故事，一些学生最初可能由于家庭条件、性格内向等原因不适应大学生活，但通过自己的努力在学校期间收获良多，还有一些积极与病魔作斗争的典型事例，都能够帮助大学生认识到生命的意义。

(三) 创新生命教育模式

大学生生命教育的内容涉及广泛，仅凭单一的教学手段不能实现很好的教育效果，应该通过社会、学校、家庭的全力配合，再通过不断创新的教育模式来对生命教育的内容进行拓展。因为生命是多彩的，生命教育的形式也应该是丰富多彩的。教师在开展生命教育的过程中，要改变传统的讲课方式，不能一味地灌输，可以尝试一些新的教学模式，如专题讲座、辩论赛、社会实践等，让学生体验生命从而感悟生命，引导学生进行自觉学习。

大学生生命教育开展以来，各大高校也在不断创新教学手段与模式，以期让生命教育更有成效。枯燥的课堂容易让大学生感到沉闷与厌倦，所以生命教育的手段需要多样且灵活。一是将生命教育的内容与其他课程内容相关联，不再"就生命论生命"，思想政治课与心理辅导课程成为生命教育的重要载体。二是通过高校师风、师德建设，教师正确的生命态度及生命观随时为学生做出表率。三是依托学生社团开展相关主题活动，各党支部、团支部举办支部生活会。四是辅导员对生命教育知识有一定的了解，时刻关心学生，及时发现问题隐患并为大学生提供帮助。五是通过网络这一新兴媒体，创立关心互助平台，为大学生提供交流与发泄的平台，成为生命教育的"隐形"帮手。六是集结社会和家庭的力量，为大学生生命成长创建良好的环境与氛围。

二、家庭生命教育

家庭是孩子成长的避风港，家庭生活中也处处蕴藏着生命教育的各种因素。每个家庭都要重视生命教育，为孩子创造一个温馨、和睦、幸福的家庭环境，对孩子形成良好的生命观起着重要的作用。

(一) 创建温馨、和睦的家庭环境

温馨、和睦的家庭环境会带给大学生安全感，纵然在学习或生活中有不如意，依然可以回归家庭寻求帮助，所以为大学生营造一个温馨、和睦的家庭氛围，对他们是一种很好的保护。

(1) 父母在平时的生活中，要尽量避免在孩子面前发生争吵，不良的情绪会对孩子造成不利的影响。在一些父母关系紧张的家庭中，孩子的性格往往更自闭、不愿与人交流、不相信别人，长大后也变得易怒。在孩子成长过程中，应尽量让他们感受到父母之间的爱、对孩子的爱，整个家庭互相关爱。当孩子走入大学面对陌生的环境，也会对生命充满希望。

(2) 在与孩子相处的过程中，以朋友的身份和他们相处，可以使大学生遇到困难时，主动找父母倾诉。父母要以朋友的身份站在他们的角度上为他们出谋划策，而不是一味地苛责，以长辈的姿态对他们的错误进行批评。平等、友好的交流可以帮助大学生度过青春期，可以使他们更坦然地面对自身的生理和心理的成熟变化。

家庭环境的影响对于大学生的生命教育是一个潜移默化的过程，可以在日常生活中逐步培养他们热爱生命、乐观向上、活泼开朗的性格。长时间处于良好家庭氛围中的大学生，对于生活的态度往往有着更多的"正能量"。

(二) 改变传统教育方式

传统的家庭教育方式讲求的是“父母之命不可违”，但在当今追求平等、自由的社会背景下，孩子的个性越来越鲜明，接受的新鲜事物越来越多，传统的教育方式也越来越难被当代的大学生所接受。改变传统的教育方式，可以从以下两方面进行。

(1) 重视沟通。很多家庭中，父母喜欢管束、压制自己的孩子，认为自己从知识到经历都要比孩子丰富得多，所以理应对他们的生活、学习发表意见，甚至让孩子必须顺从自己的想法。但到大学时期，在长期的压抑中，大学生就很容易产生反抗与叛逆的心理和举动。父母对孩子有耐心，才能更好地沟通。

(2) 父母应该以身作则，成为孩子的榜样。好的榜样对一个人成长的影响是很大的，在青春期遭遇成长迷茫时，学生会更愿意跟随榜样的脚步来继续自己的生活。在生活中，父母应该互相包容体贴，可以利用周末等空闲时间多陪家人和孩子，让孩子从小体会到人与人之间的温暖和关爱。在孩子的学习问题上，多培养他们的学习态度与学习习惯，而不是一味地追求成绩与排名，遇到问题时，耐心地为孩子解答。多鼓励孩子发现自己的兴趣和爱好，生命的价值不仅体现在成绩中，还应该与孩子自身的爱好相关，才能发挥出个人的特长。父母还应多孝敬长辈，这样，孩子长大后自然会有承担生命责任的意识。所以，榜样的力量是无穷的。

(三) 关注大学生心灵成长

大学生心灵的成长不是一蹴而就的，需要父母付出爱心与耐心，两者缺一不可。很多父母认为孩子吃得饱、穿得暖、个子长得高就是健康，其实，人的健康分为生理的健康和心理的健康，大部分父母只注重生理健康，却没有注意到心理健康的重要性。等到孩子进入青春期，出现性格自闭、叛逆等问题才追悔莫及，所以关注大学生心灵的成长应该从小做起。

(1) 父母要通过一种潜在的影响为孩子传递“正能量”，多一些正面、积极的情绪，在性格的感染与模仿中，孩子会以一种健康的心态成长。多关注他们的心理变化，如学习和考试的压力、对于感情的懵懂或是与他人出现矛盾等，及时发现他们的心情起伏和变化，与他们交流谈心，帮助他们转移注意力，或提出有效的建议。一味地施压与责骂，效果反而不好。拥有一颗健康的心灵，很多问题和困惑都会迎刃而解。

(2) 父母平时应该关注一些教育学和心理学方面的教育内容，丰富自身的知识储备。多了解专家在书上、电视上怎么分析青少年的成长问题，还要多关注身边的事例，别的父母成功的地方是什么，失败的原因又是什么。在不断地总结中形成一套适合自己孩子的教育方法。成功的父母在教育孩子的过程中比较注重心理和人格的发育，仅仅是身体的成长和智力的发育对一个人来说是不健全的，只有德智体共同发展才能创造生命价值。

三、社会生命教育

(一) 引导正确的文化价值观念

随着社会经济的飞速发展，社会价值观念发生了一定程度的变迁，在大众文化流行的今天，处于成长阶段的大学生不可避免地会受到社会中一些不良文化价值观念的影响，为了帮助大学生树立正确的生命观念，应该发动全社会的力量。

(1) 宣传好人好事、指正不文明行为，爱国守法、明礼诚信、团结友善、勤俭自强、敬业奉献是我国公民的基本道德规范，同样也是优良传统文化的传承。在当今功利化的社会风气下，很多大学生变得以自我为中心、奢侈浪费、心浮气躁。党的十八大提出的 24 字社会主义核心价值观，也是我们需要时刻对照的正确指向。提倡好人好事，对不文明的行为予以批评是每个公民的责任，也是逐步树立正确文化价值观念的必由之路。

(2) 对文化的吸收应该取其精华去其糟粕，大众文化对人们的影响是潜移默化的，这样的文化容易使人接受。在吸收外来文化的过程中，要剔除错误的价值观念，如极端个人主义、毒品、暴力等文化侵袭；在继承传统文化的道路上，也应该摒除一些古板、老旧的思想，但是礼、义、孝等文化中的精华还是应该为我们所用。社会文化及价值观对于为大学生营造一个充满正气的成长环境十分重要。

(二) 制定有利于生命教育的方针政策

我国作为一个人口大国，在各项资源紧缺的情况下，社会上出现了各种各样的竞争。不断推行的扩招政策，使大学生这个群体越来越庞大，当代的大学生面临的压力也随之加大，其中就业压力最为直观和紧张。应该呼吁社会制定有利于大学生生命健康成长的方针政策，帮助他们尽快适应社会，平稳度过从大学到社会的过渡期。

(1) 从心理方面，为大学生建立心理档案。心理档案越早建立越好，可以使档案中的信息更加丰富和全面，也可以第一时间直观地看到大学生心理成长的轨迹。心理档案提供的主要内容包括学生的一些背景资料，学生的受教育经历和智力水平、特点等，还应该包括性格分析方面的内容，通过性格分析了解其心理特点，进而对求职的岗位及性质给出建议。

(2) 提供有效的就业指导平台。调查数据显示，大部分当代大学生面临的最大压力来源于就业，可以组织一些专家和志愿者，搭建免费的大学生就业咨询平台。大学生就业难早已是全社会关注的问题，现在动员社会各界的力量为大学生搭建一个这样的平台，不但可以帮助他们获得更好的就业渠道，更重要的是从心理上为他们减轻压力，让他们乐观面对生活，从而避免大学生怀疑自己生命的意义、无法创造生命价值的情况发生。

(三) 加强网络传播监管

当今社会中，网络对于大学生学习和生活产生的影响毋庸置疑，所以，社会应加大对网络的监管，为大学生创造健康的上网环境。

(1) 应加大对网吧的管理，对于开设网吧进行资格审核，如各种营业执照是否完备、环境建设是否安全、是否严禁未成年人进入网吧等。进入大学后，学校与教师的管理模式更加注重学生自主学习，自制力差的学生频繁逃课沉迷网吧，一些不正规的网吧更是会在上课时间容留学生甚至整晚对学生开放，所以规范学生上网场所是首要举措。

(2) 发动社会力量，为学生搭建专用的网络平台。网络传播作为当今社会主要的信息传播手段，包含了大量的内容，其中一些虚假、夸张、歪曲事实的报道对大学生生命价值观造成了错误的引导。有的媒体为了占版面、博眼球而进行不实的报道，使群众形成错误的认识，更有甚者，开设违法的黄色、暴力、赌博等网站，对于大学生这样涉世未深的群体有着不小的危害。所以，搭建一个学生专用的网络平台，其内容以学科知识为主，以社会中正能量的报道为辅，有助于帮助学生对生命形成正确的认识。

四、大学生自身教育

生命教育要想取得良好的效果，除了社会、学校和家庭的相互配合，更离不开大学生的自我教育。只有大学生从自身认识到生命的重要性，才能保证生命教育的顺利推行。因此，大学生从生命认识到情感意志再到行动上都应该从自身努力，不断追求进步。

(一) 理性认识生命的含义

生命是一个复杂的构成体，如何构建好自己的生命是每个大学生都在思考的问题。针对大学生生命教育现状提出的解决对策不能仅仅停留在一些空话、套话上，而是应该提出切实可行的解决途径，供大学生思考和借鉴。生命既然是复杂多变的，那就必须从根本做起，引导大学生理性认识生命的含义。

(1) 大学生要对学校所开展的生命教育课程和活动保持认真的态度，从而对生命教育有一个全面、完整的认识，只有认识到位了，才能进一步加深理解，在实践中体现出生命教育的作用。认真听取教师课上讲授的内容，通过丰富的案例分析来加强自己对于生命的认识。

(2) 要多阅读关于生命教育的书籍，不断丰富自己的相关知识，从而提升自己的理论修养。除了阅读专业的文献与书籍，认识到自身存在的问题与不足，还应该多关注时事与新闻，报道中经常有大学生轻生、实施暴力或对社会造成危害的事例，也有许多正面的报道。例如，2008 年汶川地震时，很多因为坚强的意志而获救的人，以及投身一线、奋勇抗震救灾的解放军战士的事迹，都体现出生命的宝贵与坚强。

(3) 要学会理性地分析问题，有些大学生从小在父母的庇护下成长，没有经受过挫折，很容易感情用事，不能全面、理性地分析问题，往往会对生命的理解形成偏颇，处理问题不恰当。无论遇到开心还是难过的事，都要保持清醒，拥有理性的生命观念。无论是成功还是失败，都是生命的一部分，只要能正确地看待问题，持有正确的生命价值观，那么生命的真谛最后一定能够领悟得到。

(二) 以感恩之心面对生活

如今的社会大环境稳定，人们生活和平安定，生活水平也在不断提高。一些社会备受重视、被父母视为珍宝的大学生却不能珍惜这些来之不易的生活，觉得别人的付出是理所当然的，不懂得用感恩的心来对待他人。作为一名当代大学生，应该用感恩的心来面对生活。

(1) 要孝敬父母。父母给了我们生命，并用爱来浇灌我们的生命、培育我们成长，所以，正确的生命观离不开对父母的回报。我们可以从小事做起，帮父母多做家务，例如，展示自己新学的菜肴，陪他们散步，去医院体检等。还应该多体谅和孝敬父母，在父母与我们交流谈心时，不要不耐烦或抱有抵触情绪。有的学生总认为和父母有代沟，觉得他们落后，跟不上新的时代，但父母对我们的爱、无私的奉献还有他们生活中积累的经验，是传递给下一代最宝贵的财富。用感恩的心回报父母，因为是他们带给我们生命，生命之间有着千丝万缕的联系，不仅需要对自己的生命负责，也要对他们负责。

(2) 要做到友善待人。进入大学后，离开了父母的爱护与教师的管束，每天与同学朝夕相处，同龄人在一起难免产生冲突与矛盾，一定要站在对方的角度着想。

(3) 对自然怀有感恩的心。生命教育不应该仅停留在个人生命的层面，应该用更大的视角去看待生命，不仅是人的生命，还有自然界中其他的生命，应该感恩大自然给我们赖以生存的美好环境，也感谢其他的生命与人类和谐相处。还应该从自身行动出发，节约用纸、节约用水、爱护动物、禁止虐待动物等，生命的本质与真谛就是善良的，所以，大学生应以一颗感恩的心来对待生命。

(三) 培养良好的行为习惯

做到理性认识生命，用爱的情感来对待人和事物后，当代大学生还应该注重日常行为习惯的养成，良好的行为习惯有助于生命教育的顺利开展，也可以令生命教育的功效实实在在地体现在生活中。

(1) 大学生应该自觉远离可能造成生命威胁的环境与行为，遵守安全规则。例如，遵守交通规则，避免交通事故；禁止带易燃易爆品乘坐公共交通工具；森林草场中严禁吸烟等。

对身边的一些安全隐患也应予以关注，如公共场所是否有逃生门，消防通道及消防设备是否齐全等。大学生见义勇为虽然是一种美好品德的体现，但要冷静地思考与分析当时的处境，是否能够保证自身和他人的安全，这是对自己生命的负责，也是对他人生命的负责。

(2) 大学生应该对自身的行为具备分析和反省的思维习惯。对于生命的正确行为应予以保持，拥有正确的生命意识、坚定的生命信念、良好的生命价值观和不懈的生命创新精神，同时，应把这些积极向上的行为传递给身边的人，向全社会传递正能量。对于一些错误的看法和行为，应及时反省并改正，古人云：吾日三省吾身，可见时常自省的重要性。在生命成长的过程中，每个阶段面临的问题不同，针对这些问题的解决方式也各不相同，无论遇到什么样的困难，都应该把生命摆在首位，青春期一些冲动、暴躁的想法和行为应该尽量克服，才能让自己逐渐走向成熟。除了自省之外还应该主动寻求心理帮助，无论是任课教师还是辅导员，都应尽职尽责地为大学生排忧解难。大学生还应该主动帮助同学，在身边的同学遭遇到生命困惑时，为他们提出合理的建议。良好的行为习惯可以帮助大学生在遇到生命问题时临危不乱，用正确的生命态度来面临未来的挑战。

希望所有的当代大学生，都能认识生命、热爱生命、承担生命的责任、实现生命的价值、绽放生命的光彩。

课堂活动

活动一　我的生命线

活动内容：以小组活动的形式，评估和展望自己的过去、现在和未来，思考和探究自己对生命的意义和价值的认识。

活动目标：通过对过去的我、现在的我、未来的我做评估和展望，了解自我发展的过程、生命中的重要事件及对你的影响、你对未来的期待等，思考生命的意义和价值。

活动步骤：指导者说明活动的内容："下面一条线代表你的生命线，起点是你出生的时间，终点是你预测的死亡年龄。请根据你自己的健康状况、你家族的健康状况及你所在区域的平均寿命，预测你的死亡年龄。然后在这条线上找到你现在的位置。请思考一下你过去的日子里最难忘的三件事，以及你今后的日子里最想达到的2～3个目标，并写下来。"小组交流过程中，每个人都拿出自己的生命线向其他人展示，边展示边说明，注意自己与他人内心的反应。

活动二　临终遗命

活动目标：通过团体活动，对自己的人生观和价值观进行探索，在交流中获得启发。

活动步骤： 指导者告诉小组成员，由于种种原因，你正面临死亡。终期将至，时间只允许你做最后 10 件事，你会做哪 10 件事情，并写出先后顺序；写下你的遗嘱，50 字左右。每个成员认真思考后，写下你的遗嘱与决定，与小组其他成员交流，谈谈你在写的时候是什么感受，这种感受对你今后的生活有什么影响。

活动三　自杀风险评估量表(NGASR)

表 10-1　自杀风险评估量表

序号	项　　目	回　　答
1	绝望感	1 有　　2 无
2	近期负性生活事件	1 有　　2 无
3	被害妄想或有被害内容的幻听	1 有　　2 无
4	情绪低落/兴趣丧失或愉快感缺乏	1 有　　2 无
5	人际和社会功能退缩	1 有　　2 无
6	言语流露自杀意图	1 有　　2 无
7	计划采取自杀行动	1 有　　2 无
8	自杀家族史	1 有　　2 无
9	近期亲人死亡或重要的亲密关系丧失	1 有　　2 无
10	精神病史	1 有　　2 无
11	鳏夫/寡妇	1 有　　2 无
12	自杀未遂史	1 有　　2 无
13	社会和经济地位低下	1 有　　2 无
14	饮酒史或酒精滥用	1 有　　2 无
15	罹患晚期疾病	1 有　　2 无

量表评分标准： 各项目回答为“是”时，得分分别为绝望感(+3)、近期负性生活事件(+1)、被害妄想或有被害内容的幻听(+1)、情绪低落/兴趣丧失或愉快感缺乏(+3)、人际和社会功能退缩(+1)、言语流露自杀意图(+1)、计划采取自杀行动(+3)、自杀家族史(+1)、近期亲人死亡或重要的亲密关系丧失(+3)、精神病史(+1)、鳏夫/寡妇(+1)、自杀未遂史(+3)、社会和经济地位低下(+1)、饮酒史或酒精滥用(+1)、罹患晚期疾病(+1)。

上述 15 个项目根据评分标准得出总分，分数越高代表自杀的风险越高：≤5 分为低自杀风险；6～8 分为中自杀风险；9～11 分为高自杀风险；12 分为极高自杀风险。

(资料来源：郭静．自杀风险评估量表(NGASR-CN)的重译及信效度检验[D]．山东大学，2018)

思考练习

1. 结合本章内容，试回答对于你来说生命的意义是什么？
2. 大学生生命教育的内容有哪些？
3. 结合本章所学，谈谈作为大学生应如何珍爱生命，活在当下？

参考文献

[1] 肖文学，姜喜双. 大学生心理健康教育[M]. 北京：清华大学出版社，2012.

[2] 车文博. 心理咨询大百科全书[M]. 杭州：浙江科学技术出版社，2001.

[3] 张福建，苏睿. 大学生心理健康教育[M]. 青岛：中国海洋大学出版社，2018.

[4] 章剑锋，陈建伟，周大根. 大学生心理健康教育[M]. 北京：中共中央党校出版社，2017.

[5] 陈秋红，熊娟梅，潘中锋. 大学生心理素质训练教程[M]. 北京：北京师范大学出版社，2013.

[6] 周家华，王金凤. 大学生心理健康教育[M]. 北京：清华大学出版社，2010.

[7] 连格，张本钰. 大学生心理健康[M]. 北京：北京师范大学出版社，2012.

[8] 汪丽华，何仁富. 大学生心理健康与生命教育[M]. 北京：北京师范大学出版社，2014.

[9] 于宽荣. 大学生心理健康[M]. 北京：北京师范大学出版社，2014.

[10] 刘丰林，舒剑萍. 大学生发展与心理健康教程[M]. 北京：高等教育出版社，2014.

[11] 李明，张新梅，常素芳，苏会君. 大学生心理健康教育[M]. 北京：清华大学出版社，2013.

[12] 单津辉，周燕琴. 大学生心理健康教育[M]. 北京：北京理工大学出版社，2014.

[13] 唐植文。当代大学生心理健康教育[M]. 北京：北京邮电大学出版社，2013.

[14] 王文鹏，贾喜玲，刘秋云. 新编大学生心理健康教育[M]. 北京：科学出版社，2014.

[15] 张建华，张可. 大学生心理健康教程[M]. 北京：科学出版社，2014.

[16] 乐国安. 社会心理学[M]. 北京：中国人民大学出版社，2009.

[17] 黄希庭等. 健全人格与和谐[M]. 重庆：重庆出版社，2010.

[18] 杨子云. 心理学与大学生活. 北京：北京大学出版社，2016.

[19] 陈妮娅. 大学生心理健康教育[M]. 厦门：厦门大学出版社，2016.

[20] 叶琳琳. 大学生心理健康教育与心理素质训练[M]. 北京：北京师范大学出版社，2016.